浙江省社科联社科普及课题"东方大港：宁波舟山港"（24KPD09YB）最终成果

罗娜　白斌　李诗怡　著

东方大港

宁波舟山港

浙江工商大学出版社·杭州

图书在版编目（CIP）数据

东方大港：宁波舟山港 / 罗娜，白斌，李诗怡著.
杭州：浙江工商大学出版社，2024. 12. -- ISBN 978-7
-5178-6177-5

Ⅰ. U658

中国国家版本馆 CIP 数据核字第 202449RP59 号

东方大港：宁波舟山港
DONGFANG DAGANG：NINGBO-ZHOUSHAN GANG

罗娜　　白斌　　李诗怡 著

策划编辑	张晶晶
责任编辑	张晶晶
责任校对	李远东
封面设计	观止堂_未氓
责任印制	祝希茜
出版发行	浙江工商大学出版社
	（杭州市教工路 198 号　邮政编码 310012）
	（E-mail：zjgsupress@163.com）
	（网址：http://www.zjgsupress.com）
	电话：0571-88904980，88831806（传真）
排　　版	杭州朝曦图文设计有限公司
印　　刷	杭州宏雅印刷有限公司
开　　本	710 mm×1000 mm　1/16
印　　张	18.75
字　　数	210 千
版 印 次	2024 年 12 月第 1 版　2024 年 12 月第 1 次印刷
书　　号	ISBN 978-7-5178-6177-5
定　　价	89.00 元

在波澜壮阔的历史长河中，宁波舟山港凭借其独特的地理位置和深厚的文化底蕴，始终扮演着举足轻重的角色。自 2015 年完成实质性整合以来，截至 2021 年 9 月，宁波舟山港已发展成为一家拥有302 家企业、19 个港区、196 座万吨级以上泊位的港口集团。其全货种接卸能力、全配套服务能力以及全覆盖航线网络，使之成为全球年货物吞吐量超 10 亿吨的超级大港。宁波舟山港不仅是浙江经济发展的重要引擎，更是中国海洋经济和对外贸易腾飞的缩影。2020 年，习近平总书记到宁波舟山港，赞誉其为"硬核"力量，并寄望其从国际大港蜕变为国际强港。这一荣誉不仅是对宁波舟山港过去成就的肯定，更是对其未来发展的殷切期望。

作为中国海洋文明的发源地之一，宁波舟山港历史悠久。宁波舟山港西依宁绍平原及江南经济腹地，船只可沿甬江、余姚江、浙东运河到杭州中转，经大运河直通华东、华北地区；北接上海，船只可沿长江航线溯流而上至华中、西南腹地，或沿海岸线北上直达山东半

岛、辽东半岛和朝鲜半岛；东以舟山群岛为屏障，航线横跨东海至日本、琉球群岛，或横跨太平洋直达美洲；南连福建、广东沿海，经广州、香港等港口，船只可中转至东南亚，或经马六甲海峡直达南亚、中亚、东非等地区。从航线可以看出，地处中国沿海中心地带的宁波舟山港具有非常明显的区位优势。这一区位优势，使得宁波舟山港在长期的历史发展中，与上海港等江南经济腹地的重要港口形成了明显的互补，共同推动华东地区对外贸易的繁荣发展。

宁波舟山港所在的宁绍平原在史前时期就有良好的自然条件，几乎与内陆文明的发展同步，宁绍平原孕育了中国的海洋文明，是中国海洋文明的发源地之一。最新的考古发掘显示，宁波地区的井头山遗址、河姆渡遗址都有丰富的海洋元素。2003年，在余姚市三七市镇的河姆渡文化田螺山遗址中发现一处临近河湖的"河埠设施"遗迹，遗迹地层里还出土了2支保存完好的木桨，提示此处可能是宁波远古时代的港口雏形。此外，考古发现，井头山与河姆渡早期先民的饮食结构中，海洋生物占据相当大的比重，先民已经开始捕捞和食用甲壳类、鱼类等海洋生物。

在漫长的历史演变中，宁绍地区的海洋文明随着内陆文明的传播逐渐融入中华文明的大家庭，成为中华文明的重要组成部分，是中国海洋文明的重要显现。春秋战国时期，越王勾践灭吴后，在姚江之滨营建句章港。句章港虽属河港，却与海道联结，在海疆戎务方面扮演着重要角色，当时已经与碣石（秦皇岛）、芝罘（烟台）、东冶（福州）、番禺（广州）等几个沿海港口齐名。唐长庆元年（821），明州（今宁波南）州治移至三江口，三江口港航之便是明州迁治于此的重要原因之一。这时期,三江口海运码头主要利用姚江南侧岸线(今和义路一带)。经过晚唐五代的发展,三江口港埠的影响力日益提升,行销亚非各地的越窑青瓷主要从这里载上海船,运往外洋。宋代明州设立市舶司,管理两浙海上贸易,明州港的国际大港地位得以确立。元代,明州改名庆元。庆元港与泉州港、广州港并列为全国三大枢纽港。庆元港海舶的贸易网络不仅覆盖日本列岛与朝鲜半岛,还延伸至东南亚以及更远地区。明代,宁波港被指定为日本遣明使唯一来航口岸,其东亚枢纽港的地位仍然得以保持。宁波府域内除了甬江岸线的三江口—定海组合港外,甬江口东南海岸线上的小浃港、黄崎港、郭巨、梅山、大嵩、湖头渡、钱仓,以及甬江口西北海岸线上的金墩浦、古窑港、胜山港、泗门港、临山港,也屡屡见诸明代文献记录。清朝建立以后,浙海关总口设在宁波港,下辖15个口岸,其中包括宁波府内的镇海、古窑港、湖头渡、小港(即明代小浃港,下附穿山、大碶两个旁口)、象山港。有清一代,宁波港的对外贸易主要以日本作为对象区域,康乾时期,英国海商试图将贸易触角伸至中国大陆海岸线中部,数次来宁波从事货品交易,但持续时间甚短。

　　1842年,宁波被列为"五口通商"的港埠之一,宁波港便再次成为中国对外贸易的重要门户。这一时期的宁波海关也开始向近代海关转型,不仅改进了港口的基础设施,还优化了贸易管理方式,极大地推动了宁波及浙江其他地区对外贸易的蓬勃发展。1844年1月,宁波正式开埠,三江口北侧的甬江西岸成为官方指定的外国人通商居留地。欧洲各国领事和商人纷至沓来,领事馆、商行和货栈拔地而起,逐渐形成欧风浓郁的街区,宁波当地百姓开始以"外滩"一词专指

这个与宁波老城景观迥异的异质区块。与甬江西岸外商港区的发展同步，宁波船商开始着力经营甬江东岸岸线。清咸丰三年(1853)，宁波北号船商集资建造的庆安会馆落成，与清道光三年(1823)宁波南号船商建成的安澜会馆毗邻而立。清咸丰四年，宁波商民集银圆7万元购外国轮船一艘，名为"宝顺"，次年用于护航防盗，此为国内自办轮船之始。随着轮船的普遍使用，外滩甬江岸边的旧式石埠式码头已经无法满足轮船进出和货物装卸的需要，美商旗昌轮船公司于同治元年(1862)开辟沪甬线后率先建造起趸船式的浮码头，此后外滩码头营造多依新制。同治十二年，轮船招商局宁波分局成立。光绪元年(1875)开辟沪甬线，在宁波外滩建造码头、仓库。光绪三年，英商太古轮船公司宁波分公司正式成立，经营以航运业为主的各种业务，也在外滩建造了太古码头，后因"北京"轮行驶沪甬线之故，俗称"北京码头"。后来活跃于宁波港的大型轮船公司还有法商东方轮船公司、宁绍轮船公司和三北轮船公司，这些公司客货兼营，主要往返于沪甬线。其他一些中小轮船公司主要经营五山头线（宁波至镇海、舟山、象山、海门和温州）。19世纪末，代办进出口报关等手续的"报关行业"在宁波港迅速发展起来。1931年，上海航政局设立，并在宁波设立办事处。宁波航政办事处成立之后，在名义上逐渐收回了部分航政管理权。从1937年抗日战争全面爆发至1941年4月日军占领宁波，这一时期，宁波港成为内陆各省货物和战区军用物资的转运口岸，大量物资通过宁波港集散，宁波的工农业产品也供应内陆各省，为抗日战争做出了贡献。抗日战争胜利后，宁波轮船航运业快速恢复，但贸易量始终未恢复到抗日战争前的水平。1949年，宁波港口货物吞吐量仅 4 万余吨,逐渐失去了浙东对外运输中心的地位。

中华人民共和国成立后,宁波港改善设施,恢复客货航线。20 世纪 70 年代,宁波港先后在镇海、北仑选定新的港址并着手建设,自此宁波港由依江大港转变为临海大港。镇海港区一期工程于 1974 年动工,北仑港区于 1978 年 1 月打桩开建。1988 年 4 月,北仑港被列为我国四大深水港之一,另外三大深水港是深圳的盐田港、福建的湄州湾和大连的大窑湾。1990 年 5 月,巴拿马籍 17.8 万吨级油轮"潭梦号"从阿曼法哈尔港安全抵达北仑港区,16 万吨原油顺利过驳,这是当时北仑港有史以来接卸的最大油轮。1992 年 12 月,北仑港二期工程竣工并通过国家验收。二期工程的建成使得北仑港作为深水良港的功能得以拓展和优化,对长江中下游地区的国际集装箱中转以及远洋大宗物品运输都具有深远意义。1999 年 2 月,北仑港首次承接国际集装箱货物转运业务。2000 年 4 月,北仑港开通了南美国际集装箱远洋航线,这标志着宁波口岸的集装箱运输业务进一步拓展至南美洲沿海港口。2000 年 11 月,宁波港当年货物吞吐量达到 1.0048 亿吨,跻身世界亿吨大港行列,至此北仑港也成为全国最大的进口铁矿中转基地。2005 年 12 月,浙江省政府决定,成立宁波-舟山港管理委员会,推进宁波-舟山港一体化建设。次年 12 月,宁波-舟山港实现整合,集装箱吞吐量突破 1000 万标箱庆典在北仑穿山港区举行。2008 年 11 月,以北仑港区为主体的宁波-舟山港集装箱运输吞吐量突破 1000 万标箱,全年超过 1100 万标箱,跻身世界集装箱港口前十强。2013 年,宁波-舟山港全年货物吞吐量达到 8.09 亿吨,超越上海港,位居世界第一。2014 年度,宁波-舟山港实现货物

吞吐量 8.73 亿吨，继续位居货物吞吐量世界第一；集装箱吞吐量 1945 万标箱，位居世界第五。2017 年，宁波舟山港成为全球首个货物吞吐量破 10 亿吨的大港。近年来，为响应国家"一带一路"倡议和长江经济带发展战略，宁波舟山港更是加快了发展的步伐。宁波市委、市政府提出了以建设"港口经济圈"为引领的发展战略，主动对接融入国家战略，通过完善综合运输体系、拓展港口腹地、提升重点平台建设水平等举措，进一步巩固了宁波舟山港在国际航运界的地位。如今的宁波舟山港已经成为全球首屈一指的超级大港，为中国的海洋经济和对外贸易做出了重要贡献。

第一章
东方大港的历史沿革

　　史料记载,早在 7000 年前,河姆渡先民就划桨行舟,宁波就已经有了港口的雏形。以河姆渡为起点,随着自然、经济、社会和科技的变化与发展,宁波港逐渐向下游、向海岸线推进。公元前 4 世纪,古越国营建了水军要塞句章港。唐开元二十六年(738),位于三江口的宁波港正式开港。唐天宝十一年(752),日本孝谦朝 3 艘遣唐使船驶抵宁波口岸,开启了港口 1200 余年的对外开放历史。1200 余年中,宁波港历尽磨难,饱经风霜。宁波港先后拥有明州港、庆元港等多个名称。近代宁波开埠后,宁波港的重心由三江口向江北岸和镇海口转移。现代轮船与传统帆船在甬江上穿梭,吹响了宁波港现代化的号角。全面抗日战争爆发后,随着日军的入侵,宁波港遭到了严重的破坏。中华人民共和国的成立使衰落的宁波港重获新生,港口发展蒸蒸日上。1950 年初,宁波港仅是年货物吞吐量约为 4 万吨的内河小港。2015 年,宁波港已发展成为年货物吞吐量超 5 亿吨的国际大港。2015 年 9 月,宁波舟山港集团有限公司正式成立,宁波舟山港实

现以资产为纽带的实质性一体化。2021年,宁波舟山港成为继上海港、新加坡港之后,全球第三个3000万级集装箱大港。2023年,宁波舟山港完成货物吞吐量13.24亿吨,较上年增长4.9%,连续15年位居全球第一;完成集装箱吞吐量3530万标箱,较上年增长5.9%,稳居全球第三。①

一、位于三江口的宁波港

宁波港地处浙江省东部,中国海岸线中段,其港址从余姚江向三江口、镇海口和北仑湾逐渐延伸,形成由北仑港区、镇海港区、宁波港区、大榭港区、穿山港区组成的港区。特别是在宁波-舟山港一体化之后,宁波港的地理范围包含舟山本岛及其附属岛屿。而在历史上,舟山一直隶属于宁波,直到中华人民共和国成立后才分离。宁波港的优越地理位置和天然的深水良港条件决定了宁波港在区域经济、对外贸易和城市建设中将发挥决定性的作用。

宁波先民何时开始浮舟海上并没有明确的文献记载,然而余姚井头山遗址出土的相关文物把先民开发海洋的历史上限延伸至8000年前。之后河姆渡文化遗址出土的相关文物把先民使用舟楫的时间上限至少划到六七千年前。《浙江通史》记载,在河姆渡文化T214第三文化层的一堵木构板墙中,发现疑似独木舟残件的残木器,中间被

---

① 《中国国门时报》,2024年1月15日第1版。http://ningbo.customs.gov.cn/ningbo_customs/470749/470750/5641458/index.html。

挖空,横断面呈弧形,似船舱,一端为尖圆状,似船头,另一端残。浙江余姚鲻山遗址也出土过一件疑似木拖舟残件,残件长 190 厘米、宽 35 厘米、厚 10 厘米,头部挖成凸榫钩,尾部上翘,推测为水上的拖运工具。宁波先民使用船桨进行水上交通活动已经被考古证实,而他们的足迹最远到达哪里却没有定论。根据近年舟山群岛发现的新石器时代遗址,年代在 5500 年前—4000 年前,较河姆渡晚,且晚期文化层的内容比较丰富。由此推断,河姆渡文化大约在 5500 年前,通过独木舟,先民的海上行为向东推进,延伸到舟山群岛。① 由此可见,宁波先民的活动区域已经扩展到近海海域,实现了可控性强的海上活动。

目前所知,宁波历史上建造最早的城邑句章是越国的通海门户,也是中国东海岸线的一座古老港城。考古确认句章故城的位置在今宁波市江北区慈城镇王家坝村与乍山翻水站一带。句章位于余姚江边,溯甬江可至海口,另外宁波东去离舟山群岛较近,可以舟山为中继站出外海。周元王三年(前 473),勾践灭吴后,为发展水师,增辟通海门户,就在其东疆句余之地开拓建城,名句章,为句章古港之始。② 勾践开辟句章港是出于政治和军事上的需要,为加强都城与内外越之间的海上联系。句章港是越国的海上门户,也是中国最古老的海港之一。句章港东距宁波三江口 22 千米,顺流入甬江经镇海出海。

①　郑绍昌主编:《宁波港史》,北京:人民交通出版社,1989 年版,第 11 页。
②　(不著纂修)《(民国)鄞县通志》引《十三州志》云:"越王城句余曰句章。"《中国方志丛书·华中地方》(第 216 号),台北:成文出版社有限公司,1974 年版,第 11 页。

秦朝建立后，宁波通往北方的海上道路为沿东海、黄海沿线北达山东、辽东半岛。据《史记》，始皇帝三十七年（前210）十月癸丑，秦始皇出游，"上会稽，祭大禹，望于南海……还过吴，从江乘渡。并海上，北至琅琊。……至之罘，见巨鱼，射杀一鱼。遂并海西。至平源津而病"[①]。秦二世元年春（前209），胡亥"东行郡县，李斯从。到碣石，并海，南至会稽，而尽刻始皇所立刻石，石旁著大臣从者名，以章先帝成功盛德焉"[②]。秦时，句章为会稽主要出海口，与山东、辽东半岛之间的航路畅通。

两汉时期，宁波港的南向线路也已开通。据《史记·东越列传》，汉武帝元鼎六年（前111），东越王余善反，汉武帝"遣横海将军韩说出句章，浮海从东方往"[③]。这是史料记载的最早的一次从句章出海的大规模海上军事行动。元封元年（前110），韩说的军队与其他几路一起，"咸入东越"[④]。东越都城东冶即在今福州一带。东汉顺帝阳嘉元年（132），"海贼曾旌等寇会稽，杀句章、鄞、鄮三县长，攻会稽东部都尉"，皇帝下诏"沿海县各屯兵戍"[⑤]。由此可见，句章实为会稽的海上

① ［汉］司马迁：《史记》卷六"秦始皇本纪第六"，北京：中华书局，1963年版，第260—264页。

② ［汉］司马迁：《史记》卷六"秦始皇本纪第六"，北京：中华书局，1963年版，第267页。

③ ［汉］司马迁：《史记》卷一一四"东越列传第五十四"，北京：中华书局，1963年版，第2982—2983页。

④ ［汉］司马迁：《史记》卷一一四"东越列传第五十四"，北京：中华书局，1963年版，第2983页。

⑤ ［宋］范华撰，［唐］李贤等注：《后汉书》卷六"顺帝"，北京：商务印书馆，1965年版，第259页。

门户，也是汉代重要的军民两用港口。《后汉书》载："旧交趾（越南）七郡贡献转运，皆从东冶泛海而至。"[①]句章与东冶之间的线路畅通，而东冶与交趾有往来，因此在汉武帝时期，句章的南线至少能到达南洋交趾一带。文献载："会稽海外有东鳀人，分为二十余国。又有夷洲及澶洲……人民时至会稽市。"[②]会稽下辖县不少，而海外居民前来交易，必然以沿海的鄞、鄮和句章为贸易场所。宁波本地汉墓出土了许多只能从南海之外输入的贵重物品，如鄞州区高钱乡钱大山东汉墓出土的水晶、玛瑙、琉璃等。宁波出土的堆塑罐上塑有胡人形象，且有胡人形象的文物的分布沿海多、内陆少。考古发掘证明，宁波当时的海外贸易已经发展起来，并且已经开始进入普通民众的生活中。

三国时期，吴据长江以南，句章港是吴国重要的海港之一。吴景帝永安七年（264）四月，"魏将新附督王稚浮海入句章，略长吏赏林及男女二百余口。将军孙越徼得一船，获三十人"[③]。东晋隆安三年（399）九月，琅琊人孙恩率部自海道南下浙江沿海，溯甬江而上，攻下句章。第二年，刘牢之收复句章后，命东晋守军刘裕率军筑成防守工事，用黏土和竹筋筑成筱墙，驻防于三江口一带，与句章守军互为犄角。在今海曙祖关山、江北湾头和江东道士堰一带出土的汉、晋墓葬

　　①　［宋］范华撰，［唐］李贤等注：《后汉书》卷三十三"郑弘传"，北京：商务印书馆，1965 年版，第 1165 页。

　　②　［宋］范华撰，［唐］李贤等注：《后汉书》卷八十五"东夷列传"，北京：商务印书馆，1965 年版，第 2822 页。

　　③　［晋］陈寿撰，［宋］裴松之注，陈乃乾校点：《三国志》卷四十八"吴书·孙休"，北京：中华书局，1959 年版，第 1161 页。

群,证明在魏晋南北朝前,三江口高地上已形成较大规模的居民聚落。

经历南北朝的长期分裂,隋朝建立后于开皇九年(589)改会稽郡为吴郡,并余姚、鄞、鄮3县入句章县,隶属于吴州。[①] 唐武德四年(621),置越州总管府,统辖越、嵊、姚、鄞等11州,以旧句章、鄞、鄮3县地置鄞州。唐开元二十六年(738),甬江流域(包括舟山群岛)与越州分离,单独成立明州。考古发掘的资料证明,唐代明州城渔浦门外的姚江、奉化江和甬江的三江口靠城脚一带,已陆续建起驳岸码头。宁波港口从句章转到三江口,有利于区域经济和对外贸易的进一步发展。

北宋前期,尤其是明州被定为通往高丽、日本贸易的指定口岸之后,出于对国家安全的考虑,朝廷曾一度对高丽实行商禁政策。为防范商人"因往高丽,遂通契丹之患",仁宗朝相继出台《庆历编敕》《嘉祐编敕》以及神宗初年的《熙宁编敕》等相关条令,明确禁止海路商贾前往高丽。[②] 然而此种商禁实属无奈,是短时间内的非常措施,是出于本国军事防御的需要,而两宋朝廷本意还是鼓励海外贸易的。元丰三年(1080),神宗规定"非明州市舶司,而发日本、高丽者,以违制论"。明州成为发船高丽的合法港口,商禁的政策也在放宽,由宋商主导的民间宋丽贸易繁荣。韩国学者全海宗根据《高

---

① [唐]魏征等:《隋书》卷三十一"地理下",北京:中华书局,1973年版,第878页。
② [宋]苏轼撰,孔凡礼点校:《苏轼文集》卷三一"乞禁商旅过外国状",北京:中华书局,1986年版,第889—890页。

丽史》统计，咸平元年(998)至祥兴二年(1279)年间，宋商往高丽约
150 次，每次人数少则数十人，多则上百人。[①] 宝元元年(1038)，明
州商人陈亮和台州商人陈维绩等 147 人前往高丽经商，商队规模近
150 人。记入史册的商队规模已不算小，实际规模可能更大。元丰
三年(1080)以后，宋丽贸易的商队大多从明州进出。明州之外的商
人均至明州办理发"引"，而高丽想去泉州、广州等地的商人也取道
明州。

　　明朝初期，中日关系紧张，使得宁波对日本贸易直到永乐年间才
最终确定下来。明朝朝贡贸易与海禁政策的实施，使得宁波成为专
通日本的港口。在明朝前中期，宁波的海洋贸易为受政府控制的日
本单方面来华的朝贡贸易。尽管宁波港为专通日本的港口，但不少
东南亚国家的贡使抄近路从浙江沿海港口入境，使臣和随行人员将
大量所携的香料、苏木、宝石等就地或在赴京沿途与中国商人交易。
明人张邦奇也曾说过，甬东虽为海岸孤绝处，但"高丽、日本、暹罗诸
蕃航海朝贡者，皆抵此登陆"[②]。

　　除了官方贸易，明中叶开始，宁波逐渐成为中西贸易的重要节
点。从 15 世纪末叶起，葡萄牙人、西班牙人一直试图打开东方航道，
前来中国淘金。嘉靖五年(1526)随着葡萄牙人北上闽浙[③]，在外贸需

　　① 〔韩〕全海宗：《论丽宋交流》，载董贻安主编：《浙东文化》2002 年第 1 期，第
132—171 页。

　　② 〔明〕张邦奇：《张文定甬川集》，载〔明〕陈子龙辑：《明经世文编》卷一四七，
北京：中华书局，1962 年版，第 1465 页。

　　③ 王慕民：《十六、十七世纪葡萄牙与宁波之关系》，《澳门研究》第十期，第
1—4 页。

求的刺激下,海上私人贸易发展十分迅速。浙江宁波的双屿港、福建漳州的月港成为商船穿行如梭的热闹港口①。嘉靖十一年左右,宁波退休官员戴鋈称:"今则湍趋川溃,公行效尤,阑出外境,而导之入矣。"②嘉靖十八年海盗金子老勾结葡萄牙人在双屿进行贸易,十九年李光头入伙,二十二年许栋入伙,二十三年王直入伙,同年他们与倭寇合流。此后,"倭奴藉华人为耳目,华人藉倭奴为爪牙,彼此依附,出没海岛"③。浙江定海双屿港,悬居海洋之中,离定海县六十余里,僻处海隅,地形险要,其大致位于今六横岛西侧与佛渡岛相望的岸线。明代朱纨记曰:双屿港"东西两山对峙,南北俱有水口相通,亦有小山如门障蔽,中间空阔二十余里,藏风聚气,巢穴颇宽"④,进可攻,退可守。而且双屿港地属亚热带季风气候,是常年不冻的深水良港,无论南下北上或东渡日本,都十分便利,因此它可以作为联结马六甲和日本的一个十分安全便利的中途停靠基地。作为嘉靖时期东南沿海最大、最有名的海上走私贸易港口,其日益频繁的走私活动和对浙闽海疆秩序的冲击,引起了浙江地方政府的严重不安。史载:"海贼久据双屿岛,招引番寇剽掠。"⑤最终促使朝廷发兵剿灭

---

① 佚名:《嘉靖东南平倭通录》,载中国历史研究社编:《倭变事略》,上海:上海书店,1982 年版,第 3 页。

② [明]戴鋈:《戴中丞遗集》卷六"海防议",《四库全书存目丛书》第七十四册,济南:齐鲁书社,1997 年版,第 77 页。

③ [明]郑晓:《今言》卷四,北京:中华书局,1985 年版,第 295 页。

④ [明]朱纨:《甓余杂集》卷四"章疏三·双屿填港工完事",载《四库全书存目丛书》第七十八册,济南:齐鲁书社,1997 年版,第 93 页。

⑤ 《明实录·世宗实录》卷三四〇,嘉靖二十七年九月辛丑条,台北:台北"中央研究院"历史语言研究所,1961 年版,第 6199 页。

了双屿港的海贼。

清朝初期严申海禁政策。康熙八年（1669），清政府开始有计划地让迁海居民返回旧地，"命展界"①。浙江宁波沿海开始允许"百姓于近海采捕"②。第二年，浙江沿海展界开禁，但其人数远远少于迁海之前的人口。康熙二十三年十月丁巳，九卿詹事科道遵旨会议："今海外平定。台湾、澎湖，设立官兵驻札。直隶、山东、江南、浙江、福建、广东各省，先定海禁处分之例，应尽行停止。若有违禁，将硝黄军器等物，私载在船，出洋贸易者，仍照律处分。"③至此，政府全面开放海禁，不仅私人海上贸易开始合法化，政府对沿海居民向岛屿迁徙的禁令也得以解除。康熙二十四年，清政府在广州、厦门、宁波和镇江云台山设立粤、闽、浙、江 4 个海关，其中浙海关设于宁波镇海的南薰门外，其主要职责是统辖浙江沿海各口岸，管理对外贸易，征收关税④。康熙三十七年，清政府还在定海县设海关衙门，并设红毛馆一所于城外道头街西，为外籍海员、商人居宿地。此时，除了宁波、定海 2 分关和红毛馆 1 处，据《（雍正）浙江通志》，浙海关下辖 15 口，即：

---

① ［清］林绳武：《海滨大事记》，《台湾文献丛刊》（第 213 种），台北：台湾大通书局，1984 年版，第 27 页。

② ［清］于万川修，［清］俞樾纂：《（光绪）镇海县志》卷十二"海防"，《续修四库全书》七〇七·史部·地理类，上海：上海古籍出版社，2002 年版，第 226 页。

③ 《清实录·圣祖实录》卷一一七，康熙二十三年甲子冬十月丁巳条，北京：中华书局，1986 年版，第 224 页。

④ 王慕民等：《宁波与日本经济文化交流史》，北京：海洋出版社，2006 年版，第 204 页。

大关口：离关署二里，属宁波府鄞县；

古窑口：离关署一百五十里，由陆路，属宁波府慈溪县；

镇海口：离关署六十里，由水路，属宁波府镇海县，又旁口二：蟹浦、邱洋；

湖头渡：离关署一百五十里，水陆兼半，属宁波府之鄞县、奉化县及台州府之宁海县地方；

小港口：离关署九十里，由水路，属宁波府镇海县，又旁口二：穿山、大碶；

象山口：离关署三百六十里，水陆兼半，属宁波府象山县，又旁口一：泗州；

乍浦口：离关署七百二十里，由水〔小〕路，属嘉兴府平湖县；

头围口：即澉浦口，离关署七百里，由水路，属嘉兴府海盐县；

沥海口：离关署三百里，由水路，属绍兴府山阴、会稽、余姚三县地方，又旁口一：王家路；

白峤口：离关署二百二十里，水陆兼半，属台州府临海、宁海二县地方，又旁口一：健跳；

海门口：里关署四百五十里，由陆路，属台州府临海、宁海、太平三县，又旁口一：金清港；

江下埠：离关署五百里，由陆路，属台州府太平县；

温州口：离关署七百八十里，由陆路，属温州府永嘉、乐清二县地方，又旁口四：宣村、状元桥、黄华关、蒲岐；

　　瑞安口：离关署八百五十里，由陆路，属温州府瑞安县；

　　平阳口：离关署九百二十里，由陆路属温州府平阳县，

又旁口一：大渔。①

　　雍正年间，清廷针对出海从事贸易的船只，出台了一系列的法令。雍正元年（1723），兵部规定："出海商渔船，自船头起，至鹿耳梁头止，大桅上截一半，各照省分油饰。"其中浙江用白油漆饰，绿色钩字。同时，要在船头两披刊刻某省某州县某字某号字样，沿海汛口及巡哨官弁。"凡遇商渔船，验系照依各本省油饰刊刻字号者，即系民船，当即放行。如无油饰刊刻字号，即系匪船，拘留究讯。"②此项制度在随后的管理实践中得到了进一步完善和发展。雍正九年，兵部规定："商渔船篷上，大书州县船户姓名，每字大各径尺。蓝布篷用石灰细面，以桐油调书篷；白布篷用浓墨书，黑油分抹字上，不许模糊缩小。"③乾隆二十二年（1757），由于海盗猖獗，清政府下令外国商船只准在广州一地贸易④。因此，浙海关对外贸易管理职能消失，宁波对

---

　　① ［清］嵇曾筠等总裁，［清］刘章等监修：《（雍正）浙江通志》卷八六"榷税・海关"，据光绪二十五年十月重刊本影印，上海：商务印书馆，1934年版，第1586—1587页。

　　② ［清］昆冈等修，［清］刘启端等纂：《钦定大清会典事例》卷六二九"兵部・绿营处分例・海禁一"，《续修四库全书》八〇七・史部・政书类，上海：上海古籍出版社，2002年版，第755页。

　　③ ［清］昆冈等修，［清］刘启端等纂：《钦定大清会典事例》卷六二九《兵部・绿营处分例・海禁一》，《续修四库全书》八〇七・史部・政书类，上海：上海古籍出版社，2002年版，第758页。

　　④ 《宁波海关志》编纂委员会编：《宁波海关志》，杭州：浙江科学技术出版社，2000年版，第55页。

外贸易活动也随之一度中断。

清代前期的浙海关设监督浙海钞关一员，笔帖式一员，海关岁额白银三万一千九百五十二两四钱三分八丝，其中"本关正额梁头货税银三万二千三十两六钱二分；外增长江税银一百二十七两六钱一厘八丝；又加征丝税银五十二两二钱"。所征税款除海关自身开支二百五十八两外，其余税款全部移交藩库。① 从关税结构可以看到，浙海关的关税是船只和货物分别征税的。

整个清代，宁波的海洋贸易对象主要是日本。除了直接对日贸易外，宁波也是东海、南海沿岸贸易圈中最为重要的中转港，而日本长崎则是这个贸易圈中位于最北端的港口。无论是福建、广东的商船，还是东南亚地区的商船，在往返长崎途中，往往要在宁波港停泊，购入利润高的丝货。《华夷变态》卷十二记载，康熙二十六年（1687）有一名中国船主向长崎官方报告说，我等去年在日获准交易少许货后，返回普陀山南窑。在南窑遇见载暹罗货拟航长崎的黄西官船，黄船主见本船运回很多剩货，便以暹罗货换本船的丝货，改驶柬埔寨。本船另添置一些中国的粗货，由南窑航日。

---

① ［清］嵇曾筠等总裁，［清］刘章等监修：《（雍正）浙江通志》卷八六"榷税·海关"，据光绪二十五年十月重刊本影印，上海：商务印书馆，1934年版，第1589、1596页。

二、近代开埠后的宁波港

晚清开埠后,宁波再次拥有直接进行对外贸易的资格。对于宁波的重新开埠,西方人最初的态度是非常乐观的。同治三年(1864)的浙海关贸易报告中就记载了当时欧洲人对宁波港口再次开放的态度。

不难想象,当初英国人为他们的商人开辟宁波港的时候,对它的未来是抱着极大期望的。那时候,杭州湾没有一处地方准备建造港口,宁波自然备受注目。通过甬江及运河,贸易可做到绍兴乡间,并且以大城市杭州为龙头,做到钱塘;钱塘江有一条支流流入安徽,贸易路线可通过钱塘江,穿过安徽,一直延伸到江西。因此宁波港的贸易可以辐射到很远,而它的活动中心可以放在绍兴。我敢说,没有亲眼见过这个地方的人是难以想象它的美景的。自然界赋予绍兴丰富的物产,人们手工挖出了美丽的运河,运河两边筑起石围堤护岸,与欧洲都市的运河河岸一样整齐美观。从山上俯瞰,乡野、城、镇、集市错落有致,那里充满生机,隐藏着财富。当初杭州被誉为人间天堂,其实绍兴也称得上人间天堂。

宁波港所具有的优越性,浙江的其他两个港口(温州和台州)是没有的。这两个港口通往内地的河流是被山脉隔断的。①

---

① 〔法〕日意格(P. Giquel):《同治三年(1864年)浙海关贸易报告》(1864年12月31日),载中华人民共和国杭州海关译编:《近代浙江通商口岸经济社会概况——浙海关、瓯海关、杭州关贸易报告集成》,杭州:浙江人民出版社,2002年版,第98页。

随着各国在宁波设立领事馆和新式商船进出港口，传统的港口设施也随之发生了改变。咸丰四年（1854），宁波港出现了中国近代引进的第一艘轮船——"宝顺号"。至此，宁波港从一个单纯的帆船港口转变为轮船与帆船的混合港口。轮船逐渐成为进出宁波港的主要船型，但由于其吨位大、航速快，传统的岸线码头已无法适用。随着进出港口的轮船增多，与新式轮船配套的码头、仓库、航标等现代港航设施也同步发展起来。

宁波传统的港口岸线集中在余姚江和奉化江的交汇处，这里一直是宁波早期帆船的主要停靠港区，其中奉化江北岸靠近江厦街的区域是鱼盐货物装卸的主要码头。为避免和传统帆船码头混杂，再加上在宁波的外国人的居留地在江北岸，新式的轮船码头区域集中在甬江北岸三江口至下白沙一带。这里河道水深稳定，港池和航道条件都不错，可供3000吨—5000吨级的轮船出入。更重要的是，当时在宁波的外国人集中居住在此区域，各国领事馆也修建在此，往来各国轮船报关可以就近办理。以在宁波的外国人居留地为中心，沿甬江岸线形成了一个新的轮船码头，与传统的三江口码头共同构成了近代宁波港口的形态。宁波港从江东帆船码头发展到江北轮船码头，船舶的载重能力提升了一个数量级。从这里，我们既可以看到自然与经济技术条件对港口发展的制约，也可以看到经济政策和新经济技术的使用对自然条件的改良。宁波港的江北轮船码头，正是近代中国重新开放的经济环境及现代轮船航运与港口技术应用对传统港口自然条件进行改造的一个典型案例。不过，对江北码头建设中产权问题的模糊处理，导致这些岸线实际

并未全部掌握在地方政府手中，为 20 世纪 30 年代宁波收回"白水权"运动埋下伏笔。

道光二十四年（1844）宁波正式开埠后，随着江北岸外国人居留地的建造，在宁波的江北岸一带修了一些仓库和小型的石墈式码头（俗称道头），专门供驳船①和洋式帆船使用。对大吨位无法直接停靠到码头的货船而言，其作业方式是驳运上栈。大约在同治元年（1862），美商旗昌轮船公司（又名美商上海轮船公司）开始建造趸船式浮码头②，为开通定班货轮做准备。随着新式码头的运转，伴随宁波贸易量逐年上升的是运输工具"由许多只原始落后之木船而进步到了少数负载量庞大、航行迅速安全之汽轮，其卸装时间也大大地缩短，仅在港内停泊数小时又乘风破浪地向目的地去矣"③。同治三年，清政府镇压太平天国运动后，英国商人就在宁波投入一艘轮船用于航运，初名"孔夫子号"，行驶一月后因没有乘客和货物又改名为"西太后号"，紧接着又改名为"杨憩棠号"，"先后凡三月一无收

---

① "驳船"本身无自航能力，是需拖船或顶推船拖带的货船。其特点为设备简单、吃水浅、载货量大。驳船一般为非机动船，与拖船或顶推船组成驳船船队，可航行于狭窄水道和浅水航道，并可根据货物运输要求而随时编组，适合内河各港口之间的货物运输。

② 郑绍昌主编：《宁波港史》，北京：人民交通出版社，1989 年版，第 142 页。"趸船"为无动力装置的矩形平底非自航船，通常固定在岸边，作为船舶停靠的"浮码头"，以供船舶停靠，上下旅客，装卸货物。趸船初创于英国，获名"store ship"（水上仓库），近代中国五口通商后，趸船出现在各通商口岸港口。

③ 〔英〕惠达（F. W. White）：《同治十一年（1872 年）浙海关贸易报告》（1873 年 1 月 31 日），载中华人民共和国杭州海关译编：《近代浙江通商口岸经济社会概况——浙海关、瓯海关、杭州关贸易报告集成》，杭州：浙江人民出版社，2002 年版，第 144 页。

入，因而停驶"①。同治十二年9月24日，成立仅一年的招商局轮船公司从上海驶来一艘小汽轮"永宁号"，"是该公司开辟沪甬定期低廉航班之先锋"②。根据现有的资料，最早的栈桥式铁木结构的趸船码头是同治十三年由招商局轮船公司建造的，靠泊能力约为1000吨级，其后又继续扩建到3000吨级。③

除三江口江北岸外，甬江沿线的镇海在光绪十六年（1890）设"海龙轮埠"，光绪二十四年设"云龙轮埠"，光绪二十六年设"镇海轮埠"，光绪三十年设"宁波轮埠"，光绪三十一年设"小平安轮埠"，光绪三十二年设"海宁轮埠"，光绪三十四年设"景升轮埠"，宣统三年（1911）设"瑞运轮埠"，光绪二十八年设"永川码头"，光绪三十四年设"平安码头"，宣统二年设"可贵码头"④。大量新式轮船的靠泊对宁波江北岸的码头建设提出了更多的数量要求，随着大量现代码头的修建，宁波港从传统帆船码头向轮船码头的转变初步完成。伴随码头建设的是宁波港口的市政建设。光绪二十七年四月，在宁波的外国人居留地的公共市政委员会就开始推动建设江北岸码头，并对到岸或离岸货

---

① （不著纂修）《（民国）鄞县通志》第一"舆地志·寅编交通·水道"，《中国方志丛书·华中地方》（第216号），台北：成文出版社有限公司，1974年版，第718页。

② 〔英〕惠达（F. W. White）：《同治十二年（1873年）浙海关贸易报告》（1874年1月31日），载中华人民共和国杭州海关译编：《近代浙江通商口岸经济社会概况——浙海关、瓯海关、杭州关贸易报告集成》，杭州：浙江人民出版社，2002年版，第153页。

③ 郑绍昌主编：《宁波港史》，北京：人民交通出版社，1989年版，第142—143页。

④ 洪锡范等主修，王荣商等总纂：《镇海县志》卷七"营建·轮埠"，1931年铅印本，《中国方志丛书·华中地方》（第478号），台北：成文出版社有限公司，1983年版，第621—622页。

物按每包 3 文铜钱征税。自从码头税开征后,宁波港区建设逐渐加快,有 13400 元用于堤岸、码头、道路的修建与拓宽①。到民国时期,宁波港的轮船码头、轮船和帆船埠头的建设较以前有明显增加。1913 年 6 月 3 日,海关总税务司发布的《海关总税务司署通令第 2060 号(第二辑)》,对港口管理,特别是锚地、军火、矿物油、传染疫病、河港管理等方面内容做了更为详细的规范和解释,其中传染疫病和河港管理内容如下:

传染疫病

16. 发生任何传染疫病或疑为传染性疫病,或发现有任何死于或疑为死于传染性疫病者尸体之船舶,均应按检疫章程之规定于接近港口时悬挂检疫旗,按第 2 条(d)项之规定抛锚,并须悬旗直至领得船只无疫通行证时为止。

任何人非经理船厅或本口检疫医官许可,均不得在此类船舶上下。

任何来自有疫口岸之船舶,均应遵守检疫章程,不得有违。

河港管理

17. 非经理船厅许可不得建造码头或驳岸,不得系泊浮码头,趸船或浮标,亦不得从事填筑或修缮堤岸作业。

---

① 陈梅龙、景消波译编:《近代浙江对外贸易及社会变迁》,宁波:宁波出版社,2003 年版,第 73 页。

18.所有浮标听凭理船厅调度,如其位置有碍行船或其系泊不利于节约停泊空间,理船厅得令其移位,如浮标原主拒绝执行或不理睬理船厅之移位命令,理船厅得径行将其移位,费用仍由原主承担。

19.严禁将压舱物,炉灰,垃圾,废物,疏浚或其他作业掘出之废土抛入河内。船舶拟投弃炉灰或其他废物时,应于前桅冠挂出国际信号旗 Y,即有领有准单之垃圾船前往接运,按定章收费。

20.遇有港内或航道上之沉船危及航行时,如未适时按照理船厅规定采取主动措施,即由海关海政局清除或摧毁之。①

直到新中国成立前夕,港口设施的修建、航道的维护和港口货物/人员的检验检疫都是宁波海关的重要职能。

近代浙江海关的关税除了用于海关本身的运作外,其余海关收入中的相当一部分用于浙江港航的各项建设,1882—1891 年浙海关10 年报告记载了这一时期宁波地区修建的 3 座灯塔。

这 10 年期间,宁波地区有 3 座灯塔展光,即邦翰岛(Bonham Island)灯塔、悬崖岛(Steep Island)灯塔均于 1883 年建成,洛卡岛(Loka Island)灯塔于 1890 年建成,以上均由江海关管理。建造洛卡

---

① 《海关总税务司署通令第 2060 号(第二辑)》(1913 年 6 月 3 日),载海关总署《旧中国海关总税务司署通令选编》编译委员会编:《旧中国海关总税务司署通令选编（第 2 卷） (1911—1930 年)》,北京:中国海关出版社,2003 年版,第 64—68 页。

岛灯塔时,在宁波的福建商人,因为灯塔有益于宁波、福州的民船贸易而主动捐助了2000元。1886年夏天,普陀岛上僧侣竖立了一座小灯塔,塔为砖造,17英尺高,六角形,照明设备是装有两面反射镜的10支吊灯,光射即约4英里①。

辛亥革命后,宁波沿海的航标管理仍旧属于宁波海关的管辖范围,日常的维护工作由海关税务司下属的灯塔科负责②。当时,各海关对浙江沿海的海务管辖有明确的分工:杭州湾向北沿海,属于上海江海关管辖,杭州湾往南至台州海域属于浙海关管辖,而自台州起向南沿海至福建霞浦县南关澳的海域属于瓯海关管辖③。民国时期的航标设置、建筑、管理也按照这个范围进行。

根据《中国沿海灯塔志》,宁波主要的灯塔有唐脑山灯塔、鱼腥脑灯塔、七里屿灯塔和虎蹲山灯塔等④。宁波港甬江口外的七里屿灯

---

① 〔美〕墨贤理(H. F. Merrill):《浙海关十年报告(1882—1891年)》(1891年12月31日),载中华人民共和国杭州海关译编:《近代浙江通商口岸经济社会概况——浙海关、瓯海关、杭州关贸易报告集成》,杭州:浙江人民出版社,2002年版,第27页。

② 按照1912年3月25日海关总税务司对海关各部门的调整,新的海关税务司包括:税课司、海政局和工程局。灯塔科隶属于海政局。《海关总税务司署通令第1887号(第二辑)》(1912年3月25日),载海关总署《旧中国海关总税务司署通令选编》编译委员会编:《旧中国海关总税务司署通令选编　(第2卷)　(1911—1930年)》,北京:中国海关出版社,2003年版,第30—31页。

③ 这一海务管辖的分工并不是非常明确的。如浙海关境内1895年展光的白玉山(Peiyushan)灯塔就是由江海关维护的。相关记载见〔挪〕佘德(F. Schjoth):《浙海关十年报告(1892—1901年)》(1901年12月31日),载中华人民共和国杭州海关译编:《近代浙江通商口岸经济社会概况——浙海关、瓯海关、杭州关贸易报告集成》,杭州:浙江人民出版社,2002年版,第55页。

④ 海关副税务司〔英〕班思德(T. Roger Banister)著,海关署副税务司李廷元译:《中国沿海灯塔志》,上海:海关总税务司公署统计科,1933年版,第253—266页。

塔,系晚清时期修建,"透镜,红光常明,灯光点距水面十二丈六尺",晴天可以照射十五里,大雾天气以锣引导①。光绪二十九年(1903),七里屿灯塔由常明式转变为明灭式。1920年,添置了雾枪。1925年,宁波海关花费24000两上海规元②重建岛上灯塔站,新灯标高148英尺。还有一支6磅重的枪,专门用来向镇海发信号,表示邮轮已到。1932年,装上了乙炔白炽灯,每1.5秒自动闪光一次,发光强度从原来的60烛光(坎)③提高到250烛光。此外,在虎蹲山以东的游山江礁也设有灯标。④ 白节山灯塔,由浙海关税务司于光绪十年修建,每夜点灯远照,以利船行⑤。初期,其管理人员为宁波海关雇用的外国人,1915年,所有管理人员全部换成了中国人。1915年6月,甬江口江南石墈码头钢铁灯标建成,上面有一个笼和一盏红灯,用于航道引导⑥。甬江内还有朱家河头灯标及上白沙灯标。除此之外,宁波唐脑山灯塔于1915年配备了每3.5秒自动闪光的乙炔灯,代替了原来的单蕊喷灯,发光强度提高了7倍(原来为155烛光)。1916年,又增添了新的设备,使发光强度进一步提高到2500烛光。鱼腥脑灯

① 〔清〕朱正元辑:《浙江省沿海图说》(附表),台北:成文出版社有限公司,1974年版。

② 上海规元为1856年起通行于上海的一种作为记账单位的海关虚银记账单位,可以解决流通中使用的实银一时供应不足和搬运不便等困难,又称九八规元。1933年废两改元,上海规元亦停止使用。

③ 烛光为旧称,但为与参考资料保持一致,本书参考时,暂不更改。

④ 陈梅龙、景消波译编:《近代浙江对外贸易及社会变迁》,宁波:宁波出版社,2003年版,第88、104、123页。

⑤ 《添建灯塔》,《申报》,1884年3月2日,第1张第2版。

⑥ 陈梅龙、景消波译编:《近代浙江对外贸易及社会变迁》,宁波:宁波出版社,2003年版,第104页。

塔，原先发光强度为 3000 烛光，1926 年加以改进，发光强度提高到
6000 烛光。1930 年，更新了全部老式挂灯和其他仪器，装置了新的
水银浮标，使发光强度提高到 55000 烛光。① 而在甬江上，浙海关于
1936 年设立了江南镇张鉴碶灯桩、梅墟灯桩、游山江礁灯桩 3 座，浮
筒 1 座。截至 1949 年 5 月，宁波港域有虎蹲山、七星峙、花鸟山、鱼
腥脑、白节山、小龟山、洛伽山、太平山、半洋山、唐脑山、东亭山、下三
星、菜花山灯塔 13 座，其中除了虎蹲山、七星峙灯塔尚完好外，其余
灯塔都已无灯②。另外，值得注意的是，为了保障航道的安全，除了海
关外，宁波地方乡绅也自发集资修建灯塔。如光绪二十九年普陀山
僧人募善款修建普陀佛顶山燃油灯塔，1914 年"镇海李氏助资改用
打汽灯"；1917 年舟山人刘德裕等捐建沈家门半升桶灯塔；1918 年闽
商曾川流募集资金修建沈家门外马屿灯塔③。

　　浙江沿海海关修建的灯塔在近代浙江航运中起到了非常重要的
作用。《中国沿海灯塔志》评价道：

　　　　宁波各灯，自成一系，与距岸较远诸灯之连锁，显然分
离，对于远洋船舶，功用甚微，即于沿岸驶行船只，为助亦
鲜，但于杭州湾内往来船只，裨益甚大，几为不可须臾或离，

　　① 郑绍昌主编：《宁波港史》，北京：人民交通出版社，1989 年版，第 315 页。
　　② 宁波市地方志编纂委员会编：《宁波市志》（全三册），北京：中华书局，1995
版，第 779 页。
　　③ 陈训正、马瀛等：《定海县志》册二"交通志第三·水道"，台北：成文出版社
有限公司，1970 年版，第 205 页。

而对沪甬航线，所关尤巨。该线非独为曩昔洋货运输内地

之孔道，即在今日，亦为汽艇、小轮航行必由之程。①

除了修建灯塔，浙海关还测量了宁波沿海航道，参与岸线码头修
建，这些关系到港航运维的各项工作，构成了近代宁波港基础设施建
设的重要环节。

宁波港作为浙江沿海最大最繁忙的港口，在光绪十九年（1893）
浙海关对其甬江航道进行过一次细致的测量。当时主持测量的是浙
海关水位观测员克列尼先生，他参考水位的变化对甬江航道进行勘
探。从他的报告中我们可以了解到 19 世纪末期甬江航道的大致情
况。当时尽管甬江航道的某些河段较为狭窄，但其水深足以使一般
贸易船只顺利通过。镇海的深水航道未发生明显变化，但招宝山下
的沙滩正在向东、向南扩展，不过还没有影响到航运。但到达宁波港
的两条西部航线，一条在虎蹲岛和大陆之间，另一条在虎蹲岛和西霍
山之间，因淤塞情况严重，吃水正常的帆船已无法通过。当时只有一
条东部航线供外轮使用，其他两条全部停止使用。② 其后由于战争因
素，宁波港曾先后 2 次封港，使得镇海段航道发生了一些变化，因此

① 海关副税务司〔英〕班思德（T. Roger Banister）著，海关署副税务司李廷元
译：《中国沿海灯塔志》，上海：海关总税务司公署统计科，1933 年版，第 253 页。

② 陈梅龙、景消波译编：《近代浙江对外贸易及社会变迁》，宁波：宁波出版社，
2003 年版，第 75 页；〔挪〕佘德（F. Schjoth）：《浙海关十年报告（1892—1901 年）》
（1901 年 12 月 31 日），载中华人民共和国杭州海关译编：《近代浙江通商口岸经济
社会概况——浙海关、瓯海关、杭州关贸易报告集成》，杭州：浙江人民出版社，2002
年版，第 55 页。

中国海军在海关海务部一名代表的协助下，于 1921 年对甬江航道进行了一次系统的勘测①。这次勘测发现，除了镇海段北支航道略有改变外，整个甬江主航道仍保持稳定，其水深一般在 4 米以上。因此，在正常潮位时期，3000 吨—5000 吨级的轮船可以正常通行，高潮位时，7000 吨级的轮船可通行②。不过随着航道沿线居民倾倒垃圾废物增多，航道淤积问题日益严重。1932 年初，宁波市政当局曾打算制止这种行为，并计划用海滩的泥沙将江边的道路拓宽至 63 英尺，但该工程随后被放弃③。

自光绪六年(1880)宁波海关对港口轮船进行统计之后，宁波港客运量从光绪六年的 125874 人次，增加到光绪二十六年的 342740 人次，短短 20 年间，宁波港各线客运人次增加了近 2 倍。这一时期运送的外国人也从最初的 578 人次，增加到 1056 人次。在宁波港沿海航线中，甬沪线的客运规模远超其他航线上的客运规模。以光绪二十六年为例，往返甬沪线的客运量有 285664 人次之多，而同期往返于甬温(州)线及甬台(州)线的客运量仅 2329 人次和 54744 人次。④ 截

① 〔英〕安斯迤(E. N. Ensor)：《浙海关十年报告(1922—1931 年)》(1931 年 12 月 31 日)，载中华人民共和国杭州海关译编：《近代浙江通商口岸经济社会概况——浙海关、瓯海关、杭州关贸易报告集成》，杭州：浙江人民出版社，2002 年版，第 88 页。

② 郑绍昌主编：《宁波港史》，北京：人民交通出版社，1989 年版，第 311 页。

③ 陈梅龙、景消波译编：《近代浙江对外贸易及社会变迁》，宁波：宁波出版社，2003 年版，第 104 页；〔英〕安斯迤(E. N. Ensor)：《浙海关十年报告(1922—1931 年)》(1931 年 12 月 31 日)，载中华人民共和国杭州海关译编：《近代浙江通商口岸经济社会概况——浙海关、瓯海关、杭州关贸易报告集成》，杭州：浙江人民出版社，2002 年版，第 88 页。

④ 郑绍昌主编：《宁波港史》，北京：人民交通出版社，1989 年版，第 248 页。

至1911年,宁波港外海和内河航线上运营的轮船总共有22艘,分属13家轮船公司,除宁绍轮船公司"宁绍号"与"甬兴号"以外,多数为1000吨以下的小吨位轮船。同年,各国进出宁波港的轮船总计1532艘次,总吨位共1879806吨。其中,中国和英国分别占总吨位的63.96％和25.39％,数量分别是1035艘和368艘,其他为法、日、美、瑞典-挪威商船。从该数据可以看出,中国轮船公司在宁波港航线的经营上占有优势地位。除此之外,在外海各航线帆船/机帆船与内河航运方面,截至1911年,已经全部由中资帆船/轮船运营。同年出入宁波港的帆船数量为158艘,总吨位为20567吨。同期出入内河航线的轮船、帆船及机帆船总数为3914艘,总吨位为397012吨。可见,相比外海轮船航运,内河航运的机帆船明显属于小吨位船只。这些数据还没有算上兼营航运的2万余艘渔船。这一时期总体轮船航运的状况是:外海主要航线优先投入大型轮船,其次是内河主要航道,而众多的机帆船与帆船则往来于近海短程航线与内河支线。轮船的发展趋势呈现先外海后内江,先重要航线后次要航线,先货运后客运的特点。这与航运业的投入产出关系和边际资本效益的要求完全吻合。这一时期宁波及周边沿海地区与岛屿基本都通行轮船。在繁忙的航线上,众多形制不一的轮船往来宁波与周边港口。

三、河海扩容后的宁波港

1949 年 5 月 25 日,宁波解放。[①] 5 月 28 日,中国人民解放军宁波市军事管制委员会成立,宁波市警备司令部成立。[②] 宁波市军事管制委员会顺利接管浙海关,浙海关改名为江海关宁波分关,这意味着鸦片战争以来外国人对中国海关近百年的管制终于结束。紧接着,同年 6 月 13 日和 6 月 26 日,宁波市军事管制委员会又分别接管招商局宁波分公司和上海航政局宁波办事处。[③]

之后,宁波港的航道清理和组织复航项目正式启动。为了加强群众的积极性,鼓励清理和打捞沉船的行为,中国人民银行在 1950年 9 月设置了船舶捞修贷款。1950 年 10 月,镇海生产打捞组成立。[④] 这是由人民群众自发建立起来的第一支沉船打捞队伍。在 1950 年至 1953 年期间,"宁镇轮""新宁余轮""江利轮"等尚有价值的沉船相继被打捞起来,能够修复的轮船,对其进行修复及加工。"宁波港务局档案资料记载,自 1950 年 10 月至 1952 年初,对宁波港的白沙、拗鳖江、镇海口门等段水域里的沉船、旧趸船,包括抗日

①　宁波市地方志编纂委员会编:《宁波市志》(全三册),北京:中华书局,1995 年版,第 97—98 页。

②　宁波市地方志编纂委员会编:《宁波市志》(全三册),北京:中华书局,1995 年版,第 97 页。

③　宋静之:《宁波港发展史略》,宁波市政协文史资料委员会、宁波港务局合编:《宁波文史资料(第九辑)》,宁波:宁波市政协文史资料委员会,1991 年版,第 17 页。

④　郑绍昌主编:《宁波港史》,北京:人民交通出版社,1989 年版,第 400 页。

战争留下来的堵江船只残骸作了一次较大规模的清理，基本上清除了主航道上的碍障物，为沪—甬线3000吨线（级）的客货轮复航准备了条件。"①1952年4月1日，恢复沪甬客轮航线，"江泰轮"由甬驶向沪。②

主航线的恢复使用以及宁波各地区的逐渐解放，使宁波港的港口业务得到了一定的恢复和增长，"1953年宁波港的年吞吐量，已从1949年的4万吨，增长到45万吨，年递增率达到83.1％；宁波港的进出口船舶，也由1949年的885艘次，611359吨，发展到1953年的44508艘次，3056161总吨"③。宁波港急需正式的港口条例来制约、管束港口行为。1953年1月1日，宁波港务分局成立。④ 由宁波港务分局统一管理宁波港的一切港务事宜，打破了领导层各自为政的分裂局面，将航务和港务结合在一起，配合完成，有效提升了宁波港的工作效率及业务调配进度，为之后港口的专业化管理奠定了基础。1954年1月，宁波港务分局遵循《中华人民共和国海港管理暂行条例》的规定，按照本港的具体实际，着手制定《宁波港港章》，并于同年12月29日，经交通部海运管理总局核准。⑤ 1955年1月1日，宁波港正式颁布了第一部港章和各种规则与办法。⑥ 从此宁波港拥有了

① 郑绍昌主编：《宁波港史》，北京：人民交通出版社，1989年版，第400页。
② 宁波市地方志编纂委员会编：《宁波市志》（全三册），北京：中华书局，1995年版，第104页。
③ 郑绍昌主编：《宁波港史》，北京：人民交通出版社，1989年版，第386页。
④ 郑绍昌主编：《宁波港史》，北京：人民交通出版社，1989年版，第388页。
⑤ 郑绍昌主编：《宁波港史》，北京：人民交通出版社，1989年版，第386页。
⑥ 郑绍昌主编：《宁波港史》，北京：人民交通出版社，1989年版，第416页。

严格的管理秩序和惩处措施。

1954年后，货主码头开始在宁波港出现，突破了港务局一家独大的管理局面，带动全社会参与港口建设，加快宁波港前进的步伐。与此同时，宁波港的仓容面积也与日俱增，"据1951年统计，宁波港全港的仓库容积为9366.43立方米，其中港属仓库的容积为5314.49立方米。到1956年全港仓库的容积已增加到26510.25立方米，其中港属仓库总容积为788514立方米"①。中华人民共和国成立后，宁波港内大量的私营轮（汽）船企业都进行了"公私合营"改革，走上了集体化的道路。

中华人民共和国成立初期，宁波港的生产得到一定程度的恢复，港口业务也重现往日繁荣，"其中客运量，1956年比1949年增加2倍以上，达到79万人次。客运航线发展至8条，有大小客货轮9艘，出港旅客计36.5万人次……宁波港的货运吞吐量，从1949年到1956年递增率为38.74％"②。

1949年到1956年，是宁波港由衰落到兴起的转折点，也代表着社会主义经营方式在宁波港是行得通的。宁波港经过这7年的社会主义建设，已经基本上成为一个具有社会主义性质的新港口。

刚刚经历过3年恢复和4年建设，还没完全恢复到全盛时期的宁波港客货运量在逐年缓慢上升，它的承受能力也在缓缓提升。但突如其来的"大跃进"打乱了宁波港的有序发展进程。以大为贵、以

---

① 郑绍昌主编：《宁波港史》，北京：人民交通出版社，1989年版，第398页。

② 郑绍昌主编：《宁波港史》，北京：人民交通出版社，1989年版，第411—412页。

多为贵的激进思想不断蔓延,低质量的煤炭、钢铁及其他矿建材料等工业品产量呈现跳跃式增长,宁波港的货运压力陡然增大,港口堆满了货物,船上装满了箱子,港口秩序变得混乱不堪。

1957 年,宁波港货运量已经开始不正常增加,码头过小导致港口压力剧增。为了缓解港口货物装卸、船只停泊压力,"1957 年 9 月 20 日,宁波港务分局经报上海海运管理局批准,在中白沙路沿江段新辟水铁联运码头"①。在 1958 年"大跃进"高潮来临时,白沙联运码头充分发挥了它的作用,但仍然无法轻松应对大幅增长的货运量。"是年第二季度,经上海海运局核准,又在 1 号码头的下游,建造长 46.35 米、靠泊能力为 3000 吨级的煤栈专用码头 1 个……至此,白沙作业区范围内已有码头 5 座。"②由此,白沙作业区通货效率大大提升,极大地减轻了宁波港一区的港口压力。

1957 年至 1960 年期间,宁波港的运货能力得到巨大提升,"1957 年资料统计,当时宁波港共有外海客、货轮 10 艘(其中客轮 4 艘),计 1916 总吨。但到 1960 年,宁波港的外海客、货运船舶已发展到 26 艘,计 4760 吨……港口的吞吐量急剧上升,当年达到 89 万吨,比 1957 年增长 29 万吨,1959 年又上升到 137 万吨,年增长率为 59.3%。1960 年突破 160 万吨"③。

但是"大跃进"违反了客观规律,后期产生了巨大的消极影响,

---

① 郑绍昌主编:《宁波港史》,北京:人民交通出版社,1989 年版,第 417—418 页。

② 郑绍昌主编:《宁波港史》,北京:人民交通出版社,1989 年版,第 418 页。

③ 郑绍昌主编:《宁波港史》,北京:人民交通出版社,1989 年版,第 421—424 页。

中国国民经济比例严重失调,发展倒退。宁波港也产生了"乐极生悲"的现象,货物吞吐量呈现断崖式下跌。直到 1961 年中央提出"调整、巩固、充实、提高"八字方针后,货运量才在 1963 年开始缓慢回升。

实际上,"大跃进"期间货运量的增加并没有给宁波港带来有效的经济收益。"大跃进"提倡发挥人的主观能动性,强调生产关系的进步。港口货运量不断上升,但其实际生产力仍然停滞不前,导致港口的生产关系脱节于生产力发展,使宁波港在短暂得利后所获的利润下降。"1960 年市交管局运输与轮船两公司的利润总额(其中缺轮船公司 11、12 两月)为 3440478.14 元,但 1961 年以后,每况愈下,年利润连续下降,到 1963 年起,才开始回升。"①

到 1963 年,八字方针已实施 2 年有余,宁波港的港务服务、生产能力、经济效益等都有一定程度的回升。但好景不长,接踵而来的长达 10 年的"文化大革命"又打乱了宁波港有秩序的恢复与发展。与"大跃进"造成利润下降的后果相比,"文化大革命"给宁波港带来的危机是破坏性的。

大量职员为求"福利"而旷工,港口的工作效率急剧下滑,港口出现了严重的生产危机,甚至经济危机。"1967 年 1 季度,全港亏损8.9 万元,5 至 8 月,又亏损 13.5 万元,这是宁波港自 1961 年以来,第一次出现亏损……自 1967 年起,宁波港连续 3 年亏损金额合计达

---

① 郑绍昌主编:《宁波港史》,北京:人民交通出版社,1989 年版,第 431 页。

173.5万元。"①宁波港经济受挫，职工的薪资、奖金也无法顺利发放，工人积极性愈受打击。如此恶性循环之下，宁波港的各项港务也受到打击，生产能力大不如前。"'文化大革命'前夕的1965年，工人的出勤率在85%以上，工时利用率为92.5%；1966年开始下降，到1967年工人出勤率只有67.13%，工时利用率也下降到81.18%······1967年，宁波沿海货运量（即生产量）下降到91千吨，周转量为25029千吨公里，平均船吨月产量为956吨公里，比1965年下降近60%，为1962年以来的最低产量。"②

然而在"文化大革命"如此艰难的背景下，1969年之后，宁波港也开始缓慢地发展。港口泊位增加，机械装置改善，仓库得到扩张，职工得以新增，这些不显著但十分有效的进步慢慢地改变了宁波港的窘境，经营不再亏损，港口建设也得到改进。

20世纪70年代，外交部采取灵活的外交政策，中国与世界上许多国家达成合作。1973年12月5日，浙江省宁波港建设领导小组、宁波港建设指挥部成立。③从此以后，宁波港的发展进入了一个全新的阶段。"1973年至1978年，宁波港向前推进了22公里到达甬江口，靠泊的船型由原来的3000吨级，提高到万吨级。"④

这一时期，宁波港的对外贸易逐步发展起来，与之相对的港口建

① 郑绍昌主编：《宁波港史》，北京：人民交通出版社，1989年版，第467页。

② 郑绍昌主编：《宁波港史》，北京：人民交通出版社，1989年版，第468—470页。

③ 宁波市地方志编纂委员会编：《宁波市志》（全三册），北京：中华书局，1995年版，第126页。

④ 郑绍昌主编：《宁波港史》，北京：人民交通出版社，1989年版，第495页。

设也提上日程。1973 年 7 月,国务院港口建设领导小组组长粟裕至镇海考察建设镇海新港地址。① 同年 8 月,宁波港务局、宁波地区航运公司为镇海港口建设工程提出较为详细的规划设想。② 按照规划,镇海港的整体吞吐能力将为 1320 万吨,总投资 2.8 亿元,"这是在北仑深水港区还未列入开发规划前的一个宏大的设计计划"③。1974 年 8 月 6 日,交通部同意"第一期建设煤码头两个泊位、杂货码头三个泊位以及相应的生产配套工程",并批复浙江省宁波港建设指挥部、省交通局、上海铁路局、第三航务工程局及上海航道局等有关部门落实建设项目及施工单位。④ 至此,宁波港新港口建设工程正式启动。1977 年 12 月 30 日,镇海港煤码头简易投产,镇海港货运铁路线建成通车。⑤

1978 年改革开放以后,港口建设更是大步向前。1978 年,宁波港镇海作业区正式竣工,1983 年通过国家鉴定,正式投入使用。⑥ 镇海港的启用,将宁波港提升为万吨级港口,宁波港机械化半机械化程度也有提高,为宁波港由中小型港口过渡为大型港口奠定了基础。1978 年 1 月 13 日,北仑港筹建小组成立。12 月 7 日,宁波港务管理局成立,辖宁波、镇海、北仑 3 个港区。12 月 26 日,谷牧副总理考察

① 宁波市地方志编纂委员会编:《宁波市志》(全三册),北京:中华书局,1995 年版,第 126 页。

② 郑绍昌主编:《宁波港史》,北京:人民交通出版社,1989 年版,第 488 页。

③ 郑绍昌主编:《宁波港史》,北京:人民交通出版社,1989 年版,第 488 页。

④ 郑绍昌主编:《宁波港史》,北京:人民交通出版社,1989 年版,第 489 页。

⑤ 宁波市地方志编纂委员会编:《宁波市志》(全三册),北京:中华书局,1995 年版,第 129 页。

⑥ 郑绍昌主编:《宁波港史》,北京:人民交通出版社,1989 年版,第 492 页。

北仑港建设现场。① 以上一系列举措的实施，促进了港口管理的进步。在此基础上，1979 年 1 月，北仑矿石中转码头动工，于 1982 年 12 月竣工，使宁波港转为海峡港，成为我国当时最大的矿石中转码头。②

新老港区的建设与拓展提高了宁波港总靠泊船只上限，极大增强了宁波港的生产能力。1974 年以后，镇海港区和北仑港区的相继开发，为宁波港提供了优越的物质条件，港口工业也开始兴起。镇海港区建立起油码头和炼油厂，管理原油及成品油的运输和中转。至 1985 年，镇海石油化工总厂经过技术改造，运载货及靠泊能力得到极大提升。除此之外，镇海电厂和电厂码头也相继建立起来，待电厂工程结束，"镇海电厂发电总量可达 105 万千瓦"③。电厂码头始建于 1978 年，次年建成并投产。④ 港口工业的快速发展，可以说是宁波港生产力大幅提升的重要原因。

1973 年至 1978 年，宁波港整体能力得到较大提升，尤其是货运能力，自 1974 年开始始终保持着上升趋势，到 1978 年已经达到 214 万吨，这是新中国成立以后宁波港第一次突破 200 万吨大关⑤。达到这一瞩目成就的主要原因之一，就是"1973 年周总理提出'要在

① 宁波市地方志编纂委员会编：《宁波市志》（全三册），北京：中华书局，1995 年版，第 129 页。

② 宋静之：《宁波港发展史略》，《文史资料（第九辑）》，政协宁波市委员会网站，2013 年 9 月 5 日。

③ 郑绍昌主编：《宁波港史》，北京：人民交通出版社，1989 年版，第 518 页。

④ 宁波市地方志编纂委员会编：《宁波市志》（全三册），北京：中华书局，1995 年版，第 129 页。

⑤ 郑绍昌主编：《宁波港史》，北京：人民交通出版社，1989 年版，第 521 页。

三年内改变港口面貌'的指示"①。这一指示,主要就是为了解决全国各大港口吞吐能力不足的问题,更好地适应20世纪70年代初中国开展对外贸易的国际环境。为坚定落实该指示,宁波港自此开始实行港务局建港和货主单位建造部分专用码头并举的方针,极大提升了宁波港建港速度及货运能力,宁波港进入大规模建设新时期。

1978年中共十一届三中全会召开,这次会议提出了要进行改革开放的历史任务,做出了"把全党工作的着重点和全国人民的注意力转移到社会主义现代化建设上来"的重大战略决策。由此,宁波港港口建设的重心也开始向现代化建设靠拢。

1979年6月1日,宁波港对外开放,8月22日,开放后首艘外轮日籍"湖山丸"抵港。1981年9月11日,北仑港区、镇海港区对外轮开放。② 港口开放后,宁波港整体船舶靠泊能力亟须进一步增强,以便更好地适应外贸运输发展的需要。于是经交通部批准,北仑港开始建设新的泊位。1982年12月27日,北仑港10万吨级矿石中转码头建成,有10万吨级泊位1座、2.5万吨级泊位2座及配套工程,是日通过国家验收。③ 在此基础上,北仑港区坚持贯彻中共中央指示,加快港区的现代化建设,将现代化技术运用于港口生产活动之中,例

①　郑绍昌主编:《宁波港史》,北京:人民交通出版社,1989年版,第521页。

②　宁波市地方志编纂委员会编:《宁波市志》(全三册),北京:中华书局,1995年版,第130页。

③　宁波市地方志编纂委员会编:《宁波市志》(全三册),北京:中华书局,1995年版,第133页。

如中央控制室的总体控制系统、雷达导航系统、超声波船舶靠岸速度仪等。

在北仑港进行大幅改造升级之时，镇海港也开始接受科学整治。由于未及时对航道进行疏通，1978 年 3 月至 1979 年 2 月，万吨级航道又开始积淤，导致 1978 年底建成的 2 个煤炭装卸泊位不能正常使用。为尽快使煤炭装卸泊位正常投入使用，减轻宁波港货运压力，镇海港加快航道治理步伐。"1980 年 6 月开始，对镇海航道采取了疏浚与整治相结合的方针，筑建了丁坝、顺坝和导流堤等控制河宽、排流改向的设施，使航道水深得到了较好的维持。"① 镇海航道得到有效治理，港口经济效益也得到明显提高。"从 1980 年 10 月 1 日至 1982 年 12 月底止，进港靠泊的 3000 吨级以上船只为 293 艘次，其中万吨轮 119 艘次，完成货物吞吐量为 124.28 万吨，装卸收入除成本费外，盈余 126.79 万元，同时有力地支援了工农业生产的发展。"②

1984 年 5 月 4 日，宁波被列为全国进一步对外开放 14 个沿海港口城市之一。③ 各类对外交流政策也随之改变，宁波港内外贸易量骤然加大。大量杂散货出入宁波港，老旧的港区已然无法承受如此巨大的压力。因此，为了缓解宁波老港区的出入货压力，维系宁波港的正常运转并适当增强其货运能力，宁波港开始扩建和新建一批杂货

————————

　　①　郑绍昌主编：《宁波港史》，北京：人民交通出版社，1989 年版，第 556 页。

　　②　郑绍昌主编：《宁波港史》，北京：人民交通出版社，1989 年版，第 561 页。

　　③　宁波市地方志编纂委员会编：《宁波市志》（全三册），北京：中华书局，1995 年版，第 135 页。

泊位。"从 1984 年开始,在镇海、宁波、北仑港区,扩建和新建 9 个件杂货泊位和 1 个液体化工泊位(北仑港区杂货泊位已如前述)的工程相继动工。这是宁波港建设史上出现的第一次大规模建设杂货泊位的高潮。"①

进一步对外开放之后,宁波港不仅货物吞吐量有巨大提升,客运量也显著增长,原先绰绰有余的客运码头也变得拥挤紧张。为解决客运码头被迫高负荷运转的问题,宁波港于"1984 年 4 月,在原客运码头东侧,扩建 3000 吨级客货两用码头 1 座,新辟候船厅 1 处"②,并对原客运大楼、客运大厅进行扩建,改变了堵塞拥挤的面貌。

自 1949 年以来,宁波港一步一个脚印,随着国内政策的不断调整升级和国际形势的变化,从最开始的口内港到口门港,再从口门港到海峡港,不断地开拓扩容,到 21 世纪初已经成为当之无愧的东方大港。

四、一体化的宁波舟山港

"十五"期间,宁波港共完成货物吞吐量 9.6 亿吨,共完成集装箱吞吐 1505.7 万标箱。③ 宁波港经济效益总体提升,为国民经济的持

---

① 郑绍昌主编:《宁波港史》,北京:人民交通出版社,1989 年版,第 562 页。
② 郑绍昌主编:《宁波港史》,北京:人民交通出版社,1989 年版,第 597 页。
③ 宁波市地方志编纂委员会编:《宁波年鉴 2006》,北京:中华书局,2006 年版,第 107 页。

续健康发展做出了极大贡献，宁波的综合经济实力显著提升。但从整体上看，宁波港仍具有很大的上升空间。

为提升港口的整体竞争力，浙江省委、省政府做出了推进宁波、舟山两港一体化的战略决策，在 2003 年初出台《宁波-舟山港口资源整合规划》，拉开了宁波-舟山港的一体化序幕。① 2005 年 7 月成立了"宁波-舟山港"一体化建设领导小组，对两港合作的各项前期工作进行协调，推进两港一体化建设。② 同年 12 月 20 日，省政府在杭州召开宁波-舟山港一体化新闻发布会，宣布"宁波-舟山港"名称于 2006 年 1 月 1 日起正式启用，原"宁波港"和"舟山港"名称不再使用。③ 这标志着宁波港与舟山港正式合并，改称为"宁波-舟山港"，是宁波-舟山港一体化的重大突破。

宁波、舟山等出入境边防检查部门的统计显示，2005 年宁波港、舟山港出入境（港）国际航行船舶和人员均创历史新高，两港合并后出入境（港）国际航行船舶达到 20603 艘次，同比增长 21.6%，出入境人员（旅客、海员）达到 238744 人次，同比增长 13.8%。④ 这表明，一体化的宁波-舟山港与宁波港、舟山港单打独斗相比，对外开放程度进一步提高，港口与国际贸易及旅游市场的合作再上一

① 张莉:《宁波、舟山两港是如何走到一起的》,《宁波日报》,2021 年 9 月 2 日第 A9 版。

② 邓少华、包凌雁:《"宁波-舟山港"名称启用》,《宁波日报》,2005 年 11 月 26 日。

③ 宁波年鉴编纂委员会编:《宁波年鉴 2006》,北京:中华书局,2006 年版,第 25 页。

④ 黄侃、周盛:《宁波-舟山港出入境流量创新高》,《宁波日报》,2006 年 1 月 12 日。

层新台阶。

2006 年，宁波-舟山港紧紧抓住全国新一轮经济增长的机遇，持续拓宽对外开放的道路，港口规模也得到一定程度的提升。该年，"宁波港集团的北仑、镇海、宁波、大榭和穿山港区，共拥有生产泊位209 座，包括万吨级以上大型泊位 48 座。其中，5 万吨级以上至 25万吨级的特大型深水泊位 25 座，是中国大陆大型和特大型深水泊位最多的港口"[①]。至此，宁波-舟山港已经成为一个集内河港、河口港和海港于一体的多功能、综合性现代化深水港。但是，宁波-舟山港发展到这个阶段仍存在许多问题，比如港口功能布局混乱、未批先建或变相占用岸线现象严重、港口发展规划与城市规划及海洋功能规划等存在矛盾等。

为解决以上问题，推动宁波-舟山港一体化进程，按照"统一品牌、统一规划、统一开发、统一管理"的要求，积极推进宁波与舟山港口资源、基础设施的"联建共享"，加快建立有利于港口一体化的管理体制和运营机制。2006 年 7 月 14 日，在两地市委书记、市长的提议下，加快推进宁波、舟山港口一体化工作座谈会在舟山召开，双方就两市继续推进港口发展、基础设施建设等方面的合作进行了深入探讨，签署了《宁波舟山加快推进港口一体化工作座谈会纪要》，两地港口合作进一步加强，并取得了实质性成果。[②] 除此之外，两地大力拓展港口腹地，深入推进"无水港"建设，进一步扩大宁波-舟山港规模。

① 宁波市地方志编纂委员会编：《宁波年鉴 2007》，北京：中华书局，2007 年版，第 161 页。

② 卢磊：《宁波舟山港口一体化又有新举措》，《宁波日报》，2006 年 7 月 15 日。

同年 12 月 21 日，"宁波—衢州山海协作示范项目""无水港项目"在衢州奠基。①

各类措施相继推动实施，为宁波-舟山港一体化进程打下了坚实的基础。2008 年，宁波-舟山港"发展连年上新台阶，宁波港区集装箱吞吐量突破 700 万标箱，是 2003 年的 2.5 倍，位次由大陆第 5、世界第 22 位上升到大陆第 4、世界第 13 位；货物吞吐量由 1.85 亿吨增加到 3.1 亿吨，居大陆港口第 2 位，世界排位由第 5 上升到第 4 位"②。宁波-舟山港综合实力持续增强，是具备万吨级以上深水泊位最多的港口，成为我国四大国际性深水枢纽港之一。

至 2008 年 11 月 21 日，宁波-舟山港集装箱吞吐量历史性地突破了 1000 万标箱③，标志着宁波-舟山港向世界一流国际大港迈出了坚实的一步。2008 年 7 月 18 日，《宁波-舟山港总体规划》（以下简称《总体规划》）通过交通运输部和浙江省政府组织的联合评审。④ 该《总体规划》的通过为宁波-舟山港指明了未来的发展方向："总体形成满足主要货种运输需求的枢纽港，并依托深水港区发展大型优势产业和成规模的开发区，建立各类物流园区和临港工业区。"⑤在此后几年时间里，宁波-舟山港一直为此目标而努力。

---

① 宁波市地方志编纂委员会编：《宁波年鉴 2007》，北京：中华书局，2007 年版，第 26 页。
② 宁波市地方志编纂委员会编：《宁波年鉴 2008》，北京：中华书局，2008 年版，第 2 页。
③ 《宁波年鉴》编辑部编：《宁波年鉴 2009》，北京：中华书局，2009 年版，第 26 页。
④ 《宁波年鉴》编辑部编：《宁波年鉴 2009》，北京：中华书局，2009 年版，第 21 页。
⑤ 徐本梁、李韬：《宁波-舟山港将建成世界顶级货港——总体规划通过部省联合评审》，《宁波日报》，2008 年 7 月 22 日第 A1 版。

21世纪初,突然爆发的金融危机对宁波-舟山港货物出口造成了极大的负面影响。受经济影响,宁波-舟山港的港口生产于2009年初开始走下坡路,并于2月时到达最低谷。为了改变这一状况,尽量减少国际金融危机对宁波-舟山港的影响,宁波港股份有限公司及时采取措施,调整目标,重点开发受金融危机影响较小的地区,使港口的航线调整和缩减幅度降到最小,并"巩固和发展浙江腹地,以拓展苏南、江西等省外腹地为重点,积极推进内贸中转腹地和空箱调运基地建设"①。实际上,2009年1月至7月,宁波港的内贸集装箱业务量一直呈上升趋势,甚至成为宁波港口生产的"新引擎"。② 因此在外贸集装箱业务量受国际金融危机影响而下滑的情况下,内贸集装箱业务快速发展,基本上抵消并弥补了外贸集装箱业务量下滑对宁波-舟山港正常生产的影响。

宁波-舟山港在受到金融危机负面影响的情况下,非但没有一蹶不振,反而及时做出调整,紧紧抓住国家扩大内需的重大机遇,大力发展港口的内贸集装箱运输,同时新开多条航线,也为之后宁波-舟山港集装箱运输的突破奠定了基础。

"十二五"期间,宁波-舟山港综合服务功能不断增强,港口货物吞吐量和集装箱吞吐量分别达到5.5亿吨和2000万标箱,成为浙江省国家级海洋经济核心示范区。为实现从"世界大港"到"国际

① 包凌雁、周波:《宁波港口货物吞吐量上月创历史同期新高——集装箱吞吐量比4月份增长10％》,《宁波日报》,2009年6月6日第A1版。

② 秦羽、宋兵、张晓宇、施惠华:《内贸集装箱成宁波港口"新引擎"》,《宁波日报》,2009年8月17日第A3版。

强港"的转变，宁波-舟山港抓住浙江海洋经济发展被纳入国家战略的机遇，大力推进港口开放合作，优化港口资源开发利用，完善"三位一体"的港航物流服务体系，提升海洋经济发展水平。① 同时，宁波-舟山港加大力度推进两港域融合，共同发展海洋经济，全面推进一体化进程，金塘大浦口集装箱码头等一体化工程完美起步，大力发展，争取早日成为大宗散货枢纽港和国际集装箱枢纽港。

　　宁波舟山港还在加速向国际强港迈进。到 2015 年，宁波舟山港集装箱吞吐量为 2062.7 万标箱，货物吞吐量为 8.89 亿吨，排名位居世界港口首位。② 同年 9 月 29 日，宁波舟山港集团有限公司揭牌仪式在宁波环球航运广场举行，标志着宁波舟山港实现了以资产为纽带的实质性一体化，标志着浙江省海洋港口一体化发展迈出了关键一步。③ 可以说，宁波舟山港一体化的提出和发展，极大增强了宁波港口的生机与活力，提升了综合经济效益，并在一定程度上拓展了宁波港的发展上限，巩固了宁波舟山港枢纽港的地位，使得宁波舟山港 2016 年的年货物吞吐量突破 9 亿吨，成为全球首个"9 亿吨"大港。④

---

　　① 《宁波年鉴》编辑部编：《宁波年鉴 2011》，北京：中华书局，2011 年版，第 10 页。

　　② 宁波市人民政府地方志办公室编：《宁波年鉴 2016》，宁波：宁波出版社，2016 年版，第 83 页。

　　③ 应建勇、朱宇、殷聪：《宁波舟山港集团正式成立》，《宁波日报》，2015 年 9 月 30 日第 A1 版。

　　④ 宁波市人民政府地方志办公室编：《宁波年鉴 2017》，宁波：宁波出版社，2017 年版，第 119 页。

2017 年,宁波舟山港牢牢抓住国际贸易需求逐渐回暖和"一带一路"推进步伐加快的契机,充分发挥浙江海洋港口一体化发展优势,主动出击开拓国内外市场,科学优化码头生产组织,做优"超级大船"、做强水水中转、做大多式联运,促进集装箱运输生产保持快速增长势头。除此之外,宁波舟山港瞄准国际船舶大型化趋势,积极打造超大型集装箱船舶的"必经之地",并且已实现 1.8 万标箱以上集装箱船舶的常态化靠泊。交通运输部官网的数据显示,2017 年前 10 个月,宁波舟山港累计完成货物吞吐量 8.54 亿吨,其中外贸货物吞吐量达 3.99 亿吨,同比增长 10.4%。① 浙江省港口一体化战略实施之后,宁波舟山港更是如虎添翼,港口吞吐量和集装箱吞吐量节节攀升。截至 2017 年 11 月 12 日,宁波舟山港当年累计完成集装箱吞吐量 2161.2 万标箱,已超过 2016 年全年 2156 万标箱,同比增长 13.5%,增幅居国内主要港口前列。② 2017 年末,宁波舟山港年货物吞吐量刷新全球纪录,成为世界首个"10 亿吨"大港,连续 9 年居世界第一。③ 这是浙江省港口一体化、协同化发展的重大成果,也是浙江省改革开放发展中具有标志性意义的一件大事。

面对港口竞争激烈、恶劣天气影响等不利因素,宁波舟山港充分发挥浙江省港口一体化优势,狠抓货源开拓,优化集疏运网络体系,

① 兰草:《货物吞吐量首破 10 亿吨　宁波舟山港建设国际强港的强大动力》,《宁波日报》,2017 年 12 月 29 日第 A6 版。

② 俞永均:《宁波舟山港集装箱吞吐量超 2160 万标箱——已超去年全年,增幅居国内主要港口前列》,《宁波日报》,2017 年 11 月 21 日第 A2 版。

③ 兰草:《货物吞吐量首破 10 亿吨　宁波舟山港建设国际强港的强大动力》,《宁波日报》,2017 年 12 月 29 日第 A6 版。

科学组织生产,实现了集装箱吞吐量的稳步增长。① 2018 年,宁波舟山港全力培育新增长点,助推集装箱生产经营总体保持向好向上态势,全年吞吐量增幅位居全国主要沿海港口首位、全球前五大港口第二位,这与我国外贸经济的稳步发展和转型升级密不可分,外贸的较快增速为集装箱吞吐量增长奠定了货源基础。②

尽管 2020 年至 2021 年受到疫情的冲击较大,但宁波舟山港仍然坚持不停工、不停产,持续发力,主动出击,"省市防办先后印发《宁波舟山港生产保障工作的紧急通知》(甬防办)和《统筹疫情防控和保障宁波舟山港物流链正常运转方案》(省防办)"③,坚持维持宁波舟山港的正常生产和运转。 在疫情防控取得阶段性成果后,宁波舟山港启动"宁波舟山港数智防疫在线"系统,在降低一线作业人员感染风险的同时提升工作效率,形成港区网格化管理、封闭式运营的格局。浙江省港航管理中心快报数据显示,2019 年宁波舟山港累计完成货物吞吐量 11.19 亿吨,成为当时全球唯一年货物吞吐量超 11 亿吨的超级大港,并连续 11 年位居全球港口第一。④ 2020 年,宁波舟山港在抓好常态化疫情防控、坚决阻断境外疫情输入传播渠道的基础上,

① 俞永均、黄建锋:《宁波舟山港集装箱量超 2000 万标箱——"义乌—宁波舟山港"海铁联运班列单月业务量破万箱》,《宁波日报》,2018 年 9 月 29 日第 A1 版。

② 俞永均、黄建锋、李攀高:《宁波舟山港年集装箱量跃居全球前三——2018年突破 2600 万标准箱,仅次于上海港和新加坡港 年货物吞吐量实现全球"十连冠"》,《宁波日报》,2019 年 1 月 16 日第 A1 版。

③ 厉晓杭、林旻、张凯凯:《宁波舟山港全力保障国际产业链供应链稳定》,《宁波日报》,2022 年 1 月 6 日第 A2 版。

④ 俞永均、诸葛煦荣、夏文杰:《双"11"见证宁波舟山港历史性新突破》,《宁波日报》,2020 年 1 月 16 日第 A2 版。

确保港口发展稳中有进、稳中向好，围绕一流设施、一流技术、一流管理、一流服务"四个一流"的目标，打造出宁波舟山港一体化 2.0 版，不断提升港口经济实力和竞争实力，充分发挥宁波舟山港的基础性、枢纽性作用。①

为进一步提升宁波舟山港的深海岸线利用效率，增强宁波舟山港大宗商品的中转能力，2022 年 1 月 13 日，宁波最大的大宗散货码头——中宅矿石码头宣布整体建成，标志着宁波港域亿吨级铁矿石大宗散货泊位群全面建成。②

到 2023 年，宁波舟山港仍保持着强大的生产经营能力。2023 年 2 月 1 日，浙江省加快实施世界一流强港建设工程动员部署会在宁波召开。省长王浩在会上提到，实施世界一流强港建设工程是深入贯彻落实习近平总书记重要指示精神的实际行动，是服务构建新发展格局、确保国家产业链供应链安全稳定的迫切需要，也是推动浙江省经济高质量发展、奋进"两个先行"的内在要求。通过此次会议，宁波舟山港有了"2027 年基本建成世界一流强港"的总目标，未来将持续增强港口核心竞争力、聚合支撑力、辐射带动力，做全国港口的标杆，起到"龙头"引领作用。③

2024 年 1 月 4 日至 5 日，浙江省人大常委会副主任高兴夫在宁

①　朱宇:《牢记嘱托　珍惜机遇　政企携手打造世界一流强港》,《宁波日报》,2020 年 5 月 26 日第 A1 版。

②　张燕、周家慧、宋兵:《宁波港域铁矿石吞吐量再次打破单月纪录》,《宁波日报》,2022 年 2 月 20 日第 A2 版。

③　余勤、刘乐平:《以更大力度更快速度更高标准更过硬措施推进世界一流强港建设》,《宁波日报》,2023 年 2 月 2 日第 A1 版。

波开展"大走访大调研大服务大解题"活动。他强调："要认真贯彻落实省委、省政府决策部署,持续加强集疏运体系建设,全面推进落实港口引航、应急救援、港口经营、港口集装箱码头规划等一体化工作,协同推进港口管理体制机制创新,进一步提升港口智能化发展水平,加快实现宁波舟山港高水平一体化发展。"①

①　伍慧、宋笑天、吴先强:《打造全球领先的智能物联产业集群　推动宁波舟山港世界一流强港建设》,《宁波日报》,2024 年 1 月 6 日第 A1 版。

第二章
东方大港的战略变迁

宁波港建设至今,其定位与所发挥的作用在不断变化,承载的政治、军事、经济等方面的历史使命,在中华民族的悠久岁月中变得越来越重要。而今的东方大港正在从国际大港向国际强港转变。2020年,习近平总书记浙江之行的第一站就是宁波舟山港,他评价宁波舟山港是"硬核"力量,宁波建设现代化国际港口城市的蓝图正在成为现实。

一、专通日本的朝贡港口

西晋文学家陆云在其《答车茂安书》中,详细描述了当时宁波鄞县五乡平原乡土、物产、风俗与经济的发展情况,称"(鄞)县去郡治,不出三日,直东而出,水陆并通","东临巨海,往往无涯,汜船长驱,一举千

里。北接青、徐，东洞交、广，海物惟错，不可称名"①。濒海的鄞县，交通便利，是南北贸易的中转站。鄞州上庄山西晋墓葬中出土的小件玛瑙和玻璃坠饰证实宁波南海航线的近海贸易是存在的。而20世纪六七十年代以来在日本发现的三角缘神兽镜，或为吴地工匠东渡日本铸造，或为吴地铸造贸易贩至日本，都印证了宁波东向航线的存在。②

明州港出发去日本，横渡东海，到日本的值嘉岛，再进入博多津，是唐五代明州与国外贸易的主要航线。《安祥寺惠运传》载，张支信的船于大中元年（847）六月二十二日从明州望海镇出发开往日本，"得西南风三个日夜，才归著远值嘉岛那留浦，才入浦口，风即止"③。《头陀亲王入唐略记》记载了真如法亲王于咸通三年（862）入明州的情况："八月十九日，著于远值嘉岛。九月三日从东北风飞帆，其疾如矢。四日三夜驰渡之间，此月六日未时，顺风忽止，逆浪打舻，即收帆投沉石。而沉石不着海底，仍更续储料纲下之，纲长五十余丈，才及水底。此时波涛甚高如山，终夜不息，舶上之人皆惶失度，异口同声祈愿佛神，但见亲王神色不动，晓旦之间，风气微扇，乃观日辉，是如顺风，乍嘉行碇挑帆随风而走。七日午尅（刻），遥见云山，未尅（刻）着大唐明州之杨扇山，申尅（刻）到彼山石丹奥泊，即落帆下碇。"④此

① ［晋］陆云撰，黄葵点校：《陆云集》卷第十"答车茂安书"，中华书局，1988年版，第174—175页。

② 林士民、沈建国：《万里丝路——宁波与海上丝绸之路》，宁波：宁波出版社，2002年版，第48页。

③ 〔日〕木宫泰彦：《日中文化交流史》，北京：商务印书馆，1980年版，第121页。

④ 〔日〕木宫泰彦：《日中文化交流史》，北京：商务印书馆，1980年版，第121—122页。

时明州与日本间渡海,已有足够的航海技术支撑,从明州到日本,利用西南风,从日本到明州,则利用东北风。渡海时间,少则 3 日,即使遇到顺风忽止的情况,船队亦能抛锚待风,多则 7 日即可达对岸。

唐代,明州主要与日本进行贸易。双方贸易形式可分为遣唐使相关礼仪形式的官方贸易和民间贸易 2 种。日本推行大化改新前后,派遣唐使入唐交流,其中多次由明州登陆。如玄宗天宝十一年(752),日本孝谦朝遣唐使舶 4 艘中 3 艘停靠明州;德宗贞元二十年(804),日本桓武朝遣唐使舶 4 艘中副使所在第二舶在明州靠岸;文宗开成三年(838),日本仁明朝遣唐使舶 4 艘中第一、四艘到达明州港。遣唐使由明州经扬州、楚州、汴州、洛阳到长安。唐政府规定,明州都督府限定部分人员前往京师:桓武朝抵达明州 100 余人,允许上京 27 人;仁明朝抵达明州 270 人,允许上京 35 人,仅占一成多一点。① 遣唐使向唐朝进献日本出产的银、绢、丝、绵、布之类产品,唐朝的答礼大多以彩帛、香药、家具之类为主,这可视为国家行为的官营贸易。而遣唐使也被允许和掌管蕃客事宜的典客署进行交易,甚至与市民私下交易。遣唐使带回的唐货除由朝廷指定分配外,还在建礼门前搭起 3 个帐篷,称为宫市,向臣下标卖。② 与遣唐使相关的中日贸易大多具有政府之间互相馈赠的官方色彩,政府介入程度较高。

宋元时期,宁波港的对外贸易也主要是面向日本。明朝,在朝贡

① 郑绍昌主编:《宁波港史》,北京:人民交通出版社,1989 年版,第 26 页。〔日〕木宫泰彦:《日中文化交流史》,北京:商务印书馆,1980 年版,第 89 页。
② 〔日〕木宫泰彦:《日中文化交流史》,北京:商务印书馆,1980 年版,第 104—105、107 页。

贸易体制之下，宁波港成为专通日本的贸易港口。中日朝贡贸易，是以日方携带贸易产品前来中国"朝贡"的形式进行的。中日朝贡贸易必须以勘合文册查验贡使身份与年期，又被称为中日勘合贸易。最初，勘合贸易船是由日本幕府直接经营的，此后，日本近畿与北九州的寺社、大名也参与进来，但勘合的保管、发放之权仍操诸幕府之手。到后期，勘合贸易基本上被日本细川氏、大内氏 2 家大名垄断，商人承包经营，连勘合也由大名掌握。自永乐二年（1404）到嘉靖二十七年（1548），以宁波为出入门户的中日勘合贸易历时 145 年。根据《宁波与日本经济文化交流史》的统计，这一时期，日本向明朝派遣使臣17 次，船只 87 艘。①

动力船只出现以前，日本的朝贡贸易使团乘坐帆船往来中国和日本只能依靠季风，顺着洋流航至中国，所以来华的时节就显得尤为重要。前期日本勘合贸易船多从兵库出发，经过濑户内海，在博多暂停，或直接从博多出发，再航行到九州西北海域的五岛列岛一带，等候春泛或秋泛，横渡东海，直驶宁波。从五岛至宁波，"隔海四千里，如得东北顺风，五日五夜至中国普陀山……纵风不便，不过半月有余"②。返程基本上以五月份为主，他们的目的就是要充分利用季风和黑潮。③ 这条航路从日本奈良、平安时代，即中国唐代已经开辟，往来十分便捷。

---

① 王慕民等：《宁波与日本经济文化交流史》，北京：海洋出版社，2006 年版，第 136 页。

② ［明］李言恭等：《日本考》，北京：中华书局，1983 年版，第 68 页。

③ 〔日〕伊藤幸司：《入明記からみた東アジアの海域交流——航路、航海技術、航海神信仰、船旅と死について》，东京：汲古書院，2013 年版，第 204 页。

整个勘合贸易的前期和中期走的都是这条航路。应仁之乱（1467—1477）后，掌握幕府实权的细川氏与雄踞西部的大内氏间的争斗日趋激烈。大内氏率兵攻占了原为细川氏的兵库，由此控制了由兵库经濑户内海至博多、平户、五岛的传统的入明州的海路，即所谓"中国路"。为了避开大内氏控制的"中国"地区（今本州岛西部冈山、广岛、山口一带），细川氏另行开辟以自己控制的堺港为起点，经过四国岛南部，绕九州岛至萨摩的坊津暂停，而后横渡东海前往宁波的新航路，即日本文献所称的"南海路"。此航路因航程远、航期长、费用高而很少被选择，仅第四、第五次返航，第六次往航，第八、第九次宋素卿所领细川船的 2 次往航、1 次返航，共 6 次而已。贡使团从兵库或堺港出发的时间多在每年二三月间，经五岛或坊津暂停，驶达宁波一般在五月前后，进入北京则要到十月十一月左右，在那里过年后开始返回宁波等待夏季的西南风，大多在五月左右从宁波起航返日。这样，日本勘合贸易船队完成一次往返，一般费时一年半左右。[1] 尽管其后日本开通了新的"南海路"前往中国，但目的地都是宁波港。偶有因偏离航线而在中国其他沿海地区登陆的日本船只，最终都在明朝地方官府的帮助下，前往宁波进行验关与交易。如策彦使团的登陆点就在浙江温州。嘉靖十八年（1539）三月，策彦使团从博多出发，经由平户岛至五岛列岛的奈留浦候风放洋入明州。海上行经的情况如下：

---

① 白斌等：《宁波海洋经济史》，杭州：浙江大学出版社，2018 年版，第 219—220 页。

（卯月）十九日，顺风，寅刻，自奈留发船而开洋。未刻，见雌雄二岛，交十里许……二十四日，卯刻。乌贼壳及松叶、藻类随流而浮，盖以海之近大唐也。午刻，施饿鬼篙师相谋，试以水深丝，九十八寻。二十五日，早旦，又试以水长丝八十寻……五月小朔辰日，试以水长丝四十三寻。又斋后，下水长丝三十七寻。辰刻，岛屿列于西北，满船喜气如春。二日，早旦试以水长丝十六寻，傍岛而系船。钓船或二艘三艘五六艘泛于海上。海水浊，或赤如丹砂，或黑如点漆。初饮本邦水。夜半，水夫推舸子环岛，岛旁有渔舟数个而泊，水夫掠舟拿渔者三个人，问其境则温州。①

使团入境后，明朝政府派兵护送其到宁波市舶司，然后对日本进贡的船只进行核查，其内容包含派出者、船员、贡品等项目的详细核对：

同年十五日……日本国进贡合传说事情列于后，承何王差遣？奉何年间勘合？有无表笺？今船来几舰？有何方物进贡？正使、副使、居座、土官、从僧等各员名？商人若干名；水夫从人若干名；进贡刀枪铠甲若干；防船军器若干；马

---

① 〔日〕策彦周良著，牧田諦亮校订：《策彦和尚初渡集》，牧田諦亮编：《策彦入明記の研究》（上），京都：法藏馆，1955年版，第41—42页。

若干匹；后有无船只，俱要各书写船名号。①

接受核查之后，日本使团须在宁波等候北京方面的入京许可，在宁波留候时间长短不一，但基本上须等候大半年，策彦周良在《策彦和尚初渡集》中所记的等待时间为五月初至当年的十月中旬，可见等候时间之长。② 明政府对日本使团上京的人数以及携带的兵器等都做了严格的规定，甚至连携带的铁质工具都要进行盘问乃至没收。

使团携带的贸易产品，除部分由政府以市价收购之外，其余则在浙江市舶司的监管下，在宁波港或北京会同馆与中国商人交易。这种特殊的贸易方式使得中日双方在一定程度上实现了互通有无，并奠定了宁波港为专通日本贸易大港的特殊地位。不过，随着宣德年间朝贡贸易的衰落，朝贡贸易的弊端逐渐显现出来。嘉靖二十八年（1549）后，由于中国沿海海防形势的严峻和中日关系的紧张，之后中日的官方贸易中断，直到晚清时期才逐渐得以恢复。与此同时，宁波的对外贸易资格也因为浙江市舶司的裁撤而被取消。

对于中日朝贡贸易的具体情况，《明实录》记载了部分朝贡使团的人数、贡品，以及明朝的回礼：

---

① 〔日〕策彦周良著，牧田谛亮校订：《策彦和尚初渡集》，牧田谛亮编：《策彦入明记の研究》（上），京都：法藏馆，1955 年版，第 46—47 页。
② 滕宇鹏、刘恒武：《明代日本、朝鲜的中国认知——以策彦周良、崔溥为中心的考察》，《当代韩国》，2016 年第 3 期，第 37 页。

日本国王源道义，遣使源通贤等，奉表贡马及方物，并献所获倭寇尝为边害者。上嘉之，命礼部宴赉其使，遣鸿胪寺少卿潘赐、内官王进等赐王九章冕服，钞五千锭，钱千五百缗，织金文绮、纱罗、绢三百七十八匹。①

日本国王源道义，遣僧圭密等七十三人来朝贡方物，并献所获倭寇等。上嘉之，赐敕褒谕曰：王忠贤明信，恭敬朝廷，殄灭凶渠，俾海滨之人，咸底安靖，朕甚嘉之。兹特赐王白金一千两，铜钱一万伍千缗，绵、纻丝、纱罗、绢四百一十匹，僧衣十二袭，帷帐、衾褥、器皿若干事，并赐王妃白金二百五十两，铜钱五千缗，绵、纻丝、纱罗、绢八十四匹，用示旌表之意。②

日本国遣使臣居座寿敬等来朝。贡马，谢恩。赐宴，并袈裟、彩段等物。其存留在船通事、从人各赏有差。③

日本国王源义政遣使臣清启等奉表来朝，贡马及聚扇、盔甲、刀、剑等物。④

---

① 《明实录·太宗实录》卷四八，永乐三年十一月辛丑条，台北：台北"中央研究院"历史语言研究所校印本，1961年版，第732—733页。
② 《明实录·太宗实录》卷六七，永乐五年五月己卯条，台北：台北"中央研究院"历史语言研究所校印本，1961年版，第941页。
③ 《明实录·宪宗实录》卷五四，成化四年五月己巳条，台北：台北"中央研究院"历史语言研究所校印本，1961年版，第1098页。
④ 《明实录·宪宗实录》卷六〇，成化四年十一月甲戌条，台北：台北"中央研究院"历史语言研究所校印本，1961年版，第1228页。

日本国使臣清启等将还,赐宴及金织衣等物有差。其回赐,特赐:国王源义政,彩段二十表里,纱罗各二十匹,锦四段,白金二百两。王妃,彩段十表里,纱罗各八匹,锦二段,白金一百两。并敕谕俱付清启等领回,复遣官伴送,设馔待之出境。敕谕国王源义政曰:惟王聪明贤达,敬天事大,以福一国之人,良用尔嘉。朕恭承天命,嗣登大宝,主宰华夷。王特遣正使清启等,赍捧表文,并以马匹、方物来贡,具见王之勤诚。兹因使回,特令赍敕谕王,并赐王及妃。王其体朕至怀,故谕。①

日本国王源义政遣使臣周玮等奉表,贡马及方物,来朝谢恩。赐宴并金襕袈裟、金织衣、彩段等物有差。仍命赍敕,并白金、文绮等物归,赐其国王及妃。②

日本国王源义高遣正、副使寿蓂等来贡,回赐王及王妃锦段、白金等物。赐寿蓂等晏并彩段等物,如例。③

日本国王源义澄遣使臣宋素卿来贡。赐晏,给赏有差。

① 《明实录·宪宗实录》卷六二,成化五年春正月辛巳条,台北:台北"中央研究院"历史语言研究所校印本,1961年版,第1275页。

② 《明实录·宪宗实录》卷二五八,成化二十年十一月乙未条,台北:台北"中央研究院"历史语言研究所校印本,1961年版,第4359页。

③ 《明实录·孝宗实录》卷一一一,弘治九年三月丁巳条,台北:台北"中央研究院"历史语言研究所校印本,1961年版,第2022页。

素卿私馈瑾黄金千两，得赐飞鱼服。陪臣赐飞鱼，前所未有也。①

日本王源义晴，差正副使硕鼎等来朝。贡马，及献方物。宴赏如例，又加赐国王、王妃、使臣方物各给以价。初，日本自嘉靖二年，用宋素卿、宗设等事，绝其朝贡。至是复请通贡，因乞给赐嘉靖新勘合，及归素卿等，并原留货物。言官论其不可。上命礼部，会兵刑二部、都察院，佥议以闻。覆言：夷情谲诈难信，勘合令将旧给缴完，始易以新。素卿等罪恶深重，货物已经入官，俱不宜许。以后贡期，定以十年，夷使不过百名，贡船不过三只，违者阻回。督遣使者归国，仍饬沿海备倭衙门，严为之备。诏从之。②

日本国王源义晴，差正使周良等来朝贡方物。赐宴赍有差。以白金、锦币，报赐其王及妃。初，日本入贡，率以十年为期，载在会典。嘉靖二年，宋素卿、宗设争贡，相仇杀，因闭不与通。十八年，复来求贡，纳之。因与约，以后入贡，舟无过三艘，夷使，无过百人，送五十人京师。至是

---

① 《明实录·武宗实录》卷六〇，正德五年二月己丑条，台北：台北"中央研究院"历史语言研究所校印本，1961年版，第1321页。

② 《明实录·世宗实录》卷二三四，嘉靖十九年二月丙戌条，台北：台北"中央研究院"历史语言研究所校印本，1961年版，第4796页。

良等,不及贡期,以六百人来,凡驾四艘。部议,非正额者,皆罢遣之。而浙江巡抚朱纨,力陈不便状。礼部欲赏其百人,如例,非正额者,皆罢勿赏。良因自陈,贡舟高大,势须五百人。中国商舶入夷中,往往岁匿海岛为寇,故增一艘者,护贡舟也,非敢故违明制。礼部不得已,请百人之外,各量加赏犒。百人之制,彼国势难遵行,请相其贡舟,斟酌之。又日本,故有弘治、正德入贡勘合几二百道。夷使前入贡时,奏乞嘉靖勘合,朝廷令以故勘合纳还,始予新者。至是,良等持弘治勘合十五道,言其余七十五道,为宋素卿子宋一所盗,捕之不得。正德勘合,留五十道为信,以待新者,而以四十道来还。礼部覆:其簿籍脱落,故勘合多未缴,请勿予新者,令异时入贡,持所留正德勘合四十道,但存十道为信,始以新者予之。而宋一所盗,责令捕索以献。报可。①

总体而言,日本向中国输出的货物以刀剑、硫黄、铜、折扇、苏木、屏风、描金物、砚台等为主。其中刀剑最为重要,木宫泰彦估算,从宣德八年(1433)到嘉靖二十七年(1548),日本前后11次经宁波向中国输出的刀剑总数不下20万把,其中成化二十年(1484)子璞周玮使团一次即携来3.7万多把,平均每船1.2万多把。倭刀锻造精良,刃口

① 《明实录·世宗实录》卷三四九,嘉靖二十八年六月甲寅条,台北:台北"中央研究院"历史语言研究所校印本,1961年版,第6321—6322页。

锋利。据明代《笔精》一书所记，嘉靖中在宁波主持平倭军务的总督胡宗宪，就有一把软倭刀，其长7尺，出鞘地上卷之，估曲如盘蛇，舒之则劲自若。其次为硫黄、铜，如景泰二年（1451）东洋允澎使团一次输出硫黄39.75万斤，嘉靖十八年（1539）湖心硕鼎使团一次输出铜29.85万斤。[①] 中国经由宁波输入日本的货物主要有铜钱、白丝、丝绸、丝棉、书籍、字画以及棉布、瓷器、铁器、漆器、草席、水银、药材、脂粉等等。其中就铜钱而言，仅吸纳20万把刀剑一项，即须支出铜钱4000万贯左右，这对日本国内的钱币流通和经济发展，势必产生很大影响。此外，书籍的输出对日本的文化发展也产生了很大影响。《善邻国宝记》记载，日本将军足利义政在派遣使团朝贡之际，请求明廷按照永乐成例赐铜钱的同时，另赐书籍，具体书籍名称如下：

> 《佛祖统纪》全部、《三宝感应录》全部、《教乘法数》全部、《法苑珠林》全部、《宾退录》全部、《兔园策》全部、《遁斋闲览》全部、《类说》全部、《百川学海》全部、《北堂书钞》全部、《石湖集》全部、《老学庵笔记》全部。[②]

此外，尽管宁波港为专通日本的港口，但不少东南亚国家的贡使抄近从浙江沿海港口入境。除贡品之外，使臣和随行人员将大量所携香料、苏木、宝石等在登陆口岸或在赴京沿途与中国商人交易。明

---

① 〔日〕木宫泰彦：《日中文化交流史》，北京：商务印书馆，1980年版，第577—578页。

② 〔日〕释周凤：《善邻国宝记》卷中，东京：东方学会，1928年版，第19页。

人张邦奇也曾说过：甬东虽为海岸孤绝处，但"高丽、日本、暹罗诸蕃航海朝贡者，皆抵此登陆"[1]。

二、国际通商的开埠港口

开埠初期，宁波口岸的表现令人大失所望，其进出口贸易总额从道光二十四年(1844)的50万元猛跌到道光二十九年的5万元，下降了90%。[2] 对此，郑绍昌认为，除了邻近的上海迅速取代广州成为全国外贸中心，从而使得大量外商进口货物转向上海外，另一个非常重要的原因就是五口通商初期宁波的商品经济远比上海发达，宁波区域手工业制品面对外商产品有很强的竞争力。[3] "在宁波，英国最好的本色棉布每码只售五便士，而中国人仍愿以每码六便士的价格购买其本国制造的、宽度不及英国布一半的土布，他们并不是不懂英国布的精美细匀，而是由于穿不起。土布所用原料为英国布的三倍，最少可以让中国人穿上两年，而英国棉布，照中国人的洗衣方法——在石板上捣捶，六个星期就不能穿了。"[4]此外，这一时期浙江的主要贸

① ［明］张邦奇：《张文定甬川集》，载［明］陈子龙辑：《明经世文编》卷147，北京：中华书局，1962年版，第1465页。

② 姚贤镐编：《中国近代对外贸易史资料(1840—1895)》(第一册)，载严中平主编：《中国近代经济史参考资料丛刊》(第五种)，北京：科学出版社，2016年版，第618页。

③ 郑绍昌主编：《宁波港史》，北京：人民交通出版社，1989年版，第147、150页。

④ 彭泽益编：《中国近代手工业史资料(1840—1949)　第一卷》，北京：生活·读书·新知三联书店，1957年版，第507—508页。

易产品丝和茶叶的外销方式都不利于宁波对外贸易的发展。浙江的丝织品大多通过方便的水路运往上海销售，而茶叶尽管通过宁波中转，但都是中国人经手的。外国人只能在上海购买茶叶。至于宁波，马士(Hosea Ballou Morse)就认为当时"事实上这里是没有对外贸易的"①。宁波大量的出口产品和进口商品都是由当地中国的经销商来负责的，外商还无法涉足销售领域。当时英国驻宁波领事馆报告也印证了这一问题。道光二十六年 1 月 10 日，英国领事罗伯冉致德庇时的报告中就汇报了一个案例：

> 本年 9 月，我们在这里的唯一商人麦肯齐(Mackenzie)先生舍弃了这个地方，到上海去参加他弟兄的事业去了。他对这个地方颇做了一番试验，但是未能得到支持。他的东家发现，在上海的商业情况要好一些，他们当然要到最能获利的地方去销售和订购货物。
>
> 在麦肯齐先生离开以后不久，驻舟山的戴维逊(Davidson)先生在城内租了一所房子，并派了一个助手带了一小包英国货来。他想试验一下在宁波怎样才能赚到钱。但是，非常奇怪，他发现在本地的商号中竟有大量的英国棉布和呢绒，这些货物都是经由苏州来的，并且以低廉的价格零售。尽管他(戴维逊先生的助手)的一小包货

---

① 〔美〕马士著，张汇文等译：《中华帝国对外关系史》(第一卷)，上海：上海书店出版社，2006 年版，第 392—393 页。

物是直接从舟山带来的，但他却无法以同样的低价
出售。①

　　除上海的影响因素之外，还应看到宁波在开埠后外贸萎缩的深
层次原因。一是鸦片贸易名义上仍是非法的，但得到清廷默许，挤占
中国购买力。道光十一年（1831）到道光二十年，由宁波走私入境的
鸦片"约二万三四千箱"②。道光二十九年，输入宁波的鸦片为1840
担，咸丰四年（1854）为4495担。③ 开埠后，输入宁波的鸦片量维持
着开埠前的水平，甚至超过开埠前，鸦片贸易严重影响宁波正当的
商品贸易。二是自给自足的自然经济结构对外国资本主义商业侵
略的本能抵制。农民生产自己所需的农产品和满足自己使用需求
的大部分手工业品，商品交换频率低，外国进口棉织品等工业产品
销路可想而知。马克思指出："妨碍对华出口贸易迅速扩大的主要
因素，是那个依靠小农业与家庭工业相结合而存在的中国社会经
济结构。"④

---

　　① 转引自姚贤镐编：《中国近代对外贸易史资料（1840—1895）》（第一册），载
严中平主编：《中国近代经济史参考资料丛刊》（第五种），北京：科学出版社，2016年
版，第619—620页。

　　② 乐承耀：《宁波近代史纲》，宁波：宁波出版社，1999年版，第33页。

　　③ 姚贤镐编：《中国近代对外贸易史资料（1840—1895）》（第一册），载严中平
主编：《中国近代经济史参考资料丛刊》（第五种），北京：科学出版社，2016年版，第
427页。

　　④ 〔德〕马克思：《对华贸易》，载〔德〕马克思、〔德〕恩格斯著，中共中央马克思
恩格斯列宁斯大林著作编译局编译：《马克思恩格斯论中国》，北京：人民出版社，
2018年版，第111页。

此外，同治三年（1864）的浙海关贸易报告中指出了宁波对外贸易增长缓慢的另一个原因——交通限制，从宁波通往杭州的浙东运河极大地限制了宁波口岸商品的转运：

> 运河中的河坝妨碍水上运输，有时甚至得把货物卸下来。这种水坝旨在让运河保持合适的水位。它们是两个土做的斜坡平台，船在这两个坝之间往返，从这一段到那一段。要了解这种水坝给运输造成的不便，我们可以设想一艘发往杭州的舢板，它在离上虞几英里处遇到第一个坝，然后还要遇到一两个别的坝方能到达曹娥江，每通过一个坝都得支付昂贵的费用。舢板在绍兴卸货，这些货物被装上一艘船，这船将货物运过一段河，送往另一艘船，货物将再次被卸下，又装至第三艘船。最后这第三艘船途经美丽的运河，将货物运至杭州对面的一个集市——西兴。
>
> 从而不难看出，那些被运送的商品已摊上了很多的附加费用，而这还是在运河处于良好状态的时期而言的。如果遇上旱季，从余姚到曹娥江一段水域，舢板就有多处要搁浅，那就只有请民工，甚至用水牛拉好几里，这就意味着费用的增加了。①

---

① 〔法〕日意格（P. Giquel）：《同治三年（1864 年）浙海关贸易报告》（1864 年 12 月 31 日），载中华人民共和国杭州海关译编：《近代浙江通商口岸经济社会概况——浙海关、瓯海关、杭州关贸易报告集成》，杭州：浙江人民出版社，2002 年版，第 98 页。

19 世纪 60 年代中叶后,随着国内市场的逐步转型,宁波港的贸易转运能力和对商品的消化吸纳能力得到增强,宁波港对外贸易进入了一个发展相对较快的时期。尤其是新式航运的兴起,使得宁波港逐渐由旧式的帆船港转变为近代轮船港,进出口产品也不再局限于鱼、盐、粮食和土特产。洋货的大量进口,使宁波的对外贸易逐步融入世界市场,带动了地区经济的发展。

19 世纪 60—70 年代,宁波进口贸易呈现出进口洋货净值跌而复升的趋势。同治三年(1864)到同治四年,进口洋货净值出现跳水,这和国际环境、美国内战影响棉业发展有关。此后 10 年,宁波进口洋货净值逐渐回升,除偶尔几个年份有少量下降外,上升的趋势还是比较明显的,在同治十二年又突破 600 万海关两。尽管宁波港的贸易有所回温,但必须看到的是,宁波直接进口贸易占进口总额的比重较低,在进口额最好的年景也只占 20%—30%。宁波港的进口商品主要来自上海等其他沿海港口,宁波港是转口贸易的接纳港。这一时期,进口洋货种类以鸦片和棉毛制品为大宗,还有洋油,以及锡、铅、钉头铁、废铁和钢等金属,其进口总体呈现的都是上升趋势。

光绪三年(1877)至光绪二十二年,宁波口岸的进口贸易处于平缓波动期,除个别年份低于 700 万关平银两外,总进口净值始终在 700 万—800 万关平银两间徘徊。但必须看到的是,宁波港的直接对外进口贸易这一时期的规模有限。尽管宁波港直接自外洋进口的货值占其进口总值的比重在光绪四年曾一度达到 24%,但是除了光绪三年、光绪四年、光绪五年、光绪十六年这几年外,该数值都小于 5%,

保持在极低的位置。在光绪十四年，数值甚至低至0.3%。"本口几乎可说没有直接从外国进口之贸易。所有之进口货主要是经由上海而来的洋货。"①这一时期，宁波港进口的商品的结构发生了一些变化。最为明显的是，鸦片进口占洋货净进口比重下降。除此之外，主要的进口货物还有锡、铁、铅等金属，糖类、煤炭、机械等，主要为制成品，这是外国资本主义在中国倾销商品的结果。

光绪二十二年（1896）杭州开埠，客观上分流了以往由宁波转运的进出口货物，进一步动摇了宁波港对外贸易的地位。光绪二十四年，宁波港口贸易总额从17123444海关两下降到16042136海关两，下降足有100多万海关两。然而，本期宁波口岸进口总值不降反升，除光绪二十四年、光绪二十六年外，历年该数值均超过光绪二十二年的总量。本期进口总值最高的光绪三十四年总值比光绪二十二年增长58%以上。查洋、土货净进口数值，洋货数值持续超过土货，且洋货净进口值仍能保持着本期初期的进口量，甚至有小幅上扬。本期进口总值最高的光绪三十四年，土货净进口值是光绪二十二年的2.5倍，洋货净进口值仅增长16%。②本期进口洋货商品结构的最大变化就是鸦片不再占据最重要的地位。在鸦片贸易式微的形势下，棉匹头货迅速替代鸦片成为进口洋货的最大宗。然而棉匹头货表

---

① 〔法〕雷乐石（L. Rocher）：《光绪十六年（1890年）宁波口华洋贸易情形论略》（1891年1月19日），载中华人民共和国杭州海关译编：《近代浙江通商口岸经济社会概况——浙海关、瓯海关、杭州关贸易报告集成》，杭州：浙江人民出版社，2002年版，第271页。

② 中华人民共和国杭州海关译编：《近代浙江通商口岸经济社会概况——浙海关、瓯海关、杭州关贸易报告集成》，杭州：浙江人民出版社，2002年版，第891页。

现出来的进口数量并没有飙升,反而有所下降。从棉制品的种类上看,不需再加工的染色细布、粗平布和英国粗细斜纹布进口量下降了许多,而本色和漂白细布、漂白平布等棉制品数量在稳步增长,有大量进口的白细布和平布在本地区染色,然后转销其他地区,这相对于外国棉制成品和南面汕头、广州的制成品都有较强的竞争力。① 除棉匹头货之外的其他各种正当进口洋货,大部分品种的进口量都在下降,如毛货、兰靛、铁锡类金属货品、火柴、红白糖、棉纱等。以毛货数量下降最剧,棉纱数量下降较少,其他几种的数量均下降六七成。

1911—1920 年间,由于中国帝制的结束及第一次世界大战的影响,中国民族产业的发展迎来了少有的良好内外部环境。政府奖励工商政策的实施及外资侵华步伐的减缓,都为宁波对外贸易的发展提供了非常好的契机。自 1911 年开始,随着中国改朝换代,宁波口岸洋货进口净值出现大幅度下降,其后的几年内一直处于波动状态,增长乏力。与之相对应的土货进口净值则在 1914 年之前一直保持着稳定增长的态势。自 1914 年开始,宁波口岸洋、土货进口净值都出现大幅度跳水,经历了 1917 年的最低谷后开始逐渐回升。到 1920 年,土货进口净值达到本期最大值,但洋货进口净值在本期最后 4 年呈徘徊趋势。相比洋货进口而言,土货进口净值在回升速度上占有明显优势,但其在进口货物净值总额中的比例在大多数年份里都低

---

① 〔挪〕佘德(F. Schjoth):《浙海关十年报告(1892—1901 年)》(1901 年 12 月 31 日),载中华人民共和国杭州海关译编:《近代浙江通商口岸经济社会概况——浙海关、瓯海关、杭州关贸易报告集成》,杭州:浙江人民出版社,2002 年版,第 40 页。

于洋货进口净值。值得注意的是，自 1911 年开始，曾占洋货进口总量一半以上的鸦片几乎绝迹，而代替鸦片成为进口洋货最大宗的棉匹和棉纱的进口量也大量减少。除以上产品之外，宁波口岸进口的洋货还有车白糖、赤糖、锡块、葵扇、自来火、冰糖、纸烟、煤油等商品。

1921—1930 年这 10 年间，西方列强势力又开始大举进入中国。自 1921 年开始，宁波口岸洋货进口净值逐年上升，并在 1927 年达到一个高峰。在这期间，自 1923 年起，宁波每年都爆发抵制日货运动，1925 年、1927 年更是爆发了反英运动，这些运动的持续时间尽管都不长，但仍对宁波进口贸易产生了影响。1923—1924 年，宁波洋货进口净值出现短暂下滑。而从 1927 年开始，宁波洋货进口净值再次出现下滑，直到 1930 年才逐渐恢复并超过 1927 年的水平。相比之下，本期宁波口岸土货入港净值逐渐上升，并在 1928 年达到历史最高值。其后尽管出现下滑，但是土货入港净值仍超过了 1921 年的水平。相比其他欧洲国家采用金本位制度，中国政府在民国早期仍旧采用传统银本位制度，这在 1929 年的经济危机中给宁波的对外贸易造成了较大影响。1929 年世界市场银价的下跌和中国进口关税表的变更直接导致了宁波进口贸易额的萎缩，不过这一趋势在海关统计数据上是无法看到的。如果考虑到海关两和美元之间的汇率，我们重新以美元为统计单位来计算，就会发现 1921—1930 年这 10 年间宁波进口贸易变化趋势与汇率变化趋势不一样。1921—1930 年海关两与美元的汇率从 1∶0.83 跌到了 1∶0.34，相比美元，海关两的实际价值下跌了 59.04%，而这对宁波进口贸易额的影响是非常大

的。如果宁波洋、土货入港净值以国际通用的美元作为计量单位，宁波口岸洋货进口净值从 1927 年就出现大幅下滑的趋势，反倒是经济危机期间跌幅有所放缓。到 1931 年，按美元计算的宁波洋货进口净值仍远远小于这 10 年中 1926 年的最高水平。同期，宁波口岸土货入港净值则呈现出波动型增长态势，并于 1928 年达到峰值，此后出现大幅下跌。从中可以发现，就宁波口岸的进口贸易而言，世界市场银价下跌所带来的影响是非常明显的。这 10 年中，宁波口岸洋货进口数量自 1921 年呈现稳定增长态势。不过 1929 年经济危机开始后，多项洋货进口数量开始出现大幅下滑。截至 1931 年，煤油、香烟、布匹等具有代表性的洋货进口数量已远低于 1921 年的水平。与之相反的是，1931 年宁波土货入港货品中香烟、水泥和布匹的数量较 1922 年有明显的增加。在以香烟、水泥、布料为代表的货物进口比例中，土货的数量相比洋货有明显上升，占据了一半以上的比例。由此可以看出，随着经济危机的加深，在洋货进口数量下降的同时，土货入港数量呈上升趋势，这与洋、土货入港净值比例的变化趋势相同。

20 世纪 30 年代，宁波洋货进口净值一路下跌。1933 年，宁波洋货进口净值为关平银 2106318 两，相比 1930 年下跌了 92.67％，这一现象出现的直接原因是南京国民政府对洋货进口税率的调整。同年，宁波土货进口净值为关平银 14337643 两，基本维持经济危机前的水平。同年，南京国民政府废两改元后，宁波口岸洋货进口一度出现恢复发展的趋势，从 1934 年的 5948145 元上升到 1935 年的 8059920 元。但 1936 年，宁波洋货进口净值狂跌到 1844739 元。此

后，随着抗日战争的全面爆发，宁波口岸洋货进口净值逐年减少。[1]
1937年抗日战争全面爆发后，宁波洋货进口净值有短暂的增加，达到
2121213法币元，其后在1938年下降到1212111法币元。1939年和
1940年，宁波口岸的洋货进口净值再次增加，分别达到1667080法币
元和10596709法币元。而这一时期输入的土货则大多转到其他口
岸。1940年宁波沦陷后，宁波口岸的进口贸易直到1946年才得以恢
复，不过其进口数额远远低于战前的水平。1946—1948年，宁波口岸
的洋货进口净值分别是133847法币元、60966法币元和45034法币元。[2]

就出口贸易而言，近代浙海关对宁波出口贸易数据的统计包括
运销中国其他沿海口岸及通过上海转销海外的商品。因此，对于民
国时期宁波的出口贸易情况，很难通过海关数据去讨论。但是我们
仍可以就一些具体的贸易商品来窥视民国时期宁波的出口贸易
情况。

在《（民国）鄞县通志》中，1926年至1928年宁波口岸销往国内其
他沿海口岸的土货和经由上海出口海外的土货种类如下：

其他动物、骨、鲜蛋、皮蛋咸蛋、鸭毛、鸡毛、鹅毛、鱿鱼
墨鱼、干鱼咸鱼、虾干虾米、海蜇、罐头鱼介海产、未列名鱼
介海产、头发、山羊毛、生驴马骡皮、生黄牛皮、未列名生皮、

——————————
① 中华人民共和国杭州海关译编：《近代浙江通商口岸经济社会概况——浙
海关、瓯海关、杭州关贸易报告集成》，杭州：浙江人民出版社，2002年版，第892页。
② 中华人民共和国杭州海关译编：《近代浙江通商口岸经济社会概况——浙
海关、瓯海关、杭州关贸易报告集成》，杭州：浙江人民出版社，2002年版，第892页。

羊肠、猪肠、熟牛皮、其他熟皮、散装整只火腿、麝香、灵猫皮、黑猫皮、家猫皮、已硝未硝狗皮、野兔皮、家兔皮、已硝未硝羔皮、羔皮褂统、浣熊皮、已硝未硝绵羊皮、灰鼠皮、黄狼皮、未硝其他皮、皮衣料皮统皮毯皮褥、牛油、黄蜡、骆驼毛、绵羊毛、未列名动物产品、笋、乳腐、蚕豆、[槟榔]、其他豌豆、其他糠(麸)、[樟脑]、桂皮、[玉蜀黍]、小麦、其他粮食、茯苓、飞棉花、棉花、五倍子、姜黄、其他染料、棕、火麻、[其他纤维]、麺粉、其他食粮粉、其他花卉树木、黑枣、红枣、荔枝、桂圆、罐头干果制品、未列名干果制品、栗子、花生、橘子、未列名鲜果、黑木耳、蒜头、鲜姜制姜、甘草、香菌、生油、[草麻油]、麻油、桐油、其他植物油、陈皮、柚皮、大黄、杏仁、棉子、莲子、瓜子、芝麻、其他子仁、棉子饼、未列名子饼、酱油、香料、冰糖、[柏油]、工夫红茶、小珠绿茶、熙春绿茶、其他绿茶、毛茶、茶梗、烟叶、[烟丝]、[其他烟草]、大头菜、咸萝卜干、罐头菜蔬、未列名干鲜咸菜蔬、酒、[药酒]、未列名植物产品、[粗细斜纹布]、[土布]、[市布粗布]、[未列名棉布]、棉制毯线毯、棉制短袜长袜、各种毛巾、棉胎、废棉花、本色棉纱、[破布]、未列名棉制品、苘麻袋(从个)、苘麻袋(从担)、其他袋、地毯(过十英尺见方)、[地毯毡毯]、花边衣饰、[未列名织造品]、未列名他类织造品产物、[靴鞋]、各种便帽、蒲草帽草帽、木片帽、[金丝草帽]、[麻帽]、[未列名帽]、围巾、[汗衫裤]、[未列名短袜长袜]、未列名衣着便帽靴鞋、家蚕茧、烂蚕茧、[丝绣货]、绸缎、[其他茧绸]、白丝、

白厂丝、乱丝头、[丝绵杂货]、[未列名丝产品]、蚕茧衣、整竹根、竹篾竹叶等、竹器、炭、柴、上等纸、次等纸、下等纸、纸箔（锡箔）、其他纸、[藤条片皮等]、轻木材、椿木杉木桁木、棺木材、未列名木、木器（非家具）、黄铜器、铁制品、旧铁碎铁、[铁矿砂]、未列名五金矿物、[广告品]、[军衣军需品]、印本书籍、石膏、未列名建筑材料、蜡烛、小桶鼓形桶琵琶桶、明矾、[碱]、未列名化学产品、[细瓷器]、纸烟、罐头蜜饯糖果糖食、未列名蜜饯糖果糖食、各种绳、古玩、[搪瓷器景泰蓝器]、纸扇、其他扇、渔网、家具、玻璃器、[乐器]、女红用品、神香、灯器（电灯除外）、[灯笼]、机器及零件、[其他肥料]、化学肥料、火柴、草席蒲草席、其他席、地席、药材、香水脂粉、瓦器陶器、家用及洗衣肥皂、墨、其他文具、石及石器、[其他化妆品]、纸伞、生漆、未列名邮包、未列名客带杂货、其他杂货。①

上述列举出来的商品中大多销往国内其他沿海口岸，如鱿鱼、墨鱼等海产品。但是，其他一些比较有特色的商品则通过上海销往海外，其中比较有代表性的有茶叶、草帽和药材。

---

① 《历年土货输出第一表》，载《（民国）鄞县通志·第五食货志》戊编《产销二·输出》，1935年铅印本，《中国方志丛书·华中地方》（第216号），台北：成文出版社有限公司，1974年版，第2232—2243页。引用文献中加[]为1929年至1931年增加的种类，见《历年土货输出第二表》，载《（民国）鄞县通志·第五食货志》戊编《产销二·输出》，1935年铅印本，《中国方志丛书·华中地方》（第216号），台北：成文出版社有限公司，1974年版，第2243—2255页。

三、商品流通的贸易港口

宁波港自古以来就是中国对外贸易的主要港口,承担着与国际通商的重要使命。但近代以来,受到战争等各种因素的影响,"70 年代中期之前,宁波港与其他港口的通航范围较小,加之受自然经济思想的影响,不重视港口开发和沿海城市的建设,而宁波的产业结构又以农业和轻纺工业为主,港口的主要输出入货物以粮食、木材、建筑材料和煤炭为主,港口运量始终徘徊在 100 万至 130 万吨之间,当时在宁波中转的物资仅 10 余万吨"①。然而,1979 年 6 月 1 日宁波港的正式对外开放,给宁波港近代以来逐渐式微的远洋航运业甚至浙江的对外贸易带来了巨大的契机。②

在开放后的几年时间里,宁波港的对外贸易迅速发展起来,"煤炭、石油、金属矿石、木材、钢铁、农药化肥、矿建材料、水泥、非金属矿石、粮食、盐、糖、纯碱等大宗货物运输量大幅度增加"③。

为提高各类货物的运输效率,宁波港开辟了许多来往通商的出入境航线。"1982 年与宁波港通航的还只有 7 个国家和地区的 19 个港口,1983 年增加到 13 个国家和地区的 43 个港口,1984 年又增加到 19 个国家和地区的 72 个港口,1987 年达到 44 个国家和地区的

---

① 郑绍昌主编:《宁波港史》,北京:人民交通出版社,1989 年版,第 587 页。
② 郑绍昌主编:《宁波港史》,北京:人民交通出版社,1989 年版,第 579 页。
③ 郑绍昌主编:《宁波港史》,北京:人民交通出版社,1989 年版,第 592 页。

172 个港口"①,与宁波港进行国际通航的港口数量的增长速度堪称恐怖。同时也能看出,与宁波港通航的国家与地区的数量也在不断增加,通航的国家和地区由刚开放时单一的香港,扩展到目前遍及亚、欧、美、非、大洋五大洲。出入境货运航线除与中国香港、日本有定期班轮外,还有朝鲜、新加坡、马来西亚、菲律宾、美国、苏联等环太平洋国家和地区,与澳大利亚、巴西、西班牙、葡萄牙、罗马尼亚、阿尔巴尼亚、利比亚等国也有往来②。宁波港的贸易范围不断扩展,远洋运输业也得到迅速发展,来港靠泊作业的外轮也不断增多。至此,宁波港已经完完全全打开了国际通商的大门,正在逐步发展,成为中国洲际海运中转的枢纽港。

1984 年 8 月,宁波港的出入境集装箱运输业务正式开通。③ 但此时的宁波港缺乏相关经验及专业的集装箱装卸设备,全年的集装箱吞吐量和装卸效率极低。为加快宁波港集装箱运输业的发展,适应国际贸易环境,次年宁波港就对港口的基础设施进行了改进,基本保证了该状况下宁波港的集装箱装卸能够正常运转。在此基础上,宁波港的集装箱航线逐渐得到开辟并不断发展。1986 年 4 月 28 日开辟了宁波—香港集装箱定期班轮,1987 年 12 月 28 日宁波至日本神户全集装箱定期班轮通航,1990 年 4 月 18 日开通日本横滨国际集装箱航线、香港国家级核心班轮,宁波港正式跨入国内沿海十大出入

---

① 郑绍昌主编:《宁波港史》,北京:人民交通出版社,1989 年版,第 585 页。
② 郑绍昌主编:《宁波港史》,北京:人民交通出版社,1989 年版,第 585 页。
③ 郑绍昌主编:《宁波港史》,北京:人民交通出版社,1989 年版,第 585 页。

境集装箱运输港口行列。[①]

在这段时间里,对外贸易、集装箱运输业务的稳中向好以及1979年以来对党的十一届三中全会精神的坚持贯彻,使得宁波港的货运迅速发展。从1980年的325.9万吨到"六五"末1985年的1040万吨,宁波港的年货物吞吐量平均每年递增26.11％,到1987年已经增长至1939.9万吨,从全国沿海港口的第十二位跃居为第六位。[②]

该时期宁波港的年货物吞吐量能够得到如此快速的增长,与宁波港自身的港口建设分不开,主要有四点。第一,相较于1979年底吞吐能力只有700万吨的港口泊位,1987年宁波港的港口泊位设计吞吐能力已经达到3641万吨,整个港口的生产能力提高了4倍不止。[③] 第二,宁波港充分发挥深水良港的优势,大大提高了大宗货物的运输量,改良了宁波港的货物运输结构。"1987年与1978年相比,其中煤炭增加8.71倍,石油增加22.94倍,金属矿石增加645.32倍,钢铁增加1.56倍,矿建材料增加0.49倍,木材增加2.96倍,非金属矿石增加4.94倍,化肥农药增加5.54倍,粮食增加3.32倍,盐增加0.21倍"[④],大宗货物在总体货物运输中的占比整体上呈现出快速增长的趋势。第三,宁波港大力发展对外贸易,国际通航港口数量增多。第四,宁波港坚持"安全质量第一",树立"货主至上,服务到

① 宁波市地方志编纂委员会编:《宁波市志》(全三册),北京:中华书局,1995年版,第139、142、146页。

② 郑绍昌主编:《宁波港史》,北京:人民交通出版社,1989年版,第589页。

③ 郑绍昌主编:《宁波港史》,北京:人民交通出版社,1989年版,第591页。

④ 郑绍昌主编:《宁波港史》,北京:人民交通出版社,1989年版,第592页。

家"的宗旨,建立了多种形式的经济责任制,围绕提高企业经济效益和社会效益这个中心,既着眼于大宗货物的组织,又注意小宗货物和薄利货物的运输。①

以北仑港为主体的宁波港口岸,1996 年外贸货物进出口 2858.6 万吨,计 58.6 亿美元,其中进口完成 2580.5 万吨,出口完成 278.1 万吨,成为全国第三大贸易口岸。② 不仅如此,宁波港还带动各类企业转变战略,鼓励企业内外销生产并进,出口产品种类多样化,多渠道多口岸出口产品,同等重视生产及设施设备改进等。在此基础上,宁波港出口产品的结构得到了极大的改善,从过去的农副产品及果蔬加工品、传统工艺品发展到粮油食品、土畜产品、纺织品、轻工业品、工艺品、机械、电子产品、五金矿产、化工、医药保健等 12 大类 460 多个产品,这些产品深受其他国家人民的喜爱,使得宁波港成为浙江省对外贸易的窗口和商品出口的重要基地。③

宁波港年货物吞吐量的提升带来了巨大的经济效益,得到的收益又被用于宁波港的基础设施建设和泊位扩建,更加带动年货物吞吐量的增长,形成了一环扣一环的良性循环。

"十五"期间,宁波港大力发展集装箱、铁矿、原油、煤炭、液化品"五大运输体系",集装箱运输在国际国内的地位快速提升,国际排名跃至第十五位,集装箱吞吐量以年均 42% 的速度跨越式增长,增幅连续 6 年位居大陆沿海主要集装箱港口第一,吞吐量 5 年内增长了 4.7

---

① 郑绍昌主编:《宁波港史》,北京:人民交通出版社,1989 年版,第 594 页。

② 宁波年鉴编辑部编:《宁波年鉴 1997》,北京:中华书局,1999 年版,第 99 页。

③ 郑绍昌主编:《宁波港史》,北京:人民交通出版社,1989 年版,第 600 页。

倍，集装箱运输迈上既有速度又有质量、规模效应凸显的快车道，被国内外航运界誉为"宁波港速度"。随着货物吞吐量大幅攀升，宁波港已成为我国主要的铁矿石、原油、液体化工中转储存基地，华东地区主要的煤炭、粮食等散杂货中转和储存基地，并吸引着国际许许多多大型船舶来港靠泊。①

2004 年 3 月 24 日，中石化甬沪宁管线大榭油库至镇海岚山输油站段启泵输油，这标志着甬沪宁管线首站投运成功。该管线全线开通后，将充分发挥宁波港大吞大吐原油的能力，使宁波港原油接卸能力再上一个新的台阶，也将进一步巩固宁波港位居国内四大原油中转港之首的地位。② 同年 5 月 14 日，当时世界上最大的集装箱船被冠以宁波之名——"东方宁波号"，并将带领宁波港跨越全球五大洲，向全世界展示中国最大深水港的迷人魅力。③ 宁波港对外开放力度逐渐加大，不断开拓国际市场，努力打响"宁波港"品牌，先后在新加坡、荷兰、英国、阿联酋、俄罗斯等地成功举办集装箱发展推介会，向世界展示宁波港这个深水良港的发展潜力，提高了宁波港的知名度。④

宁波港和舟山港于 2006 年合并一体化之后，更是牢牢把握住全国新一轮经济增长的机遇，构建出一个全天候现代化港口。2006 年，

① 宁波市地方志编纂委员会编：《宁波年鉴 2006》，北京：中华书局，2006 年版，第 107 页。

② 《甬沪宁管线首站投运：宁波港原油接卸能力大增》，《宁波日报》，2004 年 3 月 25 日第 A3 版。

③ 吴俊琦：《"东方宁波号"命名仪式举行，世界最大集装箱船牵手中国最大深水港》，《宁波日报》，2004 年 5 月 15 日第 A1 版。

④ 宁波市地方志编纂委员会编：《宁波年鉴 2006》，北京：中华书局，2006 年版，第 108 页。

"宁波港域共完成旅客吞吐量 985 万人次，货物吞吐量 30969 万吨，其中外贸货物吞吐量为 14769 万吨，集装箱吞吐量完成 706.79 万标箱"①，宁波-舟山港已经为成为一流的国际枢纽港打下了良好的基础。此后的宁波-舟山港加大集装箱航线开发力度，与和记黄埔有限公司、地中海航运公司、东方海外（香港）有限公司、中远集装箱运输有限公司等世界知名港航企业，以及世界排名前 20 名的船公司等展开合作。它们先后前来宁波-舟山港增开航线，靠泊宁波-舟山港的干线班轮日均达 15 个班次，基本构成以欧洲、北美、中东为主，南美、大洋洲、非洲等为辅的远洋干线网络。浙江全省外贸集装箱从宁波-舟山港出运的比重不断提高，集装箱远洋干线箱量已占港外贸箱量的 70% 以上。②

随着货品种类的不断增加，宁波-舟山港货物吞吐量快速增长，危险品吞吐量以平均每年 30% 的速度递增，危险品船舶进出频繁，各类危险化学品吞吐量超过 490 万吨，其中油品已占中国沿海港口吞吐总量的 1/3，是国内油品吞吐量最大的港口，化学品也占中国沿海港口吞吐总量的 1/4。③ 正因如此，宁波-舟山港广泛开展船舶溢油等应急演练，努力培养具备专业素质的工作人员。

2011 年，宁波-舟山港加速向国际强港迈进，贸易物流功能显著

① 宁波市地方志编纂委员会编：《宁波年鉴 2007》，北京：中华书局，2007 年版，第 161 页。

② 宁波市地方志编纂委员会编：《宁波年鉴 2008》，北京：中华书局，2008 年版，第 150 页。

③ 崔小明：《亟待加强海上污染应急能力》，《宁波日报》，2006 年 4 月 27 日第 A2 版。

拓展,货物吞吐能力进一步增强,全年宁波-舟山港完成货物吞吐量4.33亿吨,其中外贸货物吞吐量2.30亿吨,全年完成集装箱吞吐量1451.24万标箱,排名稳居中国大陆港口第三位、世界港口第六位。并且,宁波-舟山港的矿、煤、油、液化品四大基础货源均创年度历史新高,全年完成铁矿石接卸量6085万吨,完成原油接卸量3402万吨,完成煤炭接卸量4102万吨,完成液化品吞吐量774万吨。①

　　经过前几年坚持不懈的发展,宁波-舟山港运输货物结构呈现多元化发展。"矿石、石化、煤炭、杂货运输服务体系建设完善,货物吞吐量继续保持稳定增长。据生产快报统计,1月份,宁波港铁矿石接卸量完成380万吨,同比增长15.8%;原油接卸量完成310万吨,同比增长33.6%。液化品、进口粮食、钢材等散杂货接卸量均保持稳定增长。"②2月14日,人大代表们走进直播间就"宁波如何加快打造国际强港"展开讨论,并指出宁波-舟山港不应该局限于做一个交通运输港,更要成为一个贸易物流港。③ 2014年,宁波港集团大力进军贸易物流领域,展开多元化发展,相继成立宁波港国际物流有限公司和宁波港国际贸易有限公司,推进港口物流、金融的良性互动、融合发展,港口综合服务能力得到了新提升。④

---

① 《宁波年鉴》编辑部编:《宁波年鉴2012》,北京:中华书局,2012年版,第187页。

② 包凌雁、周波:《宁波港1月份生产开门红——货物吞吐量、集装箱吞吐量创月度历史新高》,《宁波日报》,2011年2月4日第A1版。

③ 朱宇:《宁波港面临转型压力》,《宁波日报》,2011年2月15日第A3版。

④ 包凌雁、诸葛煦荣:《宁波港集团实现历史性"双突破"》,《宁波日报》,2014年12月13日第A1版。

交通运输部官网的数据显示，2017年前10个月，宁波-舟山港累计完成货物吞吐量8.54亿吨，其中外贸货物吞吐量达3.99亿吨，同比增长10.4％。① 2018年1至2月份，宁波-舟山港完成货物吞吐量1.69亿吨，同比增长6.7％；集装箱吞吐量440.21万标箱，同比增长13.51％。在大宗散货方面，2018年前2个月宁波-舟山港分别实现煤炭及制品、铁矿石吞吐量1611.75万吨、4523.88万吨，同比分别增长28.17％和8.83％。②

宁波-舟山港还积极争取长江沿线炼油厂的原油运输业务，发挥多式联运模式优势，原油接卸量平稳增长。在确保煤炭、液化品和件杂货等传统散杂货业务总体运行稳定的基础上，宁波-舟山港积极开发新货种市场。③ "作为全球最大的综合性货物枢纽港，宁波舟山港码头种类和作业货种齐全，关系到国民经济可持续发展的矿、煤、油等大宗物资，均可在此中转甚至交易。"④

2019年，尽管受到中美贸易摩擦的影响，但宁波舟山港前三季度仍完成外贸进出口额6810.1亿元，同比增长6.8％，其中出口额增长8.2％，进口额增长4.3％，宁波舟山港集装箱吞吐量达2018.4万标箱，同比增长5.3％，庞大的数据体现出宁波舟山港不可小觑的

---

① 俞永均：《宁波舟山港集装箱吞吐量超2160万标箱——已超去年全年，增幅居国内主要港口前列》，《宁波日报》，2017年11月21日第A2版。

② 俞永均、洪宇翔、李一：《宁波舟山港集装箱吞吐量两位数增长》，《宁波日报》，2018年3月16日第B3版。

③ 俞永均、诸葛煦荣、黄建锋：《宁波舟山港再迎开门红——1月份货物、集装箱吞吐量两位数增长》，《宁波日报》，2018年2月10日第A1版。

④ 俞永均、诸葛煦荣、夏文杰：《双"11"见证宁波舟山港历史性新突破》，《宁波日报》，2020年1月16日第A2版。

软实力。①

2020 年,由于疫情严重,宁波舟山港的生产和运输都受到了一定程度的影响,但宁波舟山港仍然以极快的速度恢复了正常的生产与经营。截至 2020 年 4 月底,宁波舟山港共完成货物吞吐量 34607万吨,同比下跌 0.6%,跌幅较全国港口低 1.7 个百分点;完成集装箱吞吐量 828 万标箱,同比下跌 7.4%,跌幅低于全国港口 0.4 个百分点。在国内货物吞吐量和集装箱吞吐量前三的港口中,宁波舟山港跌幅也是最小的,较好地起到了"硬核"力量的作用。②

宁波舟山港一体化的不断推进,也带动了港口基础设施和功能布局的优化,更好地满足了未来港口发展的需要,同时深化了国际贸易"单一窗口"建设,完善港口综合服务体系,把每一项工作都做到极致、做成世界最好,努力打造效率高、成本低、服务好的营商环境。③

2022 年,宁波舟山港积极顺应世界数字化进程,以数字化改革为牵引,加快推进智慧码头建设。以宁波舟山港的梅山港区为例,那里不仅集装箱泊位等级全国最高,而且智慧化程度领先,整个港区的自动化率已接近五成,整条作业链的运作效率提升了 15% 以上。不

---

① 俞永均:《宁波舟山港集装箱量稳居全球前三——前三季度完成 2126 万标箱,与上海港的差距较去年底缩小了四分之一》,《宁波日报》,2019 年 10 月 22 日第A1 版。

② 俞永均、洪宇翔:《宁波舟山港运输生产回升态势明显》,《宁波日报》,2020年 5 月 22 日第 A1 版。

③ 易鹤、赵朋:《全力推进宁波舟山港世界一流强港建设》,《宁波日报》,2020年 7 月 15 日第 A1 版。

仅如此,针对常态化疫情防控要求,宁波舟山港还积极推广应用"海港数智防疫在线"系统、智能闸口"三合一"人脸自动识别系统等,筑牢"除险保安"的海港防线。①

随着数字化改革和智慧港口建设的进行,宁波舟山港作为全球重要枢纽港的优势更加稳定。浙江省港航管理中心网站公开数据显示,2022年1月至10月,宁波舟山港完成货物吞吐量106199.2万吨,同比增长3.3%,完成集装箱吞吐量2889.5万标箱,同比增长8.1%,港口运输生产稳中有进。②

四、面向全球的国际强港

实际上,自从20世纪初孙中山先生提出"东方大港"的构想后,宁波港的开发建设就从未停止,这使宁波确定了建设现代化国际港口城市的宏伟蓝图,带动了宁波城市的兴盛和经济的繁荣。

1998年,宁波港以发展集装箱运输为重点,在大力培育和支持国际集装箱远洋干线运输的同时,适时提出"放开支线,增加航班密度,拓展腹地,加快发展内贸集装箱运输"的经营策略,先后开通周边国家的近洋支线,新增国内北方和南方内贸定期集装箱航班,使月集装箱航班数与上年相比有较大幅度增长。宁波港充分发挥

---

① 俞永均:《宁波舟山港前三季度集装箱吞吐量稳中有进》,《宁波日报》,2022年10月13日第A2版。

② 夏文杰、景鹏飞、俞永均:《前10个月宁波舟山港货物吞吐量超10亿吨——接靠40万吨矿船54艘次》,《宁波日报》,2022年11月12日第A2版。

大、中、小泊位配套的综合性现代化港口的优势,在主货种煤炭、原油接卸量比上年同期有不同程度减少的情况下,主动开拓液化产品、粮食、萤石等的进出口业务,保证年吞吐量的平稳增长。进一步加快与国际港口接轨的步伐,正式启动港区联动,全面简化货物通关手续;集装箱运输信息交换网络规模进一步扩大,有近30家单位与 EDI 中心联网;冠名"东方大港"的宁波港网页正式上线,为船主、货主提供多种信息服务。宁波港加大港口揽货工作宣传力度,除每月定期在报刊和上海航交所刊载船期公告外,还先后在香港和广州的出口商品交易会,以及上海的华东出口商品交易会等场合广泛开展宣传,为扩大宁波港在国内外的知名度做出了积极努力,取得了较好效果。[1]

"九五"期间,随着宁波口岸查验单位和涉外机构的逐步建立与完善,海、陆、空口岸的开放程度和通关速度不断提升,口岸环境进一步优化。尤其是杭甬口岸集装箱的"直通关"、沪甬国际航空货物的"陆空联运直通车"的启用,空港口岸出入境旅客落地签证业务的实施,火车北站海关监管点的启用,使宁波市基本形成以海港口岸为中心、陆空港口岸并举、"三区一岛"相呼应、兼有二类口岸的全方位、宽领域、多功能的对外开放格局,整个口岸显现"三港""五片""八区"的全面布局、合理分工、协调发展的态势,促进了进出口贸易的快速增长。[2]

---

① 《宁波市地方志》编纂委员会编:《宁波年鉴 1999》,北京:中华书局,2000年版,第49—50页。

② 《宁波年鉴》编纂委员会编:《宁波年鉴 2001》,北京:中华书局,2002年版,第91页。

按照"建设国际强港"的要求，宁波港须大力发展临港工业，宁波港的生产经营与临港工业有着密不可分的关系，两者相互促进。自对外开放以来，宁波港加快走向世界舞台的步伐，建立起许许多多专业化的码头，形成了集矿石、煤炭、原油、集装箱、液体化工、散杂货等于一体的综合业务发展模式，带动了宁波石化、电力、钢铁、煤炭等临港工业的布局和发展。2003 年，浙江省提出了建设"海洋经济强省"的构想，计划通过建设国际一流的港口，带动沿海临港工业带的崛起。① 2006 年，宁波-舟山港优化临港工业布局和结构，重点发展市场前景好、资源消耗低、环境污染少、产出效益高的临港制造业，以新材料产业和集成装备业等为重点，积极推进临港工业后续产业发展，加快形成产业链。② 2008 年，宁波-舟山港开始着力构建以石化、钢铁、电力、造船、汽车等产业为主体的临港工业体系，宁波-舟山港从北到南形成了一条由沿湾先进制造业、沿港重化工业、沿海新兴海洋产业组成的特色产业带，使得港口经济呈现出多极增长的强劲态势。③

2010 年 12 月，宁波市委十一届十一次全会审议通过了《中共宁波市委关于制定宁波市国民经济和社会发展第十二个五年规划的建议》，明确提出"加快打造国际强港"的发展战略。④ 为推进"国际强

---

① 万芳、陈建光、朱婧：《宁波舟山港，角逐世界大港》，《中国水运报》，2005 年 12 月 21 日。

② 宁波市地方志编纂委员会编：《宁波年鉴 2006》，北京：中华书局，2006 年版，第 11 页。

③ 《宁波年鉴》编辑部编：《宁波年鉴 2009》，北京：中华书局，2009 年版，第 2 页。

④ 邓少华、包凌雁：《东方大港新使命——"六个加快"战略系列报道·打造国际强港》，《宁波日报》，2010 年 12 月 20 日第 A1 版。

港"战略,宁波海关在全国率先启动了"出口货物分类通关"改革,推出了通关全天候无假日服务、卡口24小时值守等举措,并在浙江省内首次实行查验两班制作业,做到"当天查验货物100％当天查验完毕"。① 另外,宁波海关还借助高科技手段推进智慧化口岸建设,进一步提高口岸的通关能力。以上种种措施,打造了宁波口岸良好的通关环境,极好地适应了宁波口岸外贸业务量高速增长的情况。

"十二五"期间,宁波-舟山港围绕建设"国际强港"这一目标,完善宁波-舟山港联合发展机制,积极参与全省港口联盟,加快大宗商品交易平台建设,构建港口服务体系,在继续扩大集装箱运输规模的同时,大力发展新型物流业态和港口增值服务,引导国内外有实力的贸易、航运、物流及进出口企业集聚,增强港口对重要资源的配置能力,促进港口由大变强,实现由"世界大港"向"国际强港"的转变。② 与此同时,为适应快速增长的集装箱吞吐量,减轻世界经济形势对港口产生的影响,宁波-舟山港及时调整发展战略,逐步扩展港口的国际航线,"与世界上90多个国家(地区)的560个港口实现通航,成为全国超大型船舶集散港"③。

2011年,在新的国际大环境下,人们意识到宁波-舟山港虽然拥

① 俞永均:《高效通关助力"国际强港"战略——宁波海关加快改革提升岸竞争力纪实》,《宁波日报》,2010年12月31日第A1版。

② 《宁波年鉴》编辑部编:《宁波年鉴2011》,北京:中华书局,2011年版,第5、10页。

③ 宁波市人民政府地方志办公室编:《宁波年鉴2016》,宁波:宁波出版社,2016年版,第83页。

有庞大的货运吞吐量,但仍然面临容纳能力、岸线数量趋于饱和的问题。宁波-舟山港不仅要从港口本身出发,还要形成港口、产业、城市、环境的良性互动,尽快达到港口经济带动城市经济、城市经济促进港口经济的要求。

此外,宁波-舟山港实施大口岸战略,推动口岸基础建设、大通关建设、和谐口岸建设,不断提升宁波口岸的竞争力和综合实力。[①] 2015 年,宁波全市推进区域通关一体化改革试点。[②] 宁波海关则从行动上贯彻落实建设"国际强港"战略,研究制定服务国家大局和区域经济发展的具体措施,推动"三位一体"港航物流体系建设,促进宁波-舟山港一体化建设,支持大宗商品交易平台建设、加工贸易转型升级和保税物流新业务。[③] "宁波港在加快国际强港建设战略的实施过程中,一方面要提升港口的服务水平,做到'服务强'。提高生产效率,保障港口通过能力,并要充分考虑到客户的差异化需求,提高港口柔性服务能力。另一方面,要提升港口的辐射能力,做到'辐射强'。加大港口横向合作及供应链纵向合作力度,加强国际合作,推动港口升级换代。"[④]

同年,宁波市委、市政府提出打造"港口经济圈"的龙头战略,以

① 《宁波年鉴》编辑部编:《宁波年鉴 2012》,北京:中华书局,2012 年版,第214 页。

② 宁波市人民政府地方志办公室编:《宁波年鉴 2016》,宁波:宁波出版社,2016 年版,第 89 页。

③ 《宁波年鉴》编辑部编:《宁波年鉴 2012》,北京:中华书局,2012 年版,第216 页。

④ 郑彭军:《宁波港集装箱码头:港泊四海万里船》,《宁波日报》,2011 年 4 月8 日第 A1 版。

积极参与服务国家战略。① 此战略重要着力点是多式联运国际枢纽港建设,而多式联运国际枢纽港是国际强港的更高级阶段和更具体体现。为了达到这一目标,宁波-舟山港要"充分发挥港口经济增长极作用,更加注重港口与产业、港口与城市、港口与腹地经济的有机融合,更加注重港口对资金、信息、人才等生产要素的集聚,更加注重港口综合运输体系与高效、低成本物流通道的构建,更加注重港口与人文环境和生态环境的和谐,更加注重港口对国际国内资源的引导与配置作用"②。

2016 年起,宁波-舟山港将发展重心聚焦在港口发展能级上,支持创新转型发展,统筹推进江海联运服务中心建设,加快构建海铁联运、江海联运等多式联运体系,并完善交通大格局,构筑沿海南北、沿江东西、甬昆西南 3 条对外综合运输大通道,为打造现代化国际强港提供不竭动力。③ 随着宁波-舟山港生产经营的快速发展,至 2016 年"全年航线总数 232 条,其中远洋干线 111 条,近洋支线 69 条,内支线 20 条,内贸线 32 条,月均航班 1555 班。其中东南亚航线总数 28 条、美西航线 16 条等"④。2014 年,宁波港集团抓住建设"21 世纪海上丝绸之路"的机遇,稳定主干航线数量和航班密度,积极开发东盟、南亚、西亚等经济板块新航线,将集装箱航线增至 228 条,远洋干线

---

① 《宁波:加快建设多式联运国际枢纽港》,中国路面机械网,2015 年 6 月 2 日。
② 《宁波:加快建设多式联运国际枢纽港》,中国路面机械网,2015 年 6 月 2 日。
③ 宁波市人民政府地方志办公室编:《宁波年鉴 2017》,宁波:宁波出版社,2017 年版,第 15 页。
④ 宁波市人民政府地方志办公室编:《宁波年鉴 2017》,宁波:宁波出版社,2017 年版,第 118 页。

增至 113 条。① 宁波–舟山港的触角已经伸向全世界。

为积极参与"一带一路"建设，更好发挥港口这一最大资源和开放这一最大优势，2017 年浙江省第十四次党代会明确提出，要全力打造"一带一路"倡议枢纽，宁波要争创"一带一路"综合试验区，这对打造宁波港口经济圈、提高宁波对周边区域影响力和辐射力，具有十分重要的意义。② 同年 9 月，浙江省政府批复设立宁波"一带一路"建设综合试验区，并要求以宁波梅山新区为核心载体，以港口互联互通、投资贸易便利化、产业科技合作、金融保险服务、人文交流为重点，积极打造港航物流中心、投资贸易便利化先行区、产业科技合作引领区、金融保险服务示范区、人文交流门户区，努力建成"一带一路"枢纽城市。③

随着我国进出口贸易额的明显增长，宁波舟山港运输生产具备了强大的动能。2018 年 1 月，宁波舟山港新增"21 世纪海上丝绸之路"沿途航线 3 条，全港航线总数增至 246 条，进一步提升了对外辐射能力和干线港地位，促进了本地进出口箱、水水中转业务的持续向好。同时，积极加强与各大航运联盟的业务联动，不断优化航线布局。2018 年以来，新增航线 10 条，航线总数达 253 条，其中远洋干线 125 条，进一步巩固了宁波舟山港的国际枢纽

---

① 包凌雁、诸葛煦荣：《宁波港集团实现历史性"双突破"》，《宁波日报》，2014 年 12 月 13 日第 A1 版。

② 丛海彬、许继琴、杨丹萍：《建设"一带一路"综合实验区应提升宁波港航物流的通达性》，《宁波日报》，2017 年 10 月 12 日第 B3 版。

③ 杨丹萍、许继琴：《抓紧谋划建设梅山自由贸易港》，《宁波日报》，2018 年 2 月 22 日第 B2 版。

港地位。[①]

2019年初以来，宁波口岸对日本、韩国等亚洲传统贸易伙伴和东盟市场的出口保持稳定增长，上半年至东南亚、地中海航线的吞吐量同比分别增长41.0％和15.8％。"一带一路"倡议的提出也有利于宁波舟山港至共建国家和地区的集装箱业务持续提升。2019年初宁波舟山港至德国的国际联运业务顺利开启，下一步还将重点推进与西班牙阿尔赫西拉斯港等港口的合作。[②]为提高跨境贸易的便利化程度，宁波海关深化"最多跑一次"改革，支持开展"船边直提""抵港直装"等举措，持续压缩进出口整体通关时间，推进单证电子化改革，支持宁波舟山港开展国际集装箱过境业务，保障内贸货物跨境运输航线常态化运行，支持国际贸易"单一窗口"建设，扩大应用领域，实现"通关＋物流"一体化应用，极大地提升了宁波口岸效能。

2020年1月新冠疫情暴发后，作为东南亚国家输往日韩、北美等地国际贸易货源的枢纽，也是长三角地区和境内省份商品的"出海口"的宁波舟山港，第一时间暂停了各码头公司国际邮轮靠泊业务，控制港口方人员与船方接触，防止境外疫情通过外来船舶输入。同时，迅速研发并投用船舶防疫管理平台，加大对船舶及有关人员的检验检疫力度，提前做好防控工作。至2020年2月，宁波舟山港已基

---

①　俞永均、黄建锋：《宁波舟山港集装箱量超2000万标箱——"义乌－宁波舟山港"海铁联运班列单月业务量破万箱》，《宁波日报》，2018年9月29日第A1版。

②　俞永均：《宁波舟山港上半年集装箱吞吐量达1390万箱——同比增长4.7％》，《宁波日报》，2019年7月22日第A1版。

本稳定下来,开始恢复生产和业务往来。① 与此同时,宁波舟山港积极适应国内国际双循环新发展格局,持续助力物流体系和全球产业链恢复。在国际循环中,持续推进与干线船公司的战略合作。截至 9 月底,全港远洋干线达 111 条,占航线总数的 44.4%。②

2020 年下半年,随着新冠疫情影响逐渐减弱,宁波市港航生产持续恢复,货物吞吐量、货物周转量累计增幅由负转正,集装箱吞吐量接近 2019 年同期水平,港口景气指数、航运业景气指数呈上扬趋势。③

该年,国内港口正处于由大到强的转型期,经济全球化、区域一体化的大趋势、大变局,使国内港口迎来打造世界一流强港的重大机遇。④ 5 月 23 日,全国人大代表、宁波市政协主席徐宇宁在全国人大会议中心参加浙江代表团分组审议政府工作报告时指出:把宁波舟山港打造成长三角现代化综合性深水外港,是服务"一带一路"倡议和长三角一体化、长江经济带等国家发展战略的现实需要,国家有关部门要重点进行"三基地一枢纽"建设,即全球一流的集装箱和大宗散货物流基地、全球一流的大宗商品储运贸易基地、全球一流的海事

---

① 俞永均:《宁波舟山港拥抱世界"八面来风"》,《宁波日报》,2020 年 3 月 9 日第 A1 版。

② 俞永均:《2132.3 万标箱! ——前三季度宁波舟山港集装箱吞吐量同比"翻红"》,《宁波日报》,2020 年 10 月 2 日第 A1 版。

③ 俞永均:《景气指数上扬 港口回暖持续——前三季度宁波港航经济运行观察》,《宁波日报》,2020 年 11 月 6 日第 A8 版。

④ 易鹤、赵朋:《全力推进宁波舟山港世界一流强港建设》,《宁波日报》,2020 年 7 月 15 日第 A1 版。

服务基地和全球一流的国际枢纽港。① 该要求的提出,使得宁波舟山港在成为世界一流强港的道路上更进一步。同年,宁波市委十三届八次全会召开,明确提出努力将宁波舟山港建成"世界一流强港"的要求。②

2021 年,为响应"一带一路"倡议,加快"世界一流强港"建设进度,宁波舟山港积极开拓海外市场。1 月 22 日,停靠嘉兴港乍浦港区的集装箱船"新明州 18 轮"缓缓驶离码头,宣告宁波远洋运输有限公司首条"一带一路"航线——东南亚集装箱班轮航线扬帆起航。至此,宁波舟山港至东南亚航线增至 48 条,为宁波远洋东南亚集装箱班轮投入的运力为 1100 标箱船舶,进一步巩固了宁波舟山港"21 世纪海上丝绸之路"重要节点地位。③ 2 月底至 3 月初,杭甬两关共同发布了 22 条支持宁波舟山港打造世界一流强港建设的举措,共涉及 12 个方面,助推将宁波舟山港打造成为世界一流强港。④

国内外权威机构对港口发展水平的综合评价和对标分析显示,2022 年宁波舟山港已经初步进入世界一流强港行列。由此可见,"世界一流强港"建设初见成效。但是也要看到,对标一流标准,宁波舟山港在港口集疏运体系构建、内陆腹地拓展、航运高端要素集聚,特

① 龚哲明:《发挥宁波舟山港资源优势 打造长三角现代化综合性深水外港》,《宁波日报》,2020 年 5 月 24 日第 A1 版。
② 苏铁:《助推世界一流强港建设》,《宁波日报》,2020 年 8 月 27 日第 A13 版。
③ 俞永均:《宁波远洋东南亚集装箱班轮首航——宁波舟山港至东南亚航线增至 48 条》,《宁波日报》,2021 年 1 月 23 日第 A4 版。
④ 孙佳力、周力、戴泠:《支持宁波舟山港打造世界一流强港》,《宁波日报》,2021 年 3 月 1 日第 A2 版。

别是航运总部、金融保险、海事国际仲裁、航运经纪等领域仍有较大提升空间。① 除此之外,在硬件设施、软件服务、联通顺畅、辐射带动等方面存在短板和差距,需要进一步统一思想、坚定信心,以更大的力度、更快的速度、更高的标准、更过硬的措施,全面实施世界一流强港建设工程,更好服务全国全省发展大局。②

从更高的政治站位出发,深刻认识到实施世界一流强港建设工程的重要性、必要性,并按照浙江省第十五次党代会、省委十五届二次全会和省政府工作报告部署要求,宁波舟山港在后续发展上将锚定"2027 年基本建成世界一流强港"总目标。

2023 年,宁波舟山港向建成"世界一流强港"又迈出了关键一步。宁波市港航管理中心相关负责人强调:"下一步,宁波交通港航部门将奋力打好年度'收官战',推动实现质的有效提升和量的合理增长,不断塑造发展新优势,推动全市港航经济稳进提质,交出高分答卷。"③

① 陈飞龙:《锻造港口硬核力量 打造世界一流强港》,《宁波日报》,2022 年 9 月 22 日第 A7 版。

② 余勤、刘乐平:《以更大力度更快速度更高标准更过硬措施推进世界一流强港建设》,《宁波日报》,2023 年 2 月 2 日第 A1 版。

③ 金鹭、宋兵:《宁波港航经济进阶向上》,《宁波日报》,2023 年 12 月 20 日第 A1 版。

第三章
东方大港的经济使命

作为重要的贸易枢纽，伴随着造船技术的成熟，以及海上丝绸之路的建设，宁波港的贸易功能越来越成熟。晚清以来，又专司进出口货物，征收关税。宁波商人甚至创办了中国第一家近代意义上的中资银行、中资轮船航运公司、机器厂等等。中华人民共和国成立以来，宁波港面临机遇与挑战，在党和政府的领导下，不断探索，发挥地区优势，目前已是年货物吞吐量超 10 亿吨的超级大港。

一、以港兴城推动城市发展

1949 年中华人民共和国成立后，国内外形势严峻：国内千疮百孔，生产萎缩、物价飞涨、财政赤字、民生凋敝，恢复生产发展迫在眉睫；国际上，大部分西方国家对新中国采取"封锁""禁运"等政策，企

图扼杀新生的中国。由于宁波城市中依靠码头生活的商人、装卸搬运工人等为数众多，若宁波港无法快速恢复生产发展，则他们无法维持日常生计，进而严重影响社会正常秩序。因此宁波港口的发展对宁波城市的发展乃至新中国的发展来说都至关重要。此时宁波、舟山区域的港口不仅业务萧条，就连港口的基础设施也都破败不堪，处于百废待兴的状态，亟须调整修复。

1949年中华人民共和国成立初期，政府正式接管各地港口，在对官僚资本与国外资本的接管和对私营企业的改造过程中，逐步建立了统一的港埠企业和港口管理当局。1950年7月26日发布的《政务院财政经济委员会关于统一航务港务管理的指示》规定，建立统一航务及港务管理机构并逐步颁布统一管理航务及港务的章则、法规、制度，并规定在国内各重要港埠，如天津、广州、上海、青岛、大连等地设立区港务局，负责港务的统一管理工作。[①] 由此宁波港正式走上了恢复生产发展的道路。

1949年至1956年底，是宁波港从一个旧港口转变为一定规模的具有社会主义性质的新港口的重要时期。1956年，随着我国社会主义三大改造基本完成，宁波港完成了对私营轮船业的改造，95％以上的民船业走上了集体化道路，港口的生产面貌发生了深刻的变化。[②]

1973年7月，国务院港口建设领导小组组长粟裕至镇海考察

① 中国财经委员会：《政务院财政经济委员会关于统一航务港务管理的指示》，中国法院网，1950年7月26日。

② 郑绍昌主编：《宁波港史》，北京：人民交通出版社，1989年版，第416页。

建设镇海新港地址。① 事后人们才知道,粟裕是奉周恩来总理之命,以国务院港口建设领导小组组长的身份,从北到南秘密寻找深水良港,最终找到了宁波港这一天然良港。② 同年 12 月 5 日,浙江省宁波港建设领导小组、宁波港建设指挥部成立。③ 宁波港现代化建设从此提上日程。而在粟裕回京后,中央正式决定扩建宁波港老港区。1974 年 1 月 12 日,国家计划委员会批准在甬江口、招宝山下新建镇海港区。④ 1978 年 1 月 13 日,北仑港筹建小组成立。⑤

　　随着宁波港 2 个新港区逐步开展建设,宁波开始引进现代化新兴工业并进行大规模建设,"以港促工"得到落实。1974 年,镇海石油化工厂开始筹建,并于 1978 年 12 月投入试生产,随即在码头新建液化气装泊位、千吨级工作码头各一个配合其工作。1985 年,该厂的 2.4 万吨级原油码头经技术改造后,其靠泊能力已提高为 5 万吨级。⑥ 除此之外,1976 年 6 月 8 日,宁波港、浙江炼油厂、镇海发电厂、镇海清水浦渔业基地(后停建)建设会战领导

　　① 宁波市地方志编纂委员会编:《宁波市志》(全三册),北京:中华书局,1995年版,第 126 页。

　　② 中共宁波市委宣传部编著:《东方大港:宁波》,北京:中国青年出版社,2008年版,第 16 页。

　　③ 宁波市地方志编纂委员会编:《宁波市志》(全三册),北京:中华书局,1995年版,第 126 页。

　　④ 宁波市地方志编纂委员会编:《宁波市志》(全三册),北京:中华书局,1995年版,第 127 页。

　　⑤ 宁波市地方志编纂委员会编:《宁波市志》(全三册),北京:中华书局,1995年版,第 129 页。

　　⑥ 郑绍昌主编:《宁波港史》,北京:人民交通出版社,1989 年版,第 517 页。

小组成立。① 新兴工业在宁波港的蓬勃发展加快了宁波港现代化发展的步伐，达到了"以工兴港"的效果。

1978 年底，中共十一届三中全会顺利召开，会议正式确立了改革开放的伟大战略，同时确立了以经济建设为中心的发展战略。宁波港的港口开发也因此驶上了快车道。

1980 年 7 月 11 日至 15 日，中国共产党宁波市第五次代表大会召开，提出尽快建设社会主义现代化港口城市，并选出新一届领导人员。② 此后，市委、市政府进一步提出新的经济发展战略："服从服务于国家经济发展的需要，坚持开放与改革双管齐下，外引与内联同步进行，充分发挥深水良港的优势，以港口促工业，促内外贸易，带动整个经济和社会的协调发展，到本世纪末，初步实现把宁波市建设成为华东地区重要工业城市、对外贸易口岸和浙江的经济中心。"③1984年 5 月 4 日，宁波市作为拥有深水良港的港口城市，被列为全国进一步对外开放 14 个沿海港口城市之一。④ 这一举措使宁波市的对外开放程度得到提升，加快了其成为对外贸易口岸的步伐。

围绕"以港兴市"，宁波的发展有了明确的方向。1985 年 11 月，国务院批准成立宁波经济开发协调小组，对宁波经济的长远发

---

① 宁波市地方志编纂委员会编：《宁波市志》(全三册)，北京：中华书局，1995 年版，第 128 页。

② 宁波市地方志编纂委员会编：《宁波市志》(全三册)，北京：中华书局，1995 年版，第 131 页。

③ 中共宁波市委宣传部编著：《东方大港：宁波》，北京：中国青年出版社，2008 年版，第 17 页。

④ 宁波市地方志编纂委员会编：《宁波市志》(全三册)，北京：中华书局，1995 年版，第 135 页。

展展开讨论。在此之后，宁波港在交通、运输、工业等各方面逐步采取措施。12 月 25 日，宁波至北仑港铁路建成通车，长 37.2 千米。次年 6 月 26 日通过国家验收。① 1986 年 4 月 28 日，开辟宁波—香港集装箱定期班轮。② 1986 年 12 月 11 日，国务院批复同意设立北仑港工业区。③ 这些举措为后续宁波港落实"以港兴市"战略奠定了基础。

1986 年 11 月，国务院批复《宁波市城市总体规划（1986—2000年）》。作为新中国成立后宁波市第一个得到国务院批准的城市规划，该规划基本奠定了宁波市的发展格局和架构，进一步明确了"以港兴市"的重要性。1987 年 2 月 24 日，国务院以国函〔1987〕37 号文批复，决定在国家计划中对宁波市实行单列管理，赋予其相当于省一级经济管理权限，并同意继续在宁波市进行经济体制综合改革试点。同年 6 月，浙江省政府同意宁波市计划单列，按市辖行政区范围，自 1988 年开始全面实施单列管理。在此之后，宁波市拥有了一部分自主管理的权限，发展路线更加清晰，宁波港的地位也在提高。1987 年 10 月 10 日，宁波港改为由宁波市和交通部双重领导、以市为主的领导体制。④

---

① 宁波市地方志编纂委员会编：《宁波市志》（全三册），北京：中华书局，1995 年版，第 139 页。

② 宁波市地方志编纂委员会编：《宁波市志》（全三册），北京：中华书局，1995 年版，第 139 页。

③ 宁波市地方志编纂委员会编：《宁波市志》（全三册），北京：中华书局，1995 年版，第 140 页。

④ 宁波市地方志编纂委员会编：《宁波市志》（全三册），北京：中华书局，1995 年版，第 142 页。

经过以上战略的发布和实施，宁波市成为中国改革开放的重点城市，而宁波港也成为宁波市发展中最为重要的一环。1988年，宁波正式确立了"以港兴市"的发展战略，《宁波市发展外向型经济总体规划（1988—2000）》提出，要突出"港"字，坚持"以港口促工业，以港口促内外贸易，以港口带动全市国民经济和社会发展"的战略方针，走出一条具有宁波特色的外向型经济发展路子。[1] 以这个发展战略为主线，宁波对宁波港及其周围的交通、经济等发展领域开展了有计划的建设。

在交通方面，宁波海、陆、空齐头并进，建设出以宁波港为中心的集疏运网络。1989年9月4日，宁波港国际客运站落成使用。[2] 次年，宁波港开通了许多航道及码头，与他国开展相关贸易与合作。国际航线、江海联运、杭甬运河的清理等项目被重点关注，随着这些项目的开展落地，宁波港才能在日后逐步发展成为中国洲际海运中转的枢纽港。

在经济方面，镇海发电厂、浙江炼油厂、北仑电厂等临港工业基地相继建成，宁波也成为华东地区最大的火力发电基地和最重要的石化加工基地。[3] 此外，宁波港口建设也在同步进行。

1992年，国务院召开长三角地区经济发展规划会议，宁波被确

---

① 中共宁波市委宣传部编著：《东方大港：宁波》，北京：中国青年出版社，2008年版，第17页。

② 宁波市地方志编纂委员会编：《宁波市志》（全三册），北京：中华书局，1995年版，第145页。

③ 中共宁波市委宣传部编著：《东方大港：宁波》，北京：中国青年出版社，2008年版，第17页。

定为长江沿江区域 4 个中心城市之一、华东地区重要的对外贸易口岸,宁波港为长三角及长江沿江地区的重点深水港、上海港群的重要组成部分,北仑港区域为长三角沿海重要的化工基地。不久后,浙江省明确提出"将宁波建设成为我国大型的国际中转港和长三角地区的能源、原材料基地"的目标。同年 5 月,中共宁波市七届六次全体(扩大)会议召开,在延续"以港兴市"战略的基础上,进一步提出了"以市促港"的思路。① 这一思路的提出为后续宁波市的城市规划和发展奠定了理论基础,也进一步指明了宁波市"以港兴市"战略的合理性与可行性。同年 12 月 1 日,北仑港区二期工程,共建成 6 个 3 万至 5 万吨级深水泊位,年增吞吐能力 350 万吨。②

　　1994 年,中共宁波市第八次党代会正式确定深化和实施"以港兴市、以市促港"战略③,并在同年 6 月 30 日召开的宁波市第十届人大常委会第十次会议上通过《宁波市城市总体规划(摘要)(1994—2000 年)》。该规划将宁波市定位为社会主义现代化国际港口城市,确定发展战略为"以港兴市、以市促港",确定该战略以港口建设为中心,加强和完善港口集疏运网络建设,并在此基础上大力发展工业和第三产业,完善城市的产业结构,使其和城市经济协调发展。④ 该规

---

　　① 　中共宁波市委宣传部编著:《东方大港:宁波》,北京:中国青年出版社,2008年版,第 21—22 页。
　　② 　宁波市地方志编纂委员会编:《宁波市志》(全三册),北京:中华书局,1995年版,第 152 页。
　　③ 　中共宁波市委宣传部编著:《东方大港:宁波》,北京:中国青年出版社,2008年版,第 22 页。
　　④ 　宁波市地方志编纂委员会编:《宁波市志》(全三册),北京:中华书局,1995年版,第 544—545 页。

划提出，把宁波建设成为现代化国际港口城市的核心，在开发港口建设方面，以建设宁波国际中转枢纽港为目标，并以北仑港区的建设为重点，使其成为大中小泊位配套港口、功能齐全现代化综合港区。①

至此，宁波的发展战略已由"以港兴市"发展完善为"以港兴市、以市促港"，正式踏上了港口发展与城市发展相互促进的协同发展道路。为了打造现代化国际港口城市，宁波市不仅将宁波港建设看作重中之重，更是全力开展城市建设，更好地实现"以市促港"。此后，以北仑港为主体的宁波港，进入全面、快速、有序的发展阶段，成为设施先进、集疏运配套、内外贸结合的多功能港区。②

1995 年作为"八五"计划的最后一年，是宁波市改革开放和现代化建设取得显著成绩的一年。在这一年中，宁波市在加快道路交通建设等方面加大了工作力度，针对交通对宁波市经济发展制约日益突出的状况，狠抓以道路交通为重点的基础设施建设。甬江隧道、宁镇一级公路、329 国道白沙至掌起段、甬余夫线主车道、甬临线鄞县（现鄞州区）段、奉化江口至大桥和溪口段、宁海桑洲岭隧道、通途路开发区段等建成通车，杭甬高速公路宁波段建设进度加快，沿海国道主干线大碶至大朱家段开工建设，余慈铁路铺轨，宁波栎社国际机场一期完善工程竣工。在此基础上，宁波市城市面貌发生了极大变化，旧城改造步伐加快。其中，市区完成了中山路、百丈街、中兴路、环城

---

① 宁波市地方志编纂委员会编：《宁波市志》（全三册），北京：中华书局，1995年版，第 546 页。

② 宁波年鉴编辑部编：《宁波年鉴 1997》，北京：中华书局，1999 年版，第 101 页。

西路等主干道的拓宽改造,新建了中兴东二路,并对主要街道实施整修和绿化。城市供水、供电和通信设施的建设力度以及城市环保力度也明显加大。这些城市建设措施为日后建设集疏运网络提供了物质基础,同时也使得宁波港软硬件建设进一步加强。[1]

到1996年,宁波港已具有我国沿海四大国际深水中转港口的功能,年吞吐量位居我国港口第三位。宁波市也进入全国综合实力五十强和投资硬环境四十优城市之列,成为全国和华东地区重要的能源、原材料基地和出口贸易加工区,长江三角洲及沿江、沿海地区对外贸易口岸,长江三角洲地区区域中心城市,浙江省经济发展中心和上海经济区主要城市之一。[2] 在1991—1995年的5年时间里,宁波市大力加强港口和以港口为中心的集疏运网络建设。宁波市完成了北仑港900米集装箱码头改造,新建了20万吨级矿石中转码头、5万吨级液体化工码头等工程。1997年,宁波港口吞吐能力达到8400万吨,比1992年增加近4000万吨。以港口为中心的集疏运网络建设步入新阶段。[3]

1998年,宁波口岸认真贯彻"以港兴市"战略,全面加大对外开放、管理协调、服务保障等工作的力度,为促进宁波外向型经济发展和提高对外开放水平,做出了新的贡献。除此之外,宁波港在继续开展集疏运网络建设、加大对外开放力度、改善港口设施和口岸环境、

① 宁波年鉴编辑部编:《宁波年鉴1997》,北京:中华书局,1999年版,第1—2页。

② 宁波年鉴编辑部编:《宁波年鉴1997》,北京:中华书局,1999年版,第45页。

③ 《宁波年鉴》编辑部编:《宁波年鉴1998》,北京:中华书局,2000年版,第2页。

拓展货源和箱源腹地等方面取得了新的成绩。以港口为中心的集疏运网络建设速度加快。①

1999年，国务院批复《宁波城市总体规划（1995—2010）》，确定宁波为中国东南沿海的重要港口城市和长三角南翼经济中心。同年5月，中共宁波市第九次党代会发出了"以现代化为宁波新世纪建设主线"的号召，提出"到2020年全市基本实现现代化，建成社会主义现代化国际港口城市"的目标，并确定了港口开发、科教发展、对外开放和城市化"四大突破"方向。② 此后，宁波市城市建设主要围绕这"四大突破"方向开展，且4个方面联动发展，共同促进宁波成为"社会主义现代化港口城市"。

在"九五"规划期间，宁波港年货物吞吐量从6853.00万吨增加到1.15亿吨，集装箱吞吐量从16.0万标箱增加到90.20万标箱，年均分别递增10.9%和41.3%。港口基础设施建设进展顺利，国际远洋干线和内支线增加迅速。沿海国道主干线宁波段、萧甬铁路复线改造、宁波栎社国际机场二期工程等全面实施，以港口为中心的集疏运网络不断完善，经济腹地明显拓展。这5年，是宁波港口发展实现历史性突破、集疏运网络体系日趋完善的5年。③ 到2000年，宁波港全面加大基础设施建设投入，大力拓展港口功能，积极参与国际航运

---

① 《宁波市地方志》编纂委员会编：《宁波年鉴1999》，北京：中华书局，2000年版，第49—50页。

② 中共宁波市委宣传部编著：《东方大港：宁波》，北京：中国青年出版社，2008年版，第24页。

③ 《宁波年鉴》编纂委员会编：《宁波年鉴2001》，北京：中华书局，2002年版，第8页。

市场竞争,使全港生产建设一直保持发展的良好态势。同时,继续加快集装箱码头的技术改造和第三期新码头的建设,与外轮代理公司和船公司等合作培育货运市场,吸引国内外多家知名船公司登陆宁波港,基本形成远洋干线、近洋支线、内贸线、内支线相结合的运输网络。[1] 在"港口开发"这一方面实现了巨大突破。而在"对外开放"方面,口岸扩大开放取得实质性进展。宁波口岸根据全市新一轮对外开放要求,进一步扩大对外开放力度,强化综合管理,倡导"优质文明把关",确保宁波口岸进出口货运量实现新的快速增长。全年,港口外贸货物吞吐量5193万吨,增长34.8%,其中进口4571万吨,出口622万吨,分别增长32.1%和59.1%。[2]

随着政府对宁波城市发展的高度重视以及对"四大突破"方向的加速推进,宁波市距离成为社会主义现代化国际港口城市的目标又近了一步,其城市建设也进入了更高的层次。

到了2003年,宁波港货物吞吐量突破1.85亿吨,增长20%以上;集装箱吞吐量超过275万标箱,增长49%以上,增幅继续名列全国港口第一[3],已经远远超过了1998年提出的5年后"宁波港要建成亿吨港,完成集装箱吞吐量100万标箱"的目标。不仅如此,这一年宁波港的集疏运网络更加完善,建设了"一环五射"公路网,而临港工

---

① 《宁波年鉴》编纂委员会编:《宁波年鉴2001》,北京:中华书局,2002年版,第90页。

② 《宁波年鉴》编纂委员会编:《宁波年鉴2001》,北京:中华书局,2002年版,第90—91页。

③ 宁波市地方志编纂委员会编:《宁波年鉴2004》,北京:中华书局,2005年版,第31页。

业依靠港口的快速发展，也逐渐成为宁波市经济发展新的增长点。①
宁波港真正做到了"以港兴市"，加速推进宁波市成为国际港口城市。

2004 年 5 月 14 日，以"宁波"命名的当时世界最大的集装箱
船——"东方宁波"号命名仪式在宁波港北仑第二集装箱码头分公司
举行。全国政协原副主席万国权及部分省、市领导出席命名仪式。②
毛光烈代表宁波市委、市政府，对"东方宁波号"的命名及首航表示热
烈祝贺。他说，"东方宁波号"在宁波的首航，说明市委、市政府多年
来坚持"以港兴市、以市促港"发展战略是正确的。宁波港经过多年
的开发建设，吞吐量不断翻番，已从一个地方性的内河小港发展成为
全国重要的综合性深水大港，对浙江、长三角地区乃至全国的服务能
力不断提高，成为宁波市开放发展不可或缺的力量。③

然而，快速发展的宁波市也碰到了缺电、缺钱、缺地、水资源污染
和环境承载力制约等问题，这在一定程度上限制了宁波港及宁波市
的发展速度甚至发展空间。为了解决这些问题，在党中央科学发展
观的指引下，2004 年，中共宁波市第十次党代会做出了实施"六大联
动"战略的决定。"六大联动"包括城乡联动、产业联动、港桥海联动、
内外联动、生产生活生态联动、经济社会发展联动 6 个方面。深入实
施"以港兴市、以市促港"战略，将宁波市建设成为一个文化大市，实

① 《宁波港全速驶入快车道：仅仅 5 年，货物吞吐量翻一番，集装箱吞吐量增
长 6.85 倍》，《宁波日报》，2004 年 5 月 4 日第 A1 版。

② 宁波市地方志编纂委员会编：《宁波年鉴 2005》，北京：中华书局，2005 年
版，第 21 页。

③ 《"东方宁波号"命名仪式举行：世界最大集装箱船牵手中国最大深水港》，
《宁波日报》，2004 年 5 月 15 日第 A1 版。

现宁波市经济社会发展相互协调、相互促进,最大限度拓展宁波市的发展空间。在此后的发展过程中,宁波市积极实施"六大联动"战略,走出了一条有宁波特色的科学发展道路。①

在"十五"发展期间,宁波港抓住国内对外贸易快速发展以及长三角地区经济腾飞的历史机遇,提出"二次创业"目标,加快国际一流深水枢纽港和集装箱远洋干线港的建设步伐,营造深水码头优势、服务优势、机制优势、港口物流优势、人才优势等"五大优势",发展集装箱、铁矿、原油、煤炭、液化品"五大运输体系",加快港口基础设施的建设。② 宁波市委、市政府坚定不移地推进"以港兴市、以市促港"战略,港口开发与建设取得了令人瞩目的成绩。③

当时,宁波一直坚定不移地实施"以港兴市、以市促港"战略,港口建设取得了辉煌成就,极大带动了宁波市经济和社会的快速发展,显著推进了城市化进程。④ 于是,2007年中共宁波市第十一次党代会提出继续深入推进"六大联动",着力谋求深挖拓展,努力实现"六大提升",坚持又好又快发展,推动宁波现代化建设向更高水平迈进。此外,党代会还发出了"把现代化国际港口城市建设全面推向新阶段"的动员令,要求继续深化完善"以港兴市、以市促港"战略。而在宁波市新一阶段的发展中,"以港兴市、以市促港"中的"市"不单单指

① 中共宁波市委宣传部编著:《东方大港:宁波》,北京:中国青年出版社,2008年版,第25页。

② 宁波市地方志编纂委员会编:《宁波年鉴2006》,北京:中华书局,2006年版,第107—109页。

③ 邓少华:《实现港口产业城市互动发展》,《宁波日报》,2006年2月16日。

④ 李磊明:《宁波,提升港口竞争力》,《宁波日报》,2007年1月22日。

城市的"市"，还包含了市场的"市"。发展服务业，打造国际贸易中心成为宁波市发展的另一目标。①

2010年12月8日至9日，中共宁波市委召开十一届十一次全体（扩大）会议时强调：要把"六个加快"作为转变发展方式、争创发展优势的战略重点，坚定不移地加以推进，努力取得新进展，加快建设具有国际竞争力的港口城市。要抓住发展海洋经济的机遇，着力打造"海上宁波"，在大力发展海洋经济、推动浙江经济发展再上新台阶中发挥特殊作用。② 几日后，时任宁波市委书记的王辉忠在北仑区、宁波港集团调研时也强调：要按照"六个加快"的战略部署，充分发挥港口这一最大特色优势，打造国际强港，加快产业集聚，推动港口、产业、城市融合互动发展，为加快现代化国际港口城市建设奠定扎实的基础。③ 这2段发言不约而同地强调了将"六个加快"发展战略作为宁波转变发展方式的主抓手和突破口的重要性，市委十一届十一次全会更是将深入实施"六个加快"发展战略加入"十二五"规划当中。④

在"十二五"规划与"十三五"规划期间，我国大力推动"一带一路"倡议的实施。在"海上丝绸之路"建设过程中，航运业发挥着先导

① 中共宁波市委宣传部编著：《东方大港：宁波》，北京：中国青年出版社，2008年版，第28页。

② 卢磊：《加快建设具有国际竞争力的港口城市》，《宁波日报》，2010年12月11日第A1版。

③ 卢磊：《发挥优势加快打造国际强港，推动港口产业城市融合发展》，《宁波日报》，2010年12月18日第A1版。

④ 邓少华、包凌雁：《东方大港新使命——"六个加快"战略系列报道·打造国际强港》，《宁波日报》，2010年12月20日第A1版。

作用,中国港口在"海上丝绸之路"沿线港口中表现十分积极。其中,宁波舟山港积极响应国家"一带一路"建设号召。2016 年 7 月 14 日发布的《新华—波罗的海国际航运中心发展指数报告(2016)》综合评价显示,宁波舟山港跻身国际航运中心行列。① 除此之外,宁波最终于 2016 年 11 月成为全国首个全港创卫示范城市。② 全港成为国际卫生港,这不仅仅是宁波成为现代化国际港口城市的重要标志之一,更带动了宁波港口岸核心能力的提升,促进了宁波市的城市进步和经济发展,更进一步实现了"以港兴市"。

不仅如此,随着停泊在北仑第二集装箱码头的"中海釜山"轮完成 2500 标箱装卸作业,宁波舟山港年货物吞吐量一举突破 9 亿吨,成为全球首个 9 亿吨大港。③ 这一成就的取得与"一带一路"倡议息息相关。宁波舟山港是"一带一路"的重要节点,也是"长江经济带"的龙眼之一和舟山江海联运中心的主要依托。2016 年以来,宁波舟山港将服务国家战略和促进自身发展有效衔接,主动对接"21 世纪海上丝绸之路",积极融入"丝绸之路经济带",在对接国家战略的过程中实现了港口自身综合能力提升。④

---

① 俞永均:《宁波舟山港,追梦世界级航运中心》,《宁波日报》,2016 年 7 月 19 日第 A9 版。

② 董娜:《宁波全港创卫成功 引起业界瞩目》,《宁波日报》,2016 年 12 月 30 日第 A2 版。

③ 俞永均、胡泽波:《宁波舟山港成全球首个 9 亿吨大港——连续八年保持全球第一大港位置,国际强港建设迈进一大步》,《宁波日报》,2016 年 12 月 20 日第 A1 版。

④ 俞永均、胡泽波:《全球"八连冠"是如何摘得的?——揭秘宁波舟山港货物吞吐量破 9 亿吨大关的攻擂宝典》,《宁波日报》,2016 年 12 月 20 日第 A2 版。

2021年，宁波市政府印发了《锻造硬核力量加快推进世界一流强港建设行动方案（2021—2025年）》（以下简称《行动方案》），提出以强创新、增动能、提能级、扬优势、补短板为主攻方向，对标世界一流标准，努力把宁波舟山港打造成为支撑新发展格局的战略枢纽、服务国家战略的硬核力量、长三角世界级港口群核心港口之一，把宁波建设成为全球重要的港航物流中心、战略资源配置中心、具有鲜明特色的现代航运服务基地和港产城文深度融合发展先导区，为宁波加快建设现代化滨海大都市提供坚实支撑。根据该《行动方案》，"十四五"期间，宁波将着力锻造基础设施支撑力、腹地辐射带动力、全球链接影响力、现代航运服务力、战略资源配置保障力、港产城文互动发展融合力、港口智慧绿色安全协同治理力等七大硬核竞争力。①

宁波港口建设早已成为带动宁波市发展进步的最重要助力。宁波市在港口发展的基础上，全面发展经济、文化、工业等，建成社会主义现代化国际港口城市指日可待。

二、依港促商带动海上贸易

在社会主义改造时期，宁波港的货物运输得到了一定的恢复和发展，以定班客货轮兼运、货轮运输、木帆船运输3种货运方式为主。在这段时间内，宁波港的内河运输业和渔业得到了相对稳定

---

① 俞永均：《2025年基本建成世界一流强港》，《宁波日报》，2021年12月10日第A1版。

的发展。

1953 年 2 月中旬至 6 月,内河航运业、渔业进行了民主改革。10 月,外海运输业开展民主改革,次年 5 月结束。① 1954 年以后,随着社会主义改造的深入开展,宁波港私营轮船业相继走上公私合营的道路。到 1956 年社会主义改造基本结束之时,宁波港的私营轮船业也基本消失。② 宁波港私营轮船业多使用木帆船运输的方式,在此前宁波港轮船运输业中发挥了至关重要的作用。

1949 年 5 月至 1956 年底,是宁波港海上运输及贸易发展史上的一个重大转折时期。这一时期的宁波港,已建设成为一个具有一定规模的社会主义性质的新港口,航运和渔业的发展在一定程度上推动了腹地经济的发展。从这一时期港口吞吐量的变化来看,港口航运处于恢复阶段,随着沿海货物运输的不断拓展,进出港口的货物量增长较快,年递增率为 38.74%,其中以煤炭、矿建材料、木料、粮食、燃料和建筑材料的增长速度为最快。③

然而从 1958 年进入"大跃进"时期开始,宁波港的海上贸易出现了停滞不前甚至退步的现象。"大跃进"一开始,宁波港务局下设的生产部门就被分割成块,部门分工上的矛盾也不断增加。由于部门管理受到干扰,监管力度下降,宁波港的航运公司和运输公司之间出现了"各自为政"的现象,所运货物的质量也得不到保证,参差不齐。

---

① 宁波市地方志编纂委员会编:《宁波市志》(全三册),北京:中华书局,1995 年版,第 105 页。

② 郑绍昌主编:《宁波港史》,北京:人民交通出版社,1989 年版,第 415 页。

③ 郑绍昌主编:《宁波港史》,北京:人民交通出版社,1989 年版,第 412—413 页。

因此，宁波港货运行业的发展势头被遏制，情况急转直下。为了纠正"大跃进"的错误，国民经济在1963年到1965年进入3年调整时期。在此期间，宁波港务局进行了机构精简等措施，并对劳动力进行了定编管理，提高了企业的管理效率和经济效益。^① 而在货物运输方面，宁波港务局加大了货物监管力度，将货物的竞争力主要集中在质量、价格上，得到了用户的信任。宁波港和舟山港在这3年当中都经历了港口货物吞吐量由下降到回升的过程，打破了"大跃进"时期的"虚假繁荣"泡沫。

宁波港的生产发展还没从"大跃进"的破坏中缓过神来，又迎来了10年"文化大革命"。在这段时间里，宁波港货运业务的各项指标又出现了急剧下降的现象。但在"文化大革命"之后，我国的生产力得到了显著发展，为宁波港的生产发展与对外贸易提供了物质基础。

从20世纪70年代开始，宁波港的货物吞吐量虽然偶尔有倒退的情况，但总体上呈现出稳步上升的趋势。到1978年，年货物吞吐量已经达到214万吨，这是新中国成立以后宁波港第一次突破200万吨大关。^② 这一时期，宁波港口工业的发展也十分迅速。1976年6月8日，宁波港、浙江炼油厂、镇海发电厂、镇海清水浦渔业基地（后停建）建设会战领导小组成立。^③ 1977年12月30日，镇海港煤码头

---

① 郑绍昌主编：《宁波港史》，北京：人民交通出版社，1989年版，第454页。
② 郑绍昌主编：《宁波港史》，北京：人民交通出版社，1989年版，第521页。
③ 宁波市地方志编纂委员会编：《宁波市志》（全三册），北京：中华书局，1995年版，第128页。

简易投产,镇海港货运铁路线建成通车。① 1978 年 10 月,镇海港万吨级煤炭专用码头竣工,为宁波第一座万吨级码头。② 正是由于这些举措在宁波港口工业发展中起到了至关重要的作用,宁波港的进出口货物结构才产生了显著的变化。1973 年以前,宁波港进出口货物主要以煤炭、矿建材料、粮食为主,到 1978 年,除煤炭运量仍然遥遥领先以外,石油的输入量也急剧上升。③

综上所述,到 1978 年,宁波港迈出了将港区工作重心从口内转至口外的重要一步,不仅从千吨级港区升级至万吨级港区,更为临港工业提供了一条几乎无阻碍的发展路线。而临港工业的快速发展所需的原料和能源,也促成了宁波港吞吐量的提升与进出口货物结构的升级,在一定程度上实现了以港促工、促商,以工兴港的工业、外贸、港口建设三者相互促进的发展模式。

针对宁波港取得的新成就,国务院对宁波港的未来发展路线做出了调整。1978 年 12 月 4 日,国务院批复同意浙江省关于开放宁波港的报告,希望浙江省抓紧推进对外开放的各项准备工作,同时明确待准备工作就绪后,由浙江省确定开放日期,并告交通部对外公布。④ 1979 年 6 月 1 日,宁波港正式对外开放。1981 年 9 月 11 日,北仑港

---

① 宁波市地方志编纂委员会编:《宁波市志》(全三册),北京:中华书局,1995年版,第 129 页。

② 宁波市地方志编纂委员会编:《宁波市志》(全三册),北京:中华书局,1995年版,第 129 页。

③ 郑绍昌主编:《宁波港史》,北京:人民交通出版社,1989 年版,第 522 页。

④ 《大港起舞——宁波对外开放从这里起航》,http://zdpx.zju.edu.cn/news1_4554_827.html。

区、镇海港区也相继对外轮开放。①

随着国家改革开放战略的实施以及宁波港正式对外开放，宁波港的对外贸易逐年发展起来。进出口货运量的快速增长对宁波港的港口设施造成了极大的压力，因此，完善宁波港的港口基础设施建设至关重要。

由于货物种类的增加，宁波港的进出口件杂散货增多，宁波老港区杂货码头已无法承担如此巨大的压力。于是，宁波从 1984 年开始在镇海、宁波、北仑港区扩建和新建 9 个件杂货泊位和 1 个液体化工泊位，这是宁波港建设史上出现的第一次大规模建设杂货泊位的高潮。② 1986 年 11 月 24 日，镇海港区 5、6、9 号 3 个万吨级泊位，7、8号 2 个 3000 吨级泊位竣工，通过国家验收。③ 除此之外，1984 年 10月 29 日，宁波港举行首次全集装箱远洋轮装船典礼，衢江轮首航香港。1987 年 2 月 7 日，宁波至香港杂货集装箱班轮被列为国家定期班轮。④ 集装箱码头的建设与集装箱轮船的起航，为宁波港恢复对外贸易功能提供了优越的基础条件。

随着宁波港基础设施的完善，宁波港可以承受的货运量极限又得到了提升，宁波港经济效益的发展空间也得到了扩展。

---

① 宁波市地方志编纂委员会编：《宁波市志》(全三册)，北京：中华书局，1995年版，第 130 页。
② 郑绍昌主编：《宁波港史》，北京：人民交通出版社，1989 年版，第 562 页。
③ 宁波市地方志编纂委员会编：《宁波市志》(全三册)，北京：中华书局，1995年版，第 140 页。
④ 宁波市地方志编纂委员会编：《宁波市志》(全三册)，北京：中华书局，1995年版，第 136 页。

以镇海炼化厂为例。作为宁波石化产业集群的领头羊,镇海炼化厂在1978年就已经具备了较先进的生产装备和雄厚的技术力量,形成了供销一体化的经营管理格局。在改革开放以后,镇海炼化厂完成了"六五"期间国家重点项目——镇海石油化工总厂的扩建工程。该工程为渣油的充分利用开辟了新路,使镇海石油化工总厂由原来单一的燃料型炼油厂发展成为现代化的石油化工联合企业,预计1990年加工原油从250万吨提高到500万吨。[1] 1993年9月27日,镇海石油化工总厂炼油二期工程建成投产,新增年加工原油能力250万吨。[2] 由此,镇海炼化厂大大提升了自身的经济效益,提升了整体的国际竞争力。

20世纪70年代后期,随着镇海新港区建成投产,港口电力工业、石油化工工业兴起,使宁波港货物吞吐量逐步上升,给宁波港带来了新的增长点。到20世纪80年代,随着北仑深水港区的开发,全港货物吞吐量迅猛发展,宁波港进入新的历史阶段,宁波外向型经济开始在萌芽中发展。

1978—1996年间,宁波港货物的年吞吐量,在不到20年的时间里,猛增近36倍。[3] 至1996年,宁波港年吞吐量达7638.78万吨,其中,内贸货物4780.17万吨,外贸货物2858.61万吨。至此,宁波港充分发挥了水水中转、水陆中转和江海联运的优势,发展进口铁矿、

[1] 郑绍昌主编:《宁波港史》,北京:人民交通出版社,1989年版,第608页。
[2] 宁波市地方志编纂委员会编:《宁波市志》(全三册),北京:中华书局,1995年版,第154页。
[3] 宁波年鉴编辑部编:《宁波年鉴1997》,北京:中华书局,1999年版,第104页。

原油、煤炭、液体化工产品及其他散杂货的中转业务。① 在这期间，宁波商检局的机构功能得到完善，在 1996 年 1 月正式被列为国家商检局的直属局，在最大程度上保证了宁波港进出口货物的质量与安全。②

　　20 世纪 90 年代，宁波市贯彻实施"以港兴市、以市促港"的发展战略，将宁波港的发展作为宁波城市发展的重点。港口生产建设呈现出跨越式发展的态势，年货物吞吐量于 1991 年突破 3000 万吨，1992 年突破 4000 万吨，1993 年突破 5000 万吨。宁波港年货物吞吐量 1995 年完成 6853 万吨，首次位列中国大陆沿海主要港口第四。1996 年，宁波港提出了到 20 世纪末建成亿吨大港的奋斗目标，当年完成货物吞吐量 7639 万吨，首次进入中国大陆沿海主要港口前三名。③ 1997 年，完成货物吞吐量 8220 万吨，位列中国大陆沿海主要港口第二。④ 到 2000 年，宁波港货物吞吐量首次突破亿吨大关，达 11547 万吨，比上年增长 19.5％，成为大陆沿海继上海港、广州港之后的第三个超亿吨级大港，已跻身世界亿吨级大港行列。在此期间，在宁波港加大对基础货种中转力度的基础上，杂货运输也取得了新的成就。其中包括矿建材料、机械设备、轻工医药和粮食、化肥、农药等传统大宗散杂货，以及白云石、石墨等 10 余种新货种，杂货吞吐量达 1797

---

① 宁波年鉴编辑部编：《宁波年鉴 1997》，北京：中华书局，1999 年版，第 102 页。

② 宁波年鉴编辑部编：《宁波年鉴 1997》，北京：中华书局，1999 年版，第 109 页。

③ 《1996 年中国海港和长江港口吞吐量排名榜》，《中国港口》1997 年第 1 期，第 44 页。

④ 《1997 年中国海港和长江港口吞吐量排名》，《中国港口》1998 年第 1 期，第 35 页。

万吨,比上年猛增 30.7％。①

　　宁波港货物吞吐量一直呈稳步上升的趋势,直到 2002 年 11 月 "非典"在世界范围暴发,海上贸易受到了极大的破坏性影响。为了 抵消"非典"期间宁波港海上贸易受到的消极影响,加快恢复宁波对 外贸易经济效益,宁波口岸启动第三轮"大通关"建设。这一政策的 实施,在一定程度上提升了宁波口岸的吸引力,增强了对周边地区企 业的辐射能力,越来越多的异地企业选择通过宁波口岸实现"走出 去"的目标。2003 年,异地企业对宁波口岸贸易的贡献率已达到 60％,其中浙江(除宁波)、北京和广东地区企业的进出口量居前三 位,撑起宁波口岸贸易的"半边天"。② 随着各类举措的实施,宁波港 的生产运输得到了恢复,宁波港甚至取得了进一步的发展。2003 年 货物吞吐量突破 1.85 亿吨,同比增长 20％以上,比上年净增 3000 万 吨,充分凸显了宁波港强劲发展的势头。③

　　21 世纪以来,我国沿海内贸物资运输呈现不断增长的势头。作 为南北物资流通的枢纽港,宁波港一方面对周边地区进行货源调查, 开展转关业务,拓展宁波港的经济腹地范围,保证国际航线的稳定发 展。另一方面,宁波港利用区位优势,积极做好内贸集装箱运输业, 把做大做强内贸集装箱运输业作为增加港口集装箱吞吐量的重要手

　　① 《宁波年鉴》编纂委员会编:《宁波年鉴 2001》,北京:中华书局,2002 年版, 第 92 页。

　　② 宁波市地方志编纂委员会编:《宁波年鉴 2004》,北京:中华书局,2005 年 版,第 111—112 页。

　　③ 《宁波港货物吞吐量超 1.85 亿吨:集装箱吞吐量增幅继续名列全国港口第 一》,《宁波日报》,2004 年 1 月 1 日第 2 版。

段。2004 年,宁波港更是在巩固已开通的内贸航线的基础上,进一步扩大内贸集装箱运输的辐射面,提高航线密度,稳定班轮,以形成便捷的内贸集装箱运输网络。此时宁波港已有内贸集装箱航线 11 条,基本覆盖了北至大连、天津、烟台、青岛,南到海口、蛇口等沿海主要港口。① 到了 2009 年,宁波-舟山港完成集装箱吞吐量 92.4 万标箱,其中内贸集装箱量达 9.2 万标箱,同比增长 22%。1 月至 7 月期间,内贸集装箱的增幅更是达到了 28%。由此可见,内贸集装箱逐渐成为宁波港口发展的"新引擎"。②

"十五"期间,宁波港抓住国内对外贸易快速发展以及长三角地区经济腾飞的历史机遇,共完成货物吞吐量 9.6 亿吨,其中宁波港集团(本港)完成货物吞吐量 6.5 亿吨,全港、本港 5 年完成的货物吞吐量超过以前 50 年的总量。宁波港的货物吞吐量以年均 18.4%、年平均净增超过 3000 万吨的速度增长。铁矿、原油、煤炭、液化品吞吐量分别比"九五"末增长 38%、126%、51.7%、250%,并且随着宁波港货物吞吐量大幅攀升,宁波港已是我国主要的铁矿、原油、液体品中转储存基地,华东地区主要的煤炭、粮食等散杂货中转和储存基地。不仅如此,宁波港不断加大对外开放力度,开拓国内外市场,向世界展示宁波港深水良港的发展潜力,吸引国内外相关企业和港口与宁波港展开合作。③ 随

①　《宁波港大力发展内贸集装箱运输:已有内贸集装箱航线 11 条,基本覆盖沿海主要港口》,《宁波日报》,2004 年 11 月 7 日第 2 版。

②　秦羽、宋兵、张晓宇、施惠华:《内贸集装箱成宁波港口"新引擎"》,《宁波日报》,2009 年 8 月 17 日第 A3 版。

③　宁波市地方志编纂委员会编:《宁波年鉴 2006》,北京:中华书局,2006 年版,第 107—109 页。

着宁波港辐射范围扩大,其竞争力与吸引力在国内外得到一定程度的增强。到 2009 年,浙江省货源走宁波港的已达到 50%,其中,温州、台州等地在宁波口岸通关的货物达到了当地货物进出口总量的 90%。[1]

在新一轮海洋经济蓬勃兴起、低碳经济加速发展、资源环境约束趋紧的大背景下,宁波港坚持集散并重,协调发展,持续增强国际集装箱运输能力,着力构筑大宗商品交易平台,健全海陆空联动的集疏运网络,完善以金融、信息支撑系统为重点的港口物流服务体系,努力实现宁波港由运输港向贸易物流港的战略性转变。[2] 自 2011 年起,宁波港加速向国际强港迈进,贸易物流功能显著拓展,货物吞吐能力进一步增强,宁波-舟山港加快全面发展成为大宗散货枢纽港和国际集装箱枢纽港的步伐,推进港域联合,共同发展以港口、物流及航运为主体的海洋经济。[3]

2011 年 3 月,国务院正式批复《浙江海洋经济发展示范区规划》,将浙江海洋经济发展示范区建设上升为国家战略。在提出这一战略的基础上,浙江将打造"一核两翼三圈九区多岛"为空间布局的海洋经济大平台,宁波-舟山港海域、海岛及其依托城市是核心区,形成杭州、宁波、温州等 9 个沿海产业集聚区。围绕这些大平台,浙江省将

① 范萌、许杰明:《我省货源已有一半走宁波港——宁波口岸宣传推介活动启动》,《宁波日报》,2009 年 3 月 16 日第 A1 版。

② 包凌雁:《挺进国际强港,转型正当时——代表委员热议"加快打造国际强港"》,《宁波日报》,2011 年 2 月 21 日第 A3 版。

③ 《宁波年鉴》编辑部编:《宁波年鉴 2012》,北京:中华书局,2012 年版,第 187—188 页。

构建大宗商品交易平台、海陆联动集疏运网络、金融和信息支撑系统"三位一体"的港航物流服务体系，突出我国在原油、矿石、煤炭、粮食等重要物资储运中的战略保障作用。同时，扶持培育一批海洋战略性新兴产业，提升浙江整体产业层次。①

　　贸易物流港是通往国际强港的重要驿站。为了将宁波-舟山港尽快打造成为国际强港，宁波-舟山港早已迈出向贸易物流港转型的步伐。2007年，镇海率先成立"大宗货物海铁联运物流枢纽港管委会"，2009年，率先开建多货种、多功能的"大宗生产资料交易中心"，目标直指定价权，2010年，液体化工等六大生产资料交易额达420亿元。在北仑，矿产品、国际船舶及船用设备等大宗商品交易平台正在加紧建设。正是由于宁波-舟山港发展战略具有前瞻性，到"十一五"规划结束后，宁波液体化工、铁矿石、塑料的交易量位居全国第一，贵重金属镍的交易量更是位居亚洲第一，在某种程度上已具备价格话语权。② 这一切都有利于将宁波建设成为国际大宗商品交易的资源配置中心。2011年，宁波口岸进出口贸易总额首次突破2000亿美元，达到2004.4亿美元，一举跨入全国外贸"两千亿美元俱乐部"。这是宁波加快打造国际强港的一个重要里程碑，也是宁波-舟山港由交通运输港向贸易物流港转变的标志性事件。③

　　① 《核心区为宁波-舟山港海域及海岛及其依托城市》，《宁波日报》，2011年3月2日第A8版。
　　② 《宁波：国际强港扬帆起航》，《宁波日报》，2011年3月12日第A3版。
　　③ 俞永均：《加快打造国际强港的里程碑——解析宁波口岸年进出口贸易总额首破两千亿美元》，《宁波日报》，2012年1月16日第A1版。

　　此后,宁波-舟山港货物吞吐量持续攀升,并从 2012 年起成为全球货物吞吐量第一大港。在这一情形下,宁波港集团提出 10 项便利举措服务企业。首批服务举措推出后,宁波港又推出个性化的服务举措,同时开展服务满意度调查,促进港口生产经营稳定发展,推动外贸经济持续健康发展,更好地实现港口与地方经济的互动发展。①截至 2014 年 11 月底,宁波港与全球 100 多个国家和地区的 600 多个港口有贸易往来。②

　　随着我国"一带一路"倡议和长江经济带战略的强势推进,处在"一带一路"倡议和长江经济带战略结合点上的宁波-舟山港正迎来新的发展机遇。2015 年,浙江省政府推进浙江省海洋港口一体化发展并于 9 月份成立宁波舟山港集团,正好为建设以宁波舟山港为中心的自由贸易港创造了契机。③而宁波舟山港成为自由贸易港后也能更好地服务于这两大国家战略。自 2018 年以来,宁波舟山港积极打造"一带一路"最佳联结点,加强运营合作,抢抓货源组织,带动海陆双向集装箱吞吐量持续增长,内支线、内贸线业务量实现稳步增长。④

　　在宁波舟山港一体化工作尘埃落定后,宁波、舟山两港的各项要

　　①　包凌雁、胡泽波:《宁波港十项便利举措服务企业》,《宁波日报》,2014 年 10 月 21 日第 A1、A5 版。

　　②　包凌雁、胡泽波:《"海上巨无霸"首航宁波港——载箱量 1.91 万标准箱为全球最大,为其服务船员仅 23 名》,《宁波日报》,2014 年 12 月 10 日第 A2 版。

　　③　宁波市人民政府地方志办公室编:《宁波年鉴 2016》,宁波:宁波出版社,2016 年版,第 21 页。

　　④　俞永均、洪宇翔:《宁波舟山港年集装箱吞吐量首次突破 2500 万吨标箱》,《宁波日报》,2018 年 12 月 11 日第 A1 版。

素进入深度整合。"十三五"规划期间,在新的历史机遇期,宁波舟山港主动适应新形势,加快推进创新突破,全力打造全球一流的现代化枢纽港、全球一流的航运服务基地、全球一流的大宗商品储备交易加工基地、全球一流的港口运营集团。宁波舟山港在一体化战略引领下实现超常规发展,货物吞吐量连续12年保持全球第一,集装箱吞吐量居全球第三。①

2020年,随着海上国际贸易量的快速增长以及新冠疫情的出现,宁波舟山港迎来了风险与机遇并存的挑战。作为沿海重要外贸港口,宁波舟山港海陆双向发力,降低疫情给港口运输生产带来的影响。海向方面,宁波舟山港加强与大型船公司合作;陆向方面,宁波舟山港抓紧基础设施建设。宁波舟山港充分利用"一带一路"、长江经济带枢纽节点等区位优势,织密服务网络。在大宗货物方面,宁波舟山港持续深化与全球矿业巨头的合作,建成投产淡水河谷鼠浪湖磨矿中心,并成功启动力拓—宁波舟山港铁矿混配业务。相关数据显示,2020年宁波舟山港集装箱吞吐量降幅逐月收窄,在6月份首次实现同比正增长,并在7月份、8月份、9月份呈现加速增长态势,到9月底实现港口年度集装箱吞吐量指标全面翻红。② 宁波舟山港在如此艰难的大环境下,仅用半年时间恢复了港口生产发展,实现数据指标全面翻红,这意味着宁波舟山港牢牢抓住

---

① 俞永均:《宁波将加快建设现代化港航服务体系——报网端今起推出"'大港小航'怎么破"系列报道》,《宁波日报》,2021年2月5日第A1版。

② 《2872万标箱,同比增长4.3%——宁波舟山港2020年集装箱吞吐量继续位列全球第三》,《宁波日报》,2021年1月23日第A1版。

了新时期发展的第一个宝贵机遇,大大提高了其在国际上的地位和影响力。

2017 年以来,随着浙江自由贸易试验区、世界一流港口、大宗商品储运基地等国家战略的实施,宁波舟山港承担起服务国家的新的历史使命和多项重大战略任务。同时,随着"双碳"目标的强力推进,国家对生态环境保护的要求更加严格,也对宁波舟山港的高质量发展提出了更高的标准和要求。2021 年,宁波市政府印发了《锻造硬核力量,加快推进世界一流强港建设行动方案(2021—2025 年)》。根据该行动方案,"十四五"期间,宁波舟山港将推进原油、LNG(液化天然气)、化工、商品汽车、有色资源矿等专业化泊位建设,建成一批 30 万吨级原油码头,打造亿吨级大宗散货泊位群;推进设立国际转口集拼中转业务仓库,建设一批集装箱国际中转集拼基地,国际集拼业务量达到 50 万标箱,集装箱国际中转量达 500 万标箱;支持符合条件的企业申报国家免税品经营资质,设立市内免税店和口岸免税店,经营免税品零售业务等。①

2022 年以来,宁波舟山港搭乘全球最大自贸协定——《区域全面经济伙伴关系协定》(RCEP)正式生效的东风,进一步拓展航线网络,助力区域企业做大做强外贸业务。② 除此之外,由于我国对"一带一路"共建国家和地区的投资数额持续增长,我国与相关国家的

---

① 俞永均:《2025 年基本建成世界一流强港》,《宁波日报》,2021 年 12 月 10 日第 A1 版。

② 俞永均、洪宇翔:《宁波舟山港航线总数达 300 条——七年新增"一带一路"集装箱航线 40 余条》,《宁波日报》,2022 年 7 月 8 日第 A7 版。

海上贸易额也在持续增长。依靠宁波舟山港处于"丝绸之路经济带"和"21世纪海上丝绸之路"交会点的地理优势,宁波舟山港的生产发展得到进一步发展。2022年,宁波舟山港全年完成集装箱吞吐量已超3000万标箱,彰显了全球港航界瞩目的"宁波舟山港加速度"。①

三、拓港设区迎接全球挑战

宁波港的泊位大多数为航运公司所有,各地设有招商码头和民生码头。中华人民共和国成立后,各地港口都被人民政府从以前的国民政府手中接管。经过一系列改进、调整,各地港口都走上了社会主义性质港口的发展道路。

1953年1月21日,交通部上海港务管理局宁波分局设立。②1954年制定了《宁波港港章》,并于次年1月1日颁布执行。③ 在这之后,宁波港口的航道秩序、岸线管理、装卸办法等各项功能的规定和管理办法相继制定完毕,宁波港的港务得到一定程度上的统一,港务、航务管理力度加大。

由于港口业务得到管理,港口生产秩序恢复,宁波港的生产发展

---

① 孙耀楠、张春筑、俞永均:《宁波舟山港年箱量再超3000万标箱——比去年提前33天》,《宁波日报》,2022年11月17日第A10版。

② 宁波市地方志编纂委员会编:《宁波市志》(全三册),北京:中华书局,1995年版,第105页。

③ 宁波市地方志编纂委员会编:《宁波市志》(全三册),北京:中华书局,1995年版,第698页。

十分迅速。1953 年宁波港的年吞吐量,已从 1949 年的 4 万吨,增长到 45 万吨,年递增率达到 83.1%。[①] 到 1956 年,宁波港一共拥有码头 11 座,除余姚码头属内河,江天、宁绍、宁兴等码头皆投入使用。除此之外,拥有客运航线 8 条,客货轮 9 艘。[②]

1958 年,由于"大跃进"运动的兴起,港口运输开始片面追求高速度高指标,宁波港务局也失去了对进出口船舶纪检安全监管的权力,港口码头生产秩序混乱不堪,宁波港的货运业务急转直下,港口生产进入低潮期。在混乱的环境下,白沙码头建成投产。

1957 年以前,客货运主要集中在装卸一区(即宁波港客运站),江东第二装卸作业区货运量极微。此年,装卸一区客运站货运量近 60 万吨,客运量 83 万人次,已至极限。1957 年、1958 年宁波港务分局建成白沙沿港 3000 吨级泊位 2 座(即联运 1 号、2 号码头),连接 1954 年建造的 150 吨级煤炭码头、1955 年建造的 500 吨级粮库专用码头 2 个。[③] 基本建成白沙联运码头装卸三区,原来由第一装卸作业区承担的货运业务,尤其是煤炭和矿建材料,逐渐移至白沙作业区。宁波港务分局统计,1960 年第三装卸作业区(即白沙联运码头)月吞吐量已达到 5 万吨左右,相当于原来一区的货运量。[④]

---

① 郑绍昌主编:《宁波港史》,北京:人民交通出版社,1989 年版,第 413—414 页。

② 宁波市地方志编纂委员会编:《宁波市志》(全三册),北京:中华书局,1995 年版,第 698 页。

③ 宁波市地方志编纂委员会编:《宁波市志》(全三册),北京:中华书局,1995 年版,第 698 页。

④ 郑绍昌主编:《宁波港史》,北京:人民交通出版社,1989 年版,第 419 页。

20 世纪 60 年代的头 5 年，除 1965 年港口利润指标未完成以外，其他几年都超额完成，港口的元气已经恢复，管理得到加强，机械设置更趋合理，为宁波港稳步发展奠定了基础。[①] 但很快，1966 年随之而来的"文化大革命"又将宁波港拖到了经济衰退的边缘。

受到"文化大革命"的冲击，原本在 1964 年就开始对白沙联运泊位进行改建和扩大的计划被终止，延迟至 1967 年 5 月进行这一工程，改造和扩建白沙联运码头第二期工程（即 3 号码头）于 1968 年 5 月竣工。而 1969 年 12 月建成的江东第二装卸区高桩梁板式小码头，由于前期考察分析工作不完善，最终在 1972 年 12 月因大塌方陷入江内。[②] 20 世纪 70 年代初，随着经济建设的发展和城市规模的扩大，宁波港面临港航比例失衡的问题。1973 年进港船舶 4.52 万艘次、511.4 万总吨，吞吐货物 138 万吨，艘次、总吨和吞吐量分别比 1951 年的 1.75 万艘次、85.2 万总吨、21 万吨，增长了 1.6 倍、5.0 倍、5.6 倍。而本应与之相匹配的泊位总长增加却不到 1 倍，靠泊能力及航道水深仍局限于 3000 吨级水平。[③]

面对这样的局面，周恩来总理于 1973 年 3 月提出："要在三年内改变港口面貌。"同年 7 月，国务院港口建设领导小组组长粟裕所属办公室、交通部负责人来宁波考察，确定扩建宁波老港区、辟建镇海

---

① 郑绍昌主编：《宁波港史》，北京：人民交通出版社，1989 年版，第 460—461 页。

② 宁波市地方志编纂委员会编：《宁波市志》（全三册），北京：中华书局，1995 年版，第 699 页。

③ 宁波市地方志编纂委员会编：《宁波市志》（全三册），北京：中华书局，1995 年版，第 699 页。

新港区。于是,宁波港改扩建工程基本上可以分为宁波老港区改扩建以及新辟镇海港区 2 个部分。

1973 年至 1978 年,宁波老港区在浙江炼油厂(后名镇海石油化工总厂)、宁波海洋渔业公司、镇海发电厂等企业的帮助下,对码头、仓库、用房等港口基础设施进行改造和扩建,并新建许多码头,增置大量装卸机械。至 1978 年,宁波港有货主码头 13 个、泊位 18 个,泊位长 877 米。此外,宁波老港区对宁波客运大楼也进行了改造扩建。该工程于 1975 年 9 月破土,建筑面积为 9575 平方米,其中主楼6218 平方米、副楼 2663 平方米、塔楼 269 平方米、地下室 425 平方米,总造价为 184.5 万元。客运大楼有 4 个候船室,一次可接纳旅客3000 人,最终于 1980 年建成并交付使用。

为了有计划地建设镇海港区,1973 年 12 月 5 日,浙江省宁波港建设领导小组、宁波港建设指挥部成立。 1974 年 1 月 12 日,国家计划委员会批准在甬江口、招宝山下新建镇海港区。 1974 年,镇海港区第一期工程动工。 第一期工程包括:改善白沙第三作业区;抛

---

① 宁波市地方志编纂委员会编:《宁波市志》(全三册),北京:中华书局,1995年版,第 699 页。

② 宁波市地方志编纂委员会编:《宁波市志》(全三册),北京:中华书局,1995年版,第 699 页。

③ 郑绍昌主编:《宁波港史》,北京:人民交通出版社,1989 年版,第 496 页。

④ 宁波市地方志编纂委员会编:《宁波市志》(全三册),北京:中华书局,1995年版,第 126 页。

⑤ 宁波市地方志编纂委员会编:《宁波市志》(全三册),北京:中华书局,1995年版,第 127 页。

⑥ 宁波市地方志编纂委员会编:《宁波市志》(全三册),北京:中华书局,1995年版,第 699 页。

筑防浪堤、导流堤，进行航道疏浚及吹填陆域；新建2个煤码头和第五作业区的7个万吨级泊位及清凉山油码头；接通进港铁路，改建公路及杭甬运河；建设相应的库场和其他设施，购置必要的船舶和机具设备。投资预算为2.35亿元。该工程自1973年冬季动工，到1977年建成第四、第五作业区。①

除了宁波老港区与新建的镇海港区，还有亟须改造扩建的北仑港区。1978年1月，苏振华、倪志福、彭冲、叶飞等中央有关领导人实地察看和研究方案后，将北仑港区矿石中转码头定点。次年1月10日开始打桩，码头主体工程呈"F"形布局，有1个10万吨级卸船码头，2个2.5万吨级装船码头和长2000余米的前引桥、A节点、后引桥、引堤及能一次堆存10个矿种、50万吨的矿石堆场，设计年货物吞吐能力2000万吨，至1982年12月竣工，为全国最大矿石中转码头，系上海宝山钢铁总厂重要配套工程。②

为了统筹规划宁波地区所有港口的生产发展，加快建设各个港区向社会主义现代化港口的目标迈进，1978年12月7日，宁波港务管理局成立，辖宁波、镇海、北仑3个港区。③ 在此之后，宁波、镇海、北仑3个港区的港口基础设施都得到了快速发展。

镇海港区二期工程于1979年动工，该工程为第六作业区的3个

① 郑绍昌主编：《宁波港史》，北京：人民交通出版社，1989年版，第489页。

② 宁波市地方志编纂委员会编：《宁波市志》（全三册），北京：中华书局，1995年版，第700页。

③ 宁波市地方志编纂委员会编：《宁波市志》（全三册），北京：中华书局，1995年版，第129页。

万吨级和 4 个 3 万—5 万吨级的泊位以及相应的辅助设施建设,计划投资 9500 万,最终至 1980 年建成投产。① 原建于 1978 年 12 月的算山原油码头,作为镇海石油化工总厂原油码头,位于甬江口门外南侧,泊位为 2.4 万吨级。1985 年经技术改造后,靠泊能力增至 5 万吨级,货物吞吐能力也增至 500 万吨。1990 年,复建的 15 万吨级原油码头,石油及油料吞吐能力达到 1288 万吨。②

1985 年 9 月北仑宝山钢铁总厂投产,增设 2.7 万吨级散货过驳平台、22 万吨级驳油平台,年货物吞吐能力达 400 余万吨。1987 年 10 月 12 日,建成 2.5 万吨级通用泊位,设计年货物吞吐能力为 34 万吨,系宁波港当时最大的多功能通用泊位。“七五”期间,该泊位开始进行二期工程,新建 3 万—5 万吨级国际集装箱和木材通用泊位 6 个,北仑港区自此向多货种、多功能综合性国际中转港发展。③

1989 年,宁波港被国家正式确定为大陆沿海重点开发建设的四大国际深水中转港之一。在 1978 年至 1996 年不到 20 年的时间里,宁波港年货物吞吐量快速增长,这离不开港口建设的发展。至 1997 年,全港拥有 500 吨级至 25 万吨级的生产性泊位 61 个,其中万吨级以上深水泊位 24 个,总设计能力达 7300 多万吨。另有可开发的岸

---

① 郑绍昌主编:《宁波港史》,北京:人民交通出版社,1989 年版,第 489 页。
② 宁波市地方志编纂委员会编:《宁波市志》(全三册),北京:中华书局,1995 年版,第 700 页。
③ 宁波市地方志编纂委员会编:《宁波市志》(全三册),北京:中华书局,1995 年版,第 700 页。

段超过 100 千米,可建各类生产性泊位近 300 个,其中可建深水泊位 150 个,是宁波港可持续发展的潜在优势之一。①

随着港口货源的整合和定位的确立,宁波港进入全面、快速、有序的发展阶段:北仑港区是宁波港的主干港区,适应货种有矿砂、原油、煤炭、化肥、水泥、粮食、散货和集装箱等,其中矿砂和原油接卸量位居大陆沿海港口前列;镇海港经过 20 年的发展建设,已进入大陆沿海千万吨级大港行列,主要适应货种有煤炭、液化品,近年新拓展品种有油类和集装箱,其中液化品接卸量位居全国之首;宁波老港区则以客、杂货运输为主。② 1999 年,宁波港已基本形成设施先进、集疏运配套、内外贸结合的多功能港区。

在此后的发展过程中,宁波港着力加快建设国际一流深水枢纽港和国际长途干线港,全面加大港口设施建设力度。在新兴的大榭港区,采用中外多方投资和运用民间资本的投资体制,先后与英国等的外资企业,中国石化集团公司、宁波港务局、上海港务局等国有企业和民营企业共同投资开发建设港口,极大加快港区的建设速度。2002 年,基本形成西部为通用码头群,北部为集装箱、液化天然气、液体化工码头群,东部为矿石、煤炭、原油、重油、成品油和液化石油气的储运中转码头群的港区格局。③

---

① 《宁波年鉴》编辑部编:《宁波年鉴 1998》,北京:中华书局,2000 年版,第 99 页。

② 《宁波年鉴》编辑部编:《宁波年鉴 2000》,北京:中华书局,2001 年版,第 110 页。

③ 《宁波年鉴》编委会编:《宁波年鉴 2003》,北京:中华书局,2004 年版,第 93—94 页。

21 世纪以来,北仑港区集装箱吞吐能力快速提升。随着国外重大项目落户该区,滨海新城建设达到高潮,交通设施作为"兴港兴业"的重要条件,被摆在了至关重要的位置。2004 年,329 国道陈华至白峰段及沿海中线北仑段工程已完成工程量的 80%。作为北仑建区以来投资规模最大的交通基础设施工程,该工程全长 42 千米,将成为连接北仑港区、大榭港区、穿山港区、梅山岛港区、象山港区的纽带,是北仑历史上的首条环线。① 在此基础上,北仑港的货物装卸量大幅提升。同年,宁波港北仑矿石码头成功实现全年接卸铁矿 3000 万吨的冲刺目标,成为中国港口第二个具有接卸铁矿 3000 万吨实力的码头,进一步巩固了其长江以南最大的铁矿石中转基地的地位。②

宁波是我国最早探索港区联动工作的城市之一,早在 1996 年,就开始实施保税区和北仑港区的功能联动。经过几年努力,建立了电子通关系统和港区直通通道,使宁波保税区基本实现了"一线放开、二线规范、区内便捷"的管理模式。有关专家认为,争取列入区港联动试点是宁波实施"以港兴市、以市促港"发展战略的重要机遇。③ 成为区港联动试点有助于将宁波建设成长三角地区重要的国际物流

---

① 《十年力争疏通工业动脉:北仑全力构筑高效临港集疏运网络》,《宁波日报》,2004 年 9 月 12 日第 A1 版。

② 《来自宁波港的三个喜人数据:液化品年吞吐量首次突破 300 万吨,北仑矿石码头年接卸铁矿突破 3000 万吨,铁路年到港货物首超 100 万吨》,《宁波日报》,2005 年 1 月 2 日第 A1 版。

③ 《宁波港区联动瞄准国家试点:国际港航产业与现代物流产业联动发展》,《宁波日报》,2004 年 6 月 7 日第 A1 版。

枢纽和浙江省综合物流中心。

2004年8月，宁波被国务院批准为全国8个区港联动试点城市之一，并率先完成区港联动总体规划编制工作。根据规划，宁波将充分发挥港口、区位、交通、经济等综合优势，以口岸管理体制机制创新为动力，以政策平台与信息平台为支撑，促进宁波港和宁波保税区发展模式的全面转型和升级，最终实现把宁波保税物流园区建成按照国际通行惯例运作、以国际物流业务为主、对腹地经济带动作用显著的国际贸易区域。①

同年8月，国务院批准在宁波港四期集装箱港区设立宁波保税物流园区。② 宁波保税物流园区于8月30日试点封关运作，这意味着宁波区港联动正式启动。宁波保税区向自由贸易区转型迈出了坚实的第一步。③

2008年，《宁波-舟山港总体规划》正式通过交通运输部和浙江省政府组织的联合评审。该规划把宁波-舟山港划分为19个港区，包括甬江、镇海、北仑、穿山、大榭、梅山、象山、石浦、定海、老塘山、金塘、马岙、沈家门、六横、高亭、衢山、泗礁、绿华山、洋山。在此基础上，逐步形成三大区块：北仑、金塘、穿山、大榭、梅山、六横和洋山的集装箱运输核心港区和物流园区；镇海、北仑、大榭、老塘山、定海的

---

① 宁波市地方志编纂委员会编：《宁波年鉴2006》，北京：中华书局，2006年版，第111页。

② 《保税物流园区通过封关验收：宁波区港联动谋建东方保税港》，《宁波日报》，2005年8月31日第A1版。

③ 李黎、郑功关宝：《迈出构建保税港的第一步》，《宁波日报》，2005年9月6日。

外贸进口原油转运核心港区;北仑、六横、泗礁和衢山的大宗散货转运核心港区。总体形成满足主要货种运输需求的枢纽港,并依托深水港区发展大型优势产业和成规模的开发区,建立各类物流园区和临港工业区。①

　　也就是在这一年,宁波梅山保税港区集装箱码头项目启动。该工程项目由宁波港股份有限公司和宁波梅山岛开发投资有限公司共同出资建设,是梅山保税港区重要的项目之一,规划建设 5 个 7 万—10 万吨级集装箱泊位,泊位长 1800 米,设计年吞吐集装箱 300 万标箱。② 该工程建成投产后,宁波梅山港码头即具备基本的装卸作业能力,展示出码头的整体形象。"梅山岛面向太平洋,背靠长三角,区位条件优越,港口优势显著,土地资源丰富,腹地经济发达,是建设保税港区的天然良址,极具开发投资价值。……在整个亚太地区港口群中,梅山保税港区位置适中,与釜山、神户、大阪、高雄、香港等港口,构成一个近乎等距离的活动网络,节点优势非常突出。"梅山保税港区管委会原常务副主任施金国认为。③ 正是因为如此优越的区位和地理环境,梅山保税港区可以方便地将外贸与内贸业务有机结合起来,完善中国城市物流配送体系。

---

　　① 徐本梁、李韬:《宁波—舟山港将建成世界顶级货港——总体规划通过部省联合评审》,《宁波日报》,2008 年 7 月 22 日第 A1 版。

　　② 何冬、孙雷、李一:《首批大型桥吊运抵宁波梅山港——3 月中旬可具备营运能力,为保税港区首期封关运作创造必备条件》,《宁波日报》,2010 年 2 月 9 日第 B1 版。

　　③ 朱宇、周峰、朱菊芳:《自由贸易港:一个小岛的世界梦想——写在宁波梅山保税港区一期封关运作之际》,《宁波日报》,2010 年 6 月 30 日第 A5 版。

　　"十二五"期间,宁波–舟山港各港区分工明确,在各项工程建成投产以及港口机械化程度大幅提升的基础上,各港区的港口建设又上了一个台阶。北仑港区多用途码头改造工程基本完工；梅山港区6号至10号集装箱码头等工程开工建设,梅山工作船码头竣工,宁波港域此类码头增至6座；大榭港区宁波大榭中油二期油品码头工程项目试桩开建,项目包括10万吨级、5万吨级、5000吨级油品泊位各1个；梅山进港航道工程、穿山东口水域整治等项目完成前期工作。①

　　2015年初,交通运输部和浙江省政府联合召开的《宁波–舟山港总体规划(2012—2030年)》审查会议传出消息,宁波–舟山港港区重新调整：合并泗礁、绿华山2个港区,新增白泉港区。但整个港区总体上仍然保持"一港、四核、十九区"的空间格局。②

　　2016年4月,国务院批复同意设立舟山江海联运服务中心。浙江省发布《浙江省海洋港口发展"十三五"规划》,明确了宁波舟山港的功能定位、港区建设布局。将对宁波、舟山两港的资产、人员、品牌、管理等各个要素进行深度整合,并将两港的港口综合规划、基础设施建设、重点港区开发、海事航运服务、口岸监管等各个方面集于一体,宁波舟山港将实现实质性的一体化运作。③ 港口一体化,特别

　　① 宁波市人民政府地方志办公室编：《宁波年鉴2017》,宁波：宁波出版社,2017年版,第116页。

　　② 包凌雁、王军、宋兵：《宁波–舟山港合并两港区新增一港区——总体上保持"一港、四核、十九区"的空间格局》,《宁波日报》,2015年2月12日第A1版。

　　③ 周昌林、金曙光、戴东生：《加快建设和发展宁波舟山港》,《宁波日报》,2016年5月26日第A9版。

是港口地区集装箱码头的一体化运营,激发了新的潜力。通过整合集装箱码头的人员、场地、设备等资源,优化了穿山港的生产组织效率,使其成为中国为数不多的拥有千万集装箱产能的集装箱码头之一。2016年,穿山港区完成集装箱吞吐量占全港总箱量的40%以上,其他如北仑港区、梅山港区、金塘港区等集装箱码头,也呈现良好发展势头。

2019年,宁波舟山港梅山港区7号集装箱泊位通过交工验收,比肩全国最大吨级集装箱泊位。宁波舟山港梅山港区6号至10号集装箱码头工程位于穿山半岛南侧,象山湾口北侧,梅山岛的东南侧,紧接梅山1号至5号集装箱码头。宁波市港航管理局负责人介绍,梅山港区6号至10号码头是当时国内等级最高的集装箱码头,将建设2个20万吨级和3个15万吨级集装箱泊位及相应配套设施。建成后,该港区年集装箱吞吐量将超1000万标箱。① 高等级码头的建成投产,为梅山港区的年吞吐量提升提供了物质基础,有利于促进宁波舟山港一体化工作的进行,使其成为现代化国际强港。

宁波舟山港船舶进出港主要通过下直门等5个主要通航闸门,船舶种类齐全,包括客船、危险品船、液化天然气船和集装箱船。此外,还有大量小型船舶和渔船通过,这使得宁波舟山港核心港区主要航道的通航环境变得非常复杂。因此,宁波舟山港核心港区船舶交通组织一体化工作势在必行。为此,海事部门在充分听取港口企业、

---

① 包凌雁、宋兵:《宁波舟山港,梅山港区7号集装箱泊位交工验收》,《宁波日报》,2019年5月4日第A2版。

港航部门、引航调度、货主码头代表意见建议的基础上，先后出台《宁波舟山港核心港区交通组织一体化实施方案》《宁波舟山港核心港区船舶交通组织实施暂行办法》。同时，开发"船舶交通组织服务管理平台"等信息化系统，确保及时接收船舶进出港动态信息、开展船舶交通组织、统一公布船舶动态。① 推进船舶交通组织一体化不仅仅是推动宁波舟山港一体化的需要，更是为了满足相关企业的需求以及群众人民的期望。

2020年新冠疫情期间，宁波舟山港各港口的生产经营在经过短暂的下行后，也恢复了发展势头，甚至更上一层楼。以宁波舟山港梅西滚装码头为例，作为浙江省首个专业化滚装码头，该码头面对生产经营压力，加快推进复工复产，不断加强内部管理。梅西滚装码头充分发挥梅山港区"一体化管理"经营模式优势，在2020年5月创下了开港以来单月新高。② 疫情发生后，宁波舟山港不停工、不停产，充分发挥区位、深水、开放等优势，抓住宝贵机遇，积极打造世界一流强港。

2021年，受新冠疫情的持续影响，不少国家调减国际航线，给跨境电商出口商品的运输带来不利影响。宁波海关充分利用宁波舟山港的航线运力优势，推进义乌跨境电商出口商品由空运、邮路转至海运监管的模式，通过海运口岸开展跨境电商零售出口业务，赋能义乌

---

① 董娜、王晨：《宁波舟山港核心港区，船舶交通组织将实现一体化》，《宁波日报》，2019年11月28日第A8版。

② 董娜、李玉昌、毛姝文：《宁波舟山港梅西滚装码头业务量创新高》，《宁波日报》，2020年6月8日第A2版。

"卖全球"的大格局。宁波海关积极助力义乌打造宁波舟山港"第六港区",推进港口功能和船务资源向义乌前移,进一步提升宁波舟山港"硬核"力量和义乌"世界小商品之都"的强劲动力,取得显著成效。除此之外,从这一年开始,宁波舟山港以梅山港区、金塘港区为试点,大力推进传统码头向智慧化转型,实现了 5G、无人驾驶、人工智能等一批前沿技术在码头的试点应用陆续落地,以及内外智能一体化系统在宁波舟山港域集装箱码头的全覆盖。① 智慧港口的建设进一步为宁波舟山港的建设带来了新动能,为其迎接全球挑战提供了条件。

整体来看,21 世纪 20 年代后,宁波舟山港一体化进程取得了巨大成就。2021 年 9 月 16 日上午,在杭州召开的第四届中国质量大会上,宁波舟山港获得中国质量奖。宁波舟山港货物吞吐量连续 12 年居世界第一,集装箱吞吐量连续 3 年居世界第三,国际枢纽海港地位突出。② 获得该奖项,宁波舟山港实至名归。

在此之后,宁波舟山港将以数字化改革为牵引,加快推进智慧码头建设。随着人工智能、大数据、5G、区块链等技术的发展,智能化程度已经成为衡量港口竞争力的重要指标。2023 年底,宁波舟山港已经拥有全球最大规模远控自动化设备集群,36 台远控桥吊和 110 台轮胎式远控自动化龙门吊全部投入运营,无人集卡与有人集卡鱼贯而行,标志着全球唯一单体超千万箱级混线作业自动化集装箱码头

---

① 俞永均、葛天立:《宁波舟山港半年报为何如此亮眼》,《宁波日报》,2021 年7 月 15 日第 A5 版。

② 俞永均、王嘉彬、王岚、冯瑄:《宁波舟山港捧得港质量奖——系浙江省和中国港口界首次获此殊荣》,《宁波日报》,2021 年 9 月 17 日第 A1 版。

正式"上线"。远控设备的大规模应用，也让司机的作业环境焕然一新，不仅大幅降低了劳动强度，也提升了作业安全性。[1]

四、海铁联动助力共同富裕

1960年5月1日，宁波港正式开办水铁联运。[2] 水铁联运，顾名思义，作为一种多式联运的方式，是水路运输和铁路运输的结合。这是宁波港在开办水水联运之后，在货运业务上的一次巨大飞跃。

水铁联运的开办，须要将铁路以及联运码头的建设提上日程。早在1953年，杭甬铁路就已开始复建，1956年10月通车至庄桥，而后由庄桥车站分道，一线至宁波市客运南站，另一线抵宁波市北，建立白沙货运站，开辟宁波港水铁联运。[3] 而在1957年、1958年，宁波港务局在新建白沙装卸三区时，建了白沙沿港3000吨级泊位2座，也就是联运1号、2号，分别连接了1座150吨级的煤炭码头以及2座500吨级的粮库专用码头。[4]

水铁联运的条件基本满足后，宁波港便于1960年5月1日开始正式开办联运换装业务，月均吞吐量6万吨左右，加陆上转运业务，

---

① 单玉紫枫、王嘉彬、柯薇、夏文杰、凌旻：《科技赋能，宁波舟山港提"智"增效》，《宁波日报》，2023年12月14日第A1版。

② 宁波市地方志编纂委员会编：《宁波市志》（全三册），北京：中华书局，1995年版，第698页。

③ 郑绍昌主编：《宁波港史》，北京：人民交通出版社，1989年版，第421页。

④ 宁波市地方志编纂委员会编：《宁波市志》（全三册），北京：中华书局，1995年版，第698页。

月发、到货量 9 万余吨,其中水上中转物资占 50%。① 在"大跃进"的影响下,宁波港,特别是在白沙第三装卸区开通水铁联运后,港口运力快速增长。1957 年到 1960 年,白沙第三装卸作业区的建成,水铁联运的开辟,港口运力的增长,使宁波港的货物吞吐量在新中国成立后第一次突破百万吨大关。②

20 世纪 60 年代初,随着一段时间"调整、巩固、充实、提高"方针的实施,宁波港的港口生产逐渐开始复苏。1963 年宁波港进出口的农副产品、手工业制品以及部分工业原料增长很快,当时因运力不足,"故一部分水运由上海港换装"③。水铁联运也从此开始活跃起来。陆转水的主要物资有水泥、钢材、肥料、百货、纱布以及进口木材、煤炭等。其流向是温州、台州、舟山等地区,而水转陆的主要物资有坑木、粮食、水产品、稻草、农副产品等。④ 在随后的几年里,港口恢复了活力,加强了管理,设置更加合理,为宁波港的稳步发展奠定了基础。

与"大跃进"时期相比,"文化大革命"对水铁联运的影响更加严重。一方面,"文化大革命"给宁波港的生产带来了巨大的刺激,运输量急剧增加,港口压力巨大。这推动了白沙第三装卸作业区的建设,1967 年 5 月,白沙联运泊位第二期工程 3 号码头开始改造扩建,并于

---

　　① 　宁波市地方志编纂委员会编:《宁波市志》(全三册),北京:中华书局,1995 年版,第 698 页。

　　② 　郑绍昌主编:《宁波港史》,北京:人民交通出版社,1989 年版,第 423 页。

　　③ 　郑绍昌主编:《宁波港史》,北京:人民交通出版社,1989 年版,第 459 页。

　　④ 　郑绍昌主编:《宁波港史》,北京:人民交通出版社,1989 年版,第 459—460 页。

该年5月竣工。① 该工程加快了水铁联运的发展，促进了技术创新和革命运动，并且在一定程度上改变了港口的面貌，提高了机械作业水平，增强了港口的吞吐能力。另一方面，由于"文化大革命"期间思想冒进，在姚江建闸时没有对其进行可行性研究，该项目仓促启动，破坏了甬江入流和出流潮汐的相对平衡，造成了航道严重淤积，使自然形成的良港遭到了严重破坏。与此同时，姚江大坝严重削弱了杭甬运河的运输能力。在之后很长的一段时间内，对宁波港水铁联运的发展产生了消极的影响。1973年，浙江省由上海转运物资334万吨，其中迂回运输240万吨，北煤南运亦大多中转上海。②

在周恩来总理提出"三年内改变港口面貌"之后，宁波港水铁联运又开始蓬勃发展起来。1975年4月，设在奉化的浙江船厂打造出省内首艘1000吨位海货轮。③ 1977年12月，镇海港煤码头简易投产，镇海港货运铁路线建成通车。1978年10月，镇海港万吨级煤炭专用码头竣工，为宁波第一座万吨级码头。④

改革开放后，宁波港开始重新组织江海联运，组织海轮进长江，开辟多地直达航线。为提高物资集散疏运能力，在北仑矿石中转码头建设开始之时，即规划建设北仑—宁波铁路支线。作为萧甬铁路

① 宁波市地方志编纂委员会编：《宁波市志》（全三册），北京：中华书局，1995年版，第699页。

② 宁波市地方志编纂委员会编：《宁波市志》（全三册），北京：中华书局，1995年版，第699页。

③ 宁波市地方志编纂委员会编：《宁波市志》（全三册），北京：中华书局，1995年版，第127页。

④ 宁波市地方志编纂委员会编：《宁波市志》（全三册），北京：中华书局，1995年版，第129页。

的延伸,这段铁路用以接通沪杭线、浙赣线和皖赣线。^①该工程于
1984 年 2 月正式动工,1985 年 12 月 25 日建成,全长 37.2 千米。它
从宁波市南站接轨萧甬线,向东延伸至北仑港区,与港区铁路相衔
接^②,为江海联运的进一步发展提供了条件。

　　1990 年,宁波港货物吞吐量首次位居大陆沿海港口第六位。进
入 20 世纪 90 年代后,宁波港贯彻"以港兴市、以市促港"的发展战
略,港口生产建设呈现出跨越式发展,年货物吞吐量在 1991 年突破
3000 万吨,1992 年突破 4000 万吨,1993 年突破 5000 万吨。随着宁
波港年货物吞吐量逐年攀升,货物运输开始有压力,因此,宁波港开
始大力发展大宗商品港口物流业务,以水水中转、管道运输、江海联
运为主要方式,辅以其他海港集疏运方式,极大缓解了宁波港口货物
中转及运输方面的压力。至 1996 年,宁波港已具有我国沿海四大国
际深水中转港口的功能,吞吐量位居我国港口第三位。^③

　　1996 年,宁波港充分发挥水水中转、水陆中转和江海联运的优
势,发展进口铁矿、原油、煤炭、液体化工产品及其他散杂货的中转业
务,年货物吞吐量达 7638 万吨。^④ 1998 年 12 月 10 日,由宁波港务局
任主任委员单位的中国港口协会疏运与联运委员会在宁波成立。^⑤
该委员会在规范港航市场、吸收推广国内外港口先进的集疏运管理

①　郑绍昌主编:《宁波港史》,北京:人民交通出版社,1989 年版,第 536 页。
②　郑绍昌主编:《宁波港史》,北京:人民交通出版社,1989 年版,第 573 页。
③　宁波年鉴编辑部编:《宁波年鉴 1997》,北京:中华书局,1999 年版,第 45 页。
④　宁波年鉴编辑部编:《宁波年鉴 1997》,北京:中华书局,1999 年版,第 102 页。
⑤　宁波年鉴编辑部编:《宁波年鉴 1999》,北京:中华书局,2000 年版,第 54 页。

经验和模式等方面具有一定的积极作用。

1999 年 5 月 31 日,《长江中下游远洋国际集装箱江海联运到北仑港中转的策略和实施方案研究》通过省级评审。根据组合港的远洋国际集装箱中转枢纽港的功能定位,长江中下游远洋国际集装箱江海联运到北仑港中转方式的实施,是拓展箱源腹地重要且有效的突破口。① 在此后,宁波港继续以集装箱运输为重点,发展深水岸线,进一步优化港口布局和配套设施,完善港口功能,不断提高吞吐能力。

整个"九五"期间,北仑港区开通集装箱"海铁"联运业务,吸引金华、义乌及江西等地的集装箱通过铁路到宁波港中转,全港集装箱运输步入了快车道,集装箱运量年均以 40％ 的速度递增。至2001 年,宁波港获大陆沿海集装箱港口"作业效率""综合服务""集疏运条件""科技管理"等 4 个优秀集装箱港口奖。② 2003 年 10 月27 日,33 个国际集装箱从温州铁路西站出发,经过火车、集装箱卡车衔接运输后,在宁波港北仑第二集装箱有限公司装上驶往欧洲的干线班轮,从而标志着多式联运这种运输方式正式"登陆"宁波港。③ 宁波港铁路充分发挥港口铁路运输大动脉的优势,积极开展海铁联运,2003 年上半年货运量首次突破 500 万吨大关,达到 542

① 《宁波年鉴》编辑部编:《宁波年鉴 2000》,北京:中华书局,2001 年版,第 109 页。
② 宁波市地方志编纂委员会编:《宁波年鉴 2002》,北京:中华书局,2003 年版,第 88 页。
③ 吴俊琦、周波:《多式联运登陆宁波港:首批 33 个集装箱经联运发往欧洲》,《宁波日报》,2003 年 11 月 2 日第 A1 版。

万吨,同比增长 21.2%,成为宁波港在大陆港口竞争中抢占先机的新增长点。①

宁波港将多式联运作为现代物流运输方式,拓展了集装箱运输服务的新领域,使宁波港能够依托铁路在长途运输方面的优势,逐步将集装箱腹地扩展到江西、四川等内陆省份,吸引内陆省份通过宁波港出口集装箱。"十五"期间,港口集疏运网络日益完善,已形成高速公路、铁路、航空和江海联运,水水中转等全方位立体型的集疏运网络。沪—杭—甬(北仑)高速公路、甬—台—温高速公路、甬—金高速公路均已全线通车,辐射状高速公路网初步形成;杭州湾大桥通车后,宁波至上海的车程时间可缩短为 2 小时,对充分发挥北仑港区的深水优势,实现甬沪之间的优势互补和良性互动具有重要意义。港区铁路直达码头前沿,经萧甬复线与全国铁路网相连;北仑港区铁路集装箱站还开办海铁集装箱联运业务。国内省市通过铁路到宁波港进行转口贸易十分便捷,港口功能进一步向内陆腹地拓展。水水中转向内可连接沿海各港口,通过江海联运,货物可直达武汉、重庆,并沟通长江、京杭大运河,直接覆盖整个华东及经济发达的长江流域。②

经多年建设,宁波-舟山港基本形成高速公路、铁路、航空和江海联运,水水中转等全方位立体型的集疏运网络。2006 年 5 月,成功开

---

① 《首次突破 500 万吨:宁波港半年铁路货运量》,《宁波日报》,2003 年 7 月 4 日第 A2 版。

② 宁波市地方志编纂委员会编:《宁波年鉴 2006》,北京:中华书局,2006 年版,第 107—108 页。

通北京至宁波-舟山港的集装箱海铁联运业务。同年9月,开辟义乌至宁波-舟山港集装箱海铁联运专线等。这一年,通过港口铁路集疏的集装箱达536标箱,其中海铁联运箱为366标箱,年增长率为139%。[①] 至2008年,随着杭州湾跨海大桥的建成,宁波-舟山港与上海港陆路距离大大缩短,从而形成长江出海口江海联运T字形的黄金海岸,组成中国乃至世界最大的港口群。[②] 2009年,宁波港股份有限公司和上海铁路局于2月17日签署了战略合作协议,充分发挥港口和铁路交通互补的综合优势,实现港口与铁路全方位合作,共同推进集装箱海铁联运业务的快速发展。[③] 同年,宁波港股份有限公司还与中铁联合国际集装箱有限公司签约成立了中铁联合国际集装箱宁波北仑有限公司,并在此基础上开通了宁波—义乌集装箱班列。[④] 除此之外,在班列开通方面,宁波-舟山港取得了显著的进展。2009年初以来,宁波港集团开通了宁波到义乌、衢州,江西上饶、鹰潭等地的集装箱海铁联运班列,打造浙赣线1000千米物流大通道,推进与重庆周边地区的物流合作。9月份,公司首次开通了南昌、株洲到宁波港的海铁联运业务。1月至9月,宁波港集装箱海

---

① 宁波市地方志编纂委员会编:《宁波年鉴2007》,北京:中华书局,2007年版,第159—161页。

② 《宁波-舟山港将建成世界顶级货港——总体规划通过部省联合评审》,《宁波日报》,2008年7月22日第A1版。

③ 徐本梁、周波:《宁波港与上海铁路局签署战略合作协议》,《宁波日报》,2009年2月20日第A5版。

④ 张伟方、包凌雁:《宁波港集团:万众一心建强港》,《宁波日报》,2009年5月4日第A3版。

铁联运完成近 900 标准箱。① 2010 年 1 月 14 日,上海铁路局、宁波港股份有限公司、中铁集装箱运输有限责任公司联手推出甬温海铁集装箱班列。2 月 2 日,宁波—江西南昌海铁联运集装箱临时班列开通。②

2009 年到 2010 年,宁波-舟山港在国际市场受到金融危机而产生动荡的背景下,抓住国家扩大内需的机遇,大力发展内贸集装箱运输,使得港口集装箱吞吐量在之后几年迅速回升。至 2010 年底,宁波口岸完成集装箱海铁联运 28139 标箱,其中甬温快线完成 23060 标箱,浙赣线完成 5077 标箱,西安线完成 2 标箱。③ 2011 年,全年完成海铁联运箱量为 4.7 万标箱,同比增长 67.0%。铁水联运业务开通上饶—宁波集装箱"五定"班列和台州—宁波集装箱海铁联运班列,宁波至华东地区的铁水联运通道被列为全国首批示范项目。集装箱本地箱与中转箱齐头并进。全年本地外贸出口箱超 490 万标箱,增长 11.0% 以上;完成内贸箱吞吐量 132 万标箱,增长 20.0%。国际国内中转势头较好,完成水水中转箱量 240 万标箱,增长 16.5%。④

宁波市政府第 120 次常务会议在 2012 年 2 月 15 日召开,市长刘奇主持,听取关于调整加快宁波-舟山港海铁联运发展若干扶持政策有关情况的汇报。会议决定对原有扶持政策做出以下调整:

---

① 包凌雁、周波:《宁波港缘何能快速走出低谷》,《宁波日报》,2009 年 11 月 20 日第 A1 版。

② 《宁波年鉴》编辑部编:《宁波年鉴 2011》,北京:中华书局,2011 年版,第 182 页。

③ 《宁波年鉴》编辑部编:《宁波年鉴 2011》,北京:中华书局,2011 年版,第 207—208 页。

④ 《宁波年鉴》编辑部编:《宁波年鉴 2012》,北京:中华书局,2012 年版,第 187—188 页。

取消对散杂货海铁联运增量的补助,鼓励散杂货运输以水水中转为主;提高资助对象的资格条件,适当提高资助的起步门槛;调整铁路不同运输距离的资助标准,对远距离运输予以政策倾斜,吸引中西部到宁波集装箱海铁联运业务;按照年限确定"五定"班列资助比例;对每条新开通浙江省外至宁波港铁路港站"五定"班列且经营三年以上、达到一定箱量的给予奖励,鼓励企业长期发展;对同一市域内不同时间开行至宁波的海铁联运业务,实行相同的补助额度,避免同一市域海铁联运企业同质化恶性竞争;调整铁路港站与码头间的集装箱驳运资助金额等。①

按照以上政策,2013 年,宁波-舟山港铁水联运班列业务得到空前发展。9 月 10 日,装载着 42 组车皮 82 个标箱的出口集装箱专列从衢州东站出发,标志着衢州—宁波港域集装箱海铁快运班列正式开通。9 月 15 日,西安—宁波港域铁水联运专列正式开行,推动宁波港域至西北的铁水联运物流通道建设。12 月 13 日,首批新疆—宁波港域铁水联运集装箱开始装运,标志着新疆—宁波港域铁水联运业务启动,宁波港域至西北地区的铁水联运覆盖陕西、甘肃、新疆 3 个省(自治区)。12 月 19 日,一列满载国际集装箱的班列从襄阳火车站货场出发,开往宁波北仑港站,标志着襄阳—宁波港域集装箱铁水联

---

① 《加大扶持海铁联运力度,推进打造国际强港战略》,《宁波日报》,2012 年 2 月 16 日第 A1 版。

运班列正式开通。① 因此,尽管这一年全球经济增速放缓,但随着宁波港海铁联运班列的大量开通,各地区对外开放"走出去"仍然保持着缓慢增长的趋势。

"十二五"期间,宁波-舟山港港口运输实现了新突破。截至 2014年 6 月 5 日,宁波港海铁联运箱量首破 5 万标箱,同比增长超20.0%,成为海铁联运南方第一大港。② 2015 全年完成海铁联运箱量达 17.05 万标箱,比上年增长 26.2%,散杂货运输 2010 万吨。新开通合肥、兰溪等班列,累计开通海铁联运城市 20 个。这一规划时期,宁波舟山港集装箱海铁联运量增幅超过 600%,居全国 6 个示范通道首位,水水中转比例为 23.0%。③ 不仅如此,2015 年宁波以发展海铁联运为主要抓手,加快推进多式联运国际枢纽港建设,积极拓展省外乃至境外市场,以积极融入和服务"一带一路"、长江经济带建设,实现铁路、港口、海关无缝衔接、高效运作、互利共赢。④ 2016 年,宁波舟山港海铁联运箱量稳步上升。全年完成宁波集装箱海铁联运箱量 25.04 万标箱,增长 46.9%,占港口集装箱吞吐量比重由2009 年的 0.02% 提至 2016 年的 1.20%。开通的海铁联运城市有

_____

① 宁波市地方志编纂委员会编:《宁波年鉴 2014》,北京:中华书局,2014 年版,第 211 页。

② 包凌雁、胡泽波、诸葛煦:《宁波港成南方海铁联运第一大港——今年前 5个月港口集装箱吞吐量同比增 12.1%,增幅列我国大陆主要港口首位》,《宁波日报》,2014 年 6 月 15 日第 A1 版。

③ 宁波市人民政府地方志办公室编:《宁波年鉴 2016》,宁波:宁波出版社,2016 年版,第 83—84 页。

④ 张燕、包凌雁、宋兵:《宁波打造多式联运国际枢纽港——铁路港口海关无缝衔接、高效运作》,《宁波日报》,2015 年 4 月 8 日第 A1 版。

26个,新增8个,包括浙江的萧山、长兴,安徽的阜阳、淮南,湖北的十堰,河南的三门峡,湖南的醴陵、衡阳。正常运行班列线路10条,其中新增2条,"天天班"线路增至7条。实际从事海铁联运业务的各类企业超过200家。[①]

作为发展最快的业务之一,宁波舟山港海铁联运将其触角不断向中国中西部地区延伸,让更多内陆城市加入宁波舟山港的"朋友圈"。2017年以来,宁波-舟山港不断完善海铁联运业务网和服务网,相继与安徽铜陵、阜阳,湖南醴陵等地政府签订了战略合作协议,并与区域货运中心签订合作协议,沿"丝绸之路经济带"布置海铁联运业务点。截至2017年底,宁波-舟山港集装箱海铁联运业务已辐射至10个省、市、自治区,提供海铁联运服务的地级市达到25个,基本形成了南北2条线同步发展的格局。其中,北线经宣杭线,至安徽合肥、湖北襄阳、陕西西安、甘肃兰州,深入西北腹地;南线经浙赣线,至湖南长沙、醴陵,四川成都、重庆,深入西南腹地。另外,通过"铁海铁"模式,宁波-舟山港开辟了东北—华东地区的海铁联运物流通道。[②]

2018年,宁波舟山港海铁联运业务发展态势良好。宁波舟山港通过积极打造"一带一路"最佳联结点,加强运营合作,抢抓货源组织,带动海陆双向集装箱吞吐量持续增长。这一年,宁波舟山港全

① 宁波市人民政府地方志办公室编:《宁波年鉴2017》,宁波:宁波出版社,2017年版,第116页。

② 俞永均、郑少彧:《宁波舟山港新增6条轨道线——今年海铁联运箱量预计为35万标箱》,《宁波日报》,2017年11月29日第A5版。

面推进海铁联运信息化建设,不断提升铁路北仑港区站作业能力,新开通重庆—宁波海铁联运班列。[1] 此外,"义乌—宁波舟山港"海铁联运班列单月完成业务量超 1 万标箱,成为全国最大的海铁联运外贸班列。[2] 1 月至 11 月,宁波舟山港共完成海铁联运业务量 54.5 万标箱,同比增长 49.36%。[3] 到"十三五"规划末期,宁波舟山港海铁联运业务已经辐射至全国 15 个省市自治区的 56 个地级市。2020 年底,集装箱海铁联运业务量首次突破 100 万标箱,同比增长 24.2%。[4]

2021 年 7 月,"以星号"海铁联运专列从义乌西站出发,来到宁波舟山港。这条专列是宁波舟山港首条出口跨境电商海铁联运专列,实现了海铁联运跨境电商专列与船公司跨境电商航运快线的无缝衔接,为义乌跨境电商出口商品开辟了一条新的多式联运快速通道。[5] 与此同时,宁波舟山港成功开行晋浙海铁联运班列,搭建西安国际港—宁波舟山港陆海联运大通道,加密渝甬、蓉甬等多条班列,并联手地中海航运、中远海运、达飞轮船等开通多条船公司专列。[6] 到年

①　俞永均、黄啸、李攀高:《宁波舟山港半年实现货物吞吐 5.5 亿吨》,《宁波日报》,2018 年 7 月 11 日第 A1 版。

②　俞永均、黄建锋:《宁波舟山港集装箱量超 2000 万标箱——"义乌—宁波舟山港"海铁联运班列单月业务量破万箱》,《宁波日报》,2018 年 9 月 29 日第 A1 版。

③　俞永均、洪宇翔:《宁波舟山港年集装箱吞吐量首次突破 2500 万标箱》,《宁波日报》,2018 年 12 月 11 日第 A1 版。

④　俞永均、葛天立、汤健凯:《2872 万标箱,同比增长 4.3%——宁波舟山港 2020 年集装箱吞吐量继续位列全球第三》,《宁波日报》,2021 年 1 月 23 日第 A1 版。

⑤　孙佳丽、胡峰:《宁波舟山港首条出口跨境电商海铁联运专列成功开行》,《宁波日报》,2021 年 7 月 9 日第 A2 版。

⑥　俞永均、葛天立:《宁波舟山港半年报为何如此亮眼》,《宁波日报》,2021 年 7 月 15 日第 A5 版。

底,宁波舟山港海铁联运业务已辐射全国 16 个省(自治区、直辖市) 61 个地级市。①

随着港口发展及业务创新的需要,宁波舟山港开始积极创新海铁联运运输模式。2021 年,开行"宁波北—宁波舟山港"海铁联运疏港专列,进一步完善海铁联运短途集疏港功能,大幅缓解社会道路拥堵和本地企业因港外仓储资源紧缺而造成的"落箱难、成本高"等难题。② 2022 年,宁波舟山港将数字化改革和智慧港口建设等成果运用起来,截至年底,海铁联运班列覆盖 16 个省市(自治区)、63 个地级市。③

2023 年,宁波舟山港口的多式联运体系不断健全,做优海铁、江海、海河等多式联运,不断织密集疏运特色网络。其中,海铁联运班列线路增至 25 条,业务已辐射 16 个省(自治区、直辖市)的 65 个地级市;海河联运 64 标箱集装箱船舶在浙北及长三角地区互联互通运行;"义新欧"中欧班列金东平台累计开行的中欧班列突破 2000 列;"四港"联动智慧物流云平台注册企业用户达 1.08 万家。④

宁波舟山港海铁联运业务开展得如火如荼,海铁联运辐射范围

———————

① 俞永均、葛天立:《宁波舟山港集装箱量已超去年全年——截至昨日 14 时 29 分,吞吐量为 2873 万标准箱》,《宁波日报》,2021 年 11 月 27 日第 A1 版。

② 张燕、余明霞、徐国飞:《100.6 万标准箱!——宁波舟山港集装箱海铁联运业务量已超去年全年》,《宁波日报》,2021 年 11 月 7 日第 A2 版。

③ 孙耀楠、张春筑、俞永均:《宁波舟山港年箱量再超 3000 万标箱——比去年提前 33 天》,《宁波日报》,2022 年 11 月 17 日第 A10 版。

④ 孙佳丽、夏文杰、朱晓文:《宁波舟山港有望继续领跑全球》,《宁波日报》,2024 年 1 月 12 日第 A1 版。

与之前相比也有了质的飞跃,参与这项业务的地区和企业也越来越多,这意味着海铁联运业务已经成为宁波舟山港港口生产经营至关重要的一部分。这一局面不仅有利于宁波舟山港获得更多的经济效益,更有助于国内外参与这一业务的国家、地区及企业进行相关交流,促进共同发展。

第四章
东方大港的对外交流

　　宁波港作为中国大运河的入海口、海上丝绸之路的起点，资源和地理位置得天独厚，东西方文明在这里碰撞。人员往来、物产移植、衣食住行、婚丧嫁娶等风俗习惯，在这里相互影响，思想、宗教、文学、艺术等在这里传播。中共十一届三中全会后，宁波港随即对外开放。在这个经济全球化和区域集团化日益加深的时代，加强中外交流成为中国式现代化建设的一个不可或缺的环节，宁波港作为对外交流的大港，从古至今，都发挥着不可或缺的作用，且在浙江乃至中国的未来建设中将发挥越来越重要的作用。

一、宁波港与亚洲国家的交流

　　新中国成立以后，宁波与亚洲国家的外事往来主要还是从宁波港对外开放开始的。1978 年开始，中国实施改革开放战略，宁波港成为中国对外交流的一个通道。1979 年 6 月 1 日，宁波港正式对外开

放。1981 年 9 月 11 日,北仑港区、镇海港区对外轮开放。①

宁波港对外开放当年,即通航日本。1979 年 8 月 16 日,兰江轮满载石脑油自宁波首航日本大阪,航程 820 海里。② 1979 年 8 月 22 日,宁波港对外开放后首艘外轮日籍"湖山丸"抵港。③ 1979 年 12 月,3000 吨级货轮"灵江号"装载杂货抵日本。④ 而在几个月前,1979 年的 2 月 13 日,中国外轮理货总公司宁波分公司就已正式成立。⑤ 1979 年 6 月开放后,进宁波港区的第一艘由宁波港代理的外轮于 8 月 22 日由舟山装载冻黄鱼 156.47 吨运往日本。⑥ 1980 年 8 月 16 日,浙江省自营的第一艘远洋油轮"兰江号"起碇宁波港,首航日本。⑦

2 年后宁波港至朝鲜通航。1981 年 7 月,4600 吨级北安轮首次装运朝鲜水泥来宁波港,标志着宁波至朝鲜航线重开。⑧ 除此之外,

————————

① 宁波市地方志编纂委员会编:《宁波市志》(全三册),北京:中华书局,1995 年版,第 130 页。

② 宁波市地方志编纂委员会编:《宁波市志》(全三册),北京:中华书局,1995 年版,第 701 页。

③ 宁波市地方志编纂委员会编:《宁波市志》(全三册),北京:中华书局,1995 年版,第 130 页。

④ 宁波市地方志编纂委员会编:《宁波市志》(全三册),北京:中华书局,1995 年版,第 701 页。

⑤ 宁波市地方志编纂委员会编:《宁波市志》(全三册),北京:中华书局,1995 年版,第 743 页。

⑥ 宁波市地方志编纂委员会编:《宁波市志》(全三册),北京:中华书局,1995 年版,第 701 页。

⑦ 宁波市地方志编纂委员会编:《宁波市志》(全三册),北京:中华书局,1995 年版,第 131 页。

⑧ 宁波市地方志编纂委员会编:《宁波市志》(全三册),北京:中华书局,1995 年版,第 132 页。

1981 年重新实行江海联运后,宁波港开始组织海轮进长江。"北仑号"驳油平台以大吨位船舶中转长江下游仪征港出口的胜利油田原油,运往日本、美国、巴西、新加坡等地。1984 年 7 月 27 日,日本籍"凤隆丸"轮来宁波港,装运液化石油气 1204.7 吨,驶往泰国港口,为首次出运液化石油气。① 1987 年 12 月 28 日,宁波至日本神户港的全集装箱定期班轮通航,由中国远洋运输总公司浙江省分公司衢江轮首航,不再中转香港,缩短运线。② 年吞吐 5253 个标箱,计 3.7 万重量吨,分别比 1984 年增长 8.6 倍、22 倍。③

在与日本、朝鲜等亚洲国家的外贸往来逐年增加后,宁波港开始扩大外贸往来范围。1988 年 1 月 19 日,浙冷 3 号轮起锚首航马来西亚巴生港,此为宁波商轮首次航行东南亚航线。④ 1989 年 5 月 23 日,海菲斯轮载皮棉 0.7 吨,起运巴基斯坦,到达镇海港区 5 号泊位,首次直接进口皮棉。1990 年 3 月 13 日,大金川轮在镇海港区 5 号泊位装载 1 万吨袋装水泥,次日驶往马尼拉,首次出口水泥。⑤

宁波港的国际货运线在东南亚地区得以开发,使其国际地位得

① 宁波市地方志编纂委员会编:《宁波市志》(全三册),北京:中华书局,1995年版,第 700—701 页。
② 宁波市地方志编纂委员会编:《宁波市志》(全三册),北京:中华书局,1995年版,第 701 页。
③ 宁波市地方志编纂委员会编:《宁波市志》(全三册),北京:中华书局,1995年版,第 702 页。
④ 宁波市地方志编纂委员会编:《宁波市志》(全三册),北京:中华书局,1995年版,第 143 页。
⑤ 宁波市地方志编纂委员会编:《宁波市志》(全三册),北京:中华书局,1995年版,第 701 页。

到极大的提升。并且由于宁波港在国际航线当中的特殊地位,1990年交通部将宁波港列为全国四大国际深水中转港之一。① 与此同时,宁波港国际集装箱班列又有新增。1990 年 4 月 18 日,宁波港开通至日本横滨的国际集装箱航线,跨入国内沿海十大国际集装箱运输港口行列。② 另外,宁波港首次建造 3.5 万吨级国际第三代集装箱码头,全港吞吐量增至 2.2 万标箱。③ 1994 年 3 月 1 日,宁波—日本神户—美国国际集装箱(周期)班轮航线开通。④ 1996 年 2 月,宁波市外商投资企业协会日商俱乐部在兴洋浙东(宁波)毛毯有限公司正式成立。该俱乐部作为外商投资企业协会下属的一个分支机构,是非独立的日本人联谊组织。会员主要是常驻宁波的日本人。该俱乐部遵守宁波市外商投资企业协会的宗旨,通过会员间友好和睦交往,促进会员因公或因私活动的顺利进行,并致力于发展中日经济和增进中日友好关系。⑤

在此基础上,中日之间的外贸合作与经济往来逐渐频繁起来。首先体现在国际集装箱班列开设方面。1996 年 2 月 14 日,宁波海运总公司"明州 22 号"轮首航日本横滨、名古屋。该轮为我国第一艘风

---

① 宁波市地方志编纂委员会编:《宁波市志》(全三册),北京:中华书局,1995年版,第 701 页。
② 宁波市地方志编纂委员会编:《宁波市志》(全三册),北京:中华书局,1995年版,第 146 页。
③ 宁波市地方志编纂委员会编:《宁波市志》(全三册),北京:中华书局,1995年版,第 702 页。
④ 宁波市地方志编纂委员会编:《宁波市志》(全三册),北京:中华书局,1995年版,第 157 页。
⑤ 宁波年鉴编辑部编:《宁波年鉴 1997》,北京:中华书局,1999 年版,第 121 页。

帆助航集装箱轮。① 3 月 15 日,宁波镇海经上海至日本清水国际集装箱班轮开通。② 5 月 7 日,7200 吨级全集装箱远洋货船——"明州 12 号"轮首航日本,投入宁波至日本门司、大阪、神户定期班轮航线。③ 1998 年 9 月 25 日,韩国京汉海运有限公司"苏达号"集装箱轮驶离北仑港集装箱码头,前往韩国釜山港,这是宁波至釜山的第一条直达集装箱班轮航线。④ 该航线不仅可接收釜山至宁波的直达货物,还可实现釜山至美国、加拿大、澳大利亚等地的集装箱转运,为宁波港的外贸货物提供了一条新的便捷运输通道。

在地方政府友好交流方面,1996 年 4 月 13—19 日,以日本长冈京市友好交流协会会长宫崎正夫为团长的长冈京市市民友好访问团来甬访问。⑤ 10 月 6 日,以日本群马县伊势崎市市长高桥基树为团长的佐伯地区友好访问团来甬考察访问,并与镇海区签署《镇海区—伊势崎佐伯地区友好交流备忘录》。22 日,以日本静冈县土木部部长山田功为团长、清水市市长宫城岛弘为副团长的清水港利用促进访华团来甬考察访问。⑥

除了日本,宁波与其他亚洲国家的经济交流也在逐渐增多。1996 年 3 月 25 日,中外合资宁波金光粮油码头有限公司签约成立,

---

① 宁波年鉴编辑部编:《宁波年鉴 1997》,北京:中华书局,1999 年版,第 35 页。
② 宁波年鉴编辑部编:《宁波年鉴 1997》,北京:中华书局,1999 年版,第 36 页。
③ 宁波年鉴编辑部编:《宁波年鉴 1997》,北京:中华书局,1999 年版,第 37 页。
④ 《宁波市地方志》编纂委员会编:《宁波年鉴 1999》,北京:中华书局,2000 年版,第 55—56 页。
⑤ 宁波年鉴编辑部编:《宁波年鉴 1997》,北京:中华书局,1999 年版,第 37 页。
⑥ 宁波年鉴编辑部编:《宁波年鉴 1997》,北京:中华书局,1999 年版,第 41 页。

印尼金光集团农业部董事长黄永年来甬出席签字仪式。① 5 月 31 日，新加坡宁波同乡会会长、三江会馆主席水铭漳来甬访问，亚洲-太平洋通讯社组织驻京记者团一行抵甬参观访问。② 1998 年 9 月 9 日，从伊朗出发的巴哈马籍超级大型油轮"莫斯金号"（MOSKING），在宁波海监局巡逻艇的全程护航下，顺利通过虾峙门航道，成功靠泊北仑港 25 万吨级原油码头。作为当时世界上最大的油轮之一，该轮也是当时靠泊我国沿海港口最大吨位的营运船舶。③ 到此为止，宁波港已经多次创下国内港口接卸超大型船舶的新纪录。

1999 年 6 月，宁波港开通直达俄罗斯的国际集装箱联运列车。随着联运列车的开通，浙江省内出口企业可以就地报关，就地起运，既降低生产成本，又提高作业效率，有力地促进了外贸出口业务的发展。同时，宁波港也可利用深水良港优势，吸引其他国家的货物通过海铁联运，运往俄罗斯、哈萨克斯坦、吉尔吉斯斯坦、乌兹别克斯坦、塔吉克斯坦等国家。④ 此类联运模式的集装箱列车为宁波港货物中转开辟了新的道路，极大地提升了宁波港货物运输效率。

到 2000 年，宁波港已经成为我国沿海功能最齐全、装卸品种最多的液化品贮存和中转基地，可接卸醇、酮类近 60 个品种，被境外媒体评为与韩国釜山港、新加坡港和荷兰鹿特丹港齐名的世界级液化

---

① 宁波年鉴编辑部编：《宁波年鉴 1997》，北京：中华书局，1999 年版，第 36 页。
② 宁波年鉴编辑部编：《宁波年鉴 1997》，北京：中华书局，1999 年版，第 37 页。
③ 《宁波市地方志》编纂委员会编：《宁波年鉴 1999》，北京：中华书局，2000 年版，第 53 页。
④ 《宁波年鉴》编辑部编：《宁波年鉴 2000》，北京：中华书局，2001 年版，第 116 页。

品吞吐大港。同时，中东、东南亚地区的原油也源源不断通过宁波港输送到全国各地的大中型炼油企业。①

2000 年 4 月 22 日，新加坡太平洋船务有限公司开通宁波至新加坡、菲律宾和马来西亚的东南亚集装箱周班航线。同年 5 月 26 日，中国海运集团开通宁波至日本集装箱直达的特快班轮航线。至此，由中海集团开辟的宁波至日本关东、宁波至日本关西和宁波至日本九州地区的 3 条集装箱班轮航线，共投入 4 艘集装箱船，沿途停靠日本的大阪、神户、东京、横滨、名古屋等。② 2000 年 8 月 26 日，宁波至中东的"波斯湾快航"国际集装箱班轮运输干线正式开通。③

2002 年，宁波港新添 2 条至东南亚的航线。12 月 21 日，舱容为 1504 个标箱的"诺曼角轮"首航宁波北仑国际集装箱码头，这是以星轮船与高丽海运 2 家船公司合作开辟的宁波至东南亚航线，共投入 3 艘全集装箱船，航行于上海、宁波、香港、基隆、帕西古当、盐田等港口之间。至此，宁波北仑国际集装箱码头有限公司已拥有 3 条东南亚集装箱航线。④

2003 年是宁波港至亚洲各国航线开通更进一步的一年。4 月，宁波港就新增 3 条往来日本、东南亚的航线。4 月 7 日，日本神原汽

---

① 《宁波年鉴》编纂委员会编：《宁波年鉴 2001》，北京：中华书局，2002 年版，第 91—92 页。

② 《宁波年鉴》编纂委员会编：《宁波年鉴 2001》，北京：中华书局，2002 年版，第 97 页。

③ 《宁波年鉴》编纂委员会编：《宁波年鉴 2001》，北京：中华书局，2002 年版，第 23 页。

④ 《宁波年鉴》编委会编：《宁波年鉴 2003》，北京：中华书局，2004 年版，第 96 页。

船船务公司所属"第一天社丸轮"首航宁波港，这是宁波港到日本的第十一条集装箱航线。12日，中国台湾阳明海运股份有限公司所属的"阳明名古屋轮"首航北仑港，装卸229个集装箱后驶离，表明阳明、长荣合作经营的东南亚航线正式开通。18日，伟大联盟成员东方海外货柜航运有限公司的"东方贤能轮"首次靠泊宁波港。这也是宁波港开辟的第六条东南亚航线。5月20日，"玛格丽特轮"首航宁波北仑国际集装箱码头，这是泛洲海运公司开辟的一条宁波至韩国釜山、日本的新周班航线。8月23日，"向秀轮"首航宁波北仑国际集装箱码头，这是上海天海海运有限公司推出的一条宁波至日本的新周班航线。①

2004年2月22日，由北欧亚航运、以星轮船和中海集运3家船公司联合开辟的首条环球国际集装箱航线正式开通。② 5月31日，宁波北仑国际集装箱码头新辟中东集装箱干线一条。③ 至此，宁波港集装箱运输航线已突破100条，进一步显现了宁波港建设成为远洋集装箱枢纽港的潜力。④ 宁波港向外辐射的脚步没有停歇，宁波已成为全国口岸最具活力的重要城市之一，并被确定为全省口岸建设的2个重点区域之一。在这一年里，宁波港本着加强交流、增进了解、互

---

① 宁波市地方志编纂委员会编：《宁波年鉴2004》，北京：中华书局，2005年版，第118页。

② 宁波市地方志编纂委员会编：《宁波年鉴2005》，北京：中华书局，2005年版，第18页。

③ 宁波市地方志编纂委员会编：《宁波年鉴2005》，北京：中华书局，2005年版，第115页。

④ 《宁波港集装箱航线突破100条：远洋干线增至38条，平均每天4至5个干线班轮出港》，《宁波日报》，2004年3月2日第1版。

相合作、共同提高的宗旨,与 4 个港口签署友好港协议,缔结友好港口关系,包括 3 月 25 日与厦门港,6 月 9 日与马来西亚巴生港,12 月 15 日与韩国蔚山港签订协议。① 与此同时,9 月 15 日,大连—宁波—新加坡航线举行首航仪式,该航线是第一条中转宁波的国际航线。②

2005 年,宁波港开通日本航线及东南亚航线各 3 条,分别是:1 月 26 日,宁波北仑国际集装箱码头有限公司(NBCT)增辟第二条至日本关东的航线;4 月 7 日,中远集团和烟台海运合作开辟宁波至日本关东航线,这是烟台海运在宁波港开辟的首条航线;11 月 26 日,宁波北仑国际集装箱码头有限公司新辟一条至日本关西的航线;8 月 24 日,宁波大榭招商国际码头开通首条集装箱班轮航线——东南亚航线,标志着大榭招商国际码头开港;12 月 4 日和 5 日,宁波港北仑第二集装箱有限公司新开通 2 条东南亚航线。③ 这一年中,宁波港依托港口深水优势和区位优势,以及浙江省和宁波市经济和外贸的快速发展,积极开拓国内国外市场,实行"以航线吸货源,以货源促航线"的方针,大力开辟航线,拓展航线的覆盖面,增加主要航区的航班密度。至年底,宁波港集装箱航线总数达 147 条,其中远洋干线 69 条,干线在航线中的比重大大高于国内同类港口。基本构成以欧洲、北美、中东为骨干航线,以南美洲、大洋洲、非洲等为辅助的远洋干线

---

① 宁波市地方志编纂委员会编:《宁波年鉴 2005》,北京:中华书局,2005 年版,第 110 页。

② 宁波市地方志编纂委员会编:《宁波年鉴 2005》,北京:中华书局,2005 年版,第 115 页。

③ 宁波市地方志编纂委员会编:《宁波年鉴 2006》,北京:中华书局,2006 年版,第 118—119 页。

网络,并形成以东南亚、日本、韩国等近洋支线为支撑,以国内支线为补充的运输体系,实现集装箱航线"全球通"。

2006年3月19日,宁波港吉码头经营有限公司开辟至东南亚的海运航线。该航线由地中海航运公司的"费迪卡""丹尼斯""杰西卡"3条集装箱船承担运输任务。同年4月5日,大型集装箱船"立忠轮"靠泊宁波港北仑第二集装箱有限公司码头,标志着又一条南亚航线开通。① 到这一年的5月下旬,从阳明海运的美西线、中东线和欧洲线,到烟台海运的东南亚线、日本关西线和九州线等国际海运航线全部调整到位。② 这为宁波-舟山港后续"全球通"运输体系的发展提供了条件。

2007年,宁波港集团继续将集装箱运输作为港口发展的重点,专注于国际转运业务,航线量不断增加,航班密度不断提高。1月5日,商船三井(中国)有限公司的"协定号轮"靠泊北仑第二集装箱有限公司码头,宁波-舟山港至新加坡周班航线开通。7月22日,连接地中海、亚洲和美西的钟摆式贸易航线从大榭招商国际码头投入首航运营,大大节省了贸易时间。③

随着港口国际合作取得新进展,宁波作为国际港口城市在区域事务中发挥着越来越重要的作用。2008年,宁波-舟山港利用在甬召

---

① 宁波市地方志编纂委员会编:《宁波年鉴2007》,北京:中华书局,2007年版,第166页。

② 宁波市地方志编纂委员会编:《宁波年鉴2007》,北京:中华书局,2007年版,第167页。

③ 宁波市地方志编纂委员会编:《宁波年鉴2008》,北京:中华书局,2008年版,第155页。

开亚太经济合作组织港口服务网络成立大会的契机,进一步拓展并完善港口服务网络平台功能,持续加大与亚太地区在港口和航运等交通运输领域的合作,促进共同协调发展。同年,宁波市交通运输局组织承办"新加坡(东南亚)宁波周"港口及现代物流发展推介会,促进两地的港口和现代物流业合作发展,扩大宁波-舟山港及其港口物流业的知名度和影响力。至此,宁波-舟山港与新加坡港的集装箱月航班已超过 200 班。[①]

2009 年开始,受到国际金融危机的影响,宁波港集团开始重点开发受金融危机影响较小的中东、红海、地中海、南美、非洲、东南亚等地区的航线,使港口的航线调整和缩减幅度降到最小。[②] 直到2010 年,金融危机对宁波-舟山港的影响已基本消除,宁波-舟山港在危机严重地区的航线才得以全部恢复。

2010 年全年,宁波-舟山港新增多条集装箱航线,其中与亚洲国家或地区挂钩的有:1 月 14 日,中海集装箱运输浙江有限公司韩国线首航船"向旺轮"挂靠北仑港区北仑第二集装箱码头分公司;3 月 18日,中海集装箱运输有限公司和长荣香港有限公司合营新增一条东南亚航线;4 月 26 日,由韩国现代商船有限公司和赫伯罗特航运公司运营的中东线首航船"釜山快航轮"靠泊码头;11 月 3 日,北仑第二集装箱码头分公司靠泊了马士基韩国线首航船"洪姆鹿特丹轮";11 月

———————————

① 《宁波年鉴》编辑部编:《宁波年鉴 2009》,北京:中华书局,2009 年版,第158—159 页。

② 包凌雁、周波:《宁波港口货物吞吐量上月创历史同期新高——集装箱吞吐量比 4 月份增长 10%》,《宁波日报》,2009 年 6 月 6 日第 A1 版。

15 日，北仑第二集装箱码头分公司靠泊了美国总统轮船有限公司东南亚航线首航船"美总悉尼轮"；12 月 4 日，宁波远东码头经营有限公司新增 1 条"以星综合航运"和"德翔航运"合营的中东线。① 2010 年 6 月 21 日，宁波港迎来了当时世界上投入运行的最大集装箱"地中海热那亚轮"的装卸作业。该轮于 6 月 16 日在韩国下水，宁波是其首航中靠泊的第二站。宁波港得天独厚的深水条件和快速便捷的集装箱运输优势，是吸引"地中海热那亚轮"靠泊的重要原因。② 越来越多的集装箱航线在宁波至许多亚洲国家之间被开辟，使得宁波–舟山港越来越融入亚洲甚至国际的航运、外贸经济圈中，在极大程度上促进了宁波–舟山港成为国际大港。同年 7 月 30 日，第二届中国宁波国际港口文化节中的国际港口与城市发展论坛在北仑举行。宁波以这次论坛为契机，以更加开放的姿态全面深化与亚太地区和世界各港口城市的战略性合作，以港口经济开发为龙头，着力构建结构合理、特色鲜明、竞争力强的现代海洋经济产业体系，加快推进宁波国际港口城市建设和海洋经济发展。③

2013 年，宁波–舟山港全力推动"大港口"的综合发展。因此，在外贸航运方面取得了极大成就。该年 5 月，一批集装箱以"铁水铁"运输方式经宁波港发往哈萨克斯坦，这是宁波港国际集装

---

① 《宁波年鉴》编辑部编：《宁波年鉴 2011》，北京：中华书局，2011 年版，第 181—182 页。

② 《宁波港迎来世界最大集装箱船——一次可装载 14000 多标箱》，《宁波日报》，2010 年 6 月 22 日第 A1 版。

③ 《国际港与城市发展论坛举行》，《宁波日报》，2010 年 7 月 31 日第 A7 版。

箱有限公司首次通过国际"铁水铁"联运模式向中亚地区发送集装箱。[1] 这一业务的开辟拓宽了宁波-舟山港向外辐射的道路,促进了宁波-舟山港国际影响力的提升。同年 7 月 4 日,由亚海航运有限公司自营的东南亚线首航船——"亚海兰德轮"靠泊北仑第二集装箱码头分公司。11 月 28 日,新辟由中海集装箱运输股份有限公司和阿拉伯联合航运公司合营的东南亚线。[2] 这些近洋支线的开辟为宁波-舟山港提供了更稳定的外贸联系。

此后,宁波-舟山港域新增了许多以亚洲各国或地区、城市为主要靠泊点的远洋干线与近洋支线:2014 年 3 月 18 日,宁波-舟山港域新增 1 条东南亚航线,沿途靠泊中国香港、越南海防等港口;同年 5 月 16 日,又新增 1 条东南亚航线,沿途靠泊新加坡、印度尼西亚雅加达、韩国釜山等港口;6 月 26 日,新增 1 条集装箱远洋干线,沿途靠泊中国香港、新加坡、马来西亚巴生、巴基斯坦卡拉奇等港口;8 月 28 日,新增 1 条集装箱 LFX 印度航线,沿途靠泊中国香港、新加坡等港口;12 月 5 日,再次新增 1 条东南亚航线,沿途靠泊中国厦门、菲律宾马尼拉等港口。[3] 这意味着宁波-舟山港与亚洲各国家和地区的外贸联系在不断加强。

该阶段,亚洲地区航线的不断开通得益于海上丝绸之路经济效

---

① 宁波市地方志编纂委员会编:《宁波年鉴 2014》,北京:中华书局,2014 年版,第 210 页。

② 宁波市地方志编纂委员会编:《宁波年鉴 2014》,北京:中华书局,2014 年版,第 213 页。

③ 宁波市地方志编纂委员会编:《宁波年鉴 2015》,北京:中华书局,2015 年版,第 152 页。

益的影响。2014年初以来,宁波港集团抓住建设"21世纪海上丝绸之路"的机遇,稳定主干航线数量和航班密度,积极开发东盟、南亚、西亚等经济板块新航线。2014年底,宁波港集装箱航线有228条,其中远洋干线113条。[1] 丝绸之路航线方面,已有日本航线9条,韩国航线18条,东南亚航线19条,中东航线12条。同时宁波港充分发挥自有船队的作用,推进营销网络建设和内外贸同船运输,不断扩展海上腹地货源。[2]

2015年,海铁联运成为宁波舟山港与其他港口进行货物运输的主要方式之一。10月30日,经原中国铁路总公司批准,铁路北仑港区站取得国际联运过境集装箱货物运输资质,东南亚及东北亚地区货物可通过海铁联运过境方式,经宁波舟山港中转,由铁路直发运至中亚及俄罗斯等欧洲国家和地区。[3] 不仅如此,在对接"21世纪海上丝绸之路"方面,宁波舟山港积极开辟东南亚箱源市场,使得宁波舟山港东南亚集装箱航线实现了快速增长,截至11月底已新开东南亚航线7条,总数提升至24条,完成集装箱吞吐量近69万标箱,同比增长32.5%。[4] 与此同时,"中粮快航"的航线得以开通,主要通过中

---

① 包凌雁、诸葛煦荣:《宁波港集团实现历史性"双突破"》,《宁波日报》,2014年12月13日第A1版。

② 包凌雁、胡泽波:《宁波港前三季度生产态势良好——货物吞吐量完成3.96亿吨,同比增长6.9%,集装箱吞吐量1422.4万标准箱,同比增长11.5%》,《宁波日报》,2014年10月4日第A1版。

③ 宁波市人民政府地方志办公室编:《宁波年鉴2016》,宁波:宁波出版社,2016年版,第86页。

④ 俞永均:《宁波舟山港去年减免外贸企业费用近2亿元》,《宁波日报》,2016年1月4日第A16版。

国海运旗下中海集运的 4 条东南亚航线进行运营。[①] 该专线班轮的开通是为了减少在航运过程中由于靠泊港口而浪费的时间,提高了航线的运营效率。

2016 年初以来,宁波舟山港将服务国家战略和促进自身服务有效衔接,发展动能全面升级。在主动对接"21 世纪海上丝绸之路"方面,通过联合承办海丝港口国际合作论坛,加强与沿线国家和地区港口的沟通交流:全港仅东南亚航线就新开 8 条,总数升至26 条,面向"21 世纪海上丝绸之路"的箱量约占外贸总箱量的六成。[②] 宁波舟山港已成为我国重要的能源中转港。

2019 年 1 月 14 日上午,搭乘宁波舟山港渝甬班列的首批 9 标箱国际联运集装箱,在重庆铁路集装箱中心站完成转运,随渝新欧班列驶往万里之外的德国杜伊斯堡站。该班列为重庆及当地周边地区客户提供向东经宁波舟山港出口至中东等国家海铁联运业务,同时通过加强与各中欧班列平台公司、国际货代公司等的接洽合作,积极向西拓展铁路国际联运集装箱业务,引导更多的出口及转运货物从宁波舟山港搭乘渝甬班列转至国际联运班列,最终发往中亚、欧洲各地。[③] 在此基础上,宁波舟山港国际联运的发展逐渐稳定起来。与此同时,伴随着"一带一路"倡议对宁波舟山港现下发展的引领,宁波舟山港与亚

---

① 宁波市人民政府地方志办公室编:《宁波年鉴 2016》,宁波:宁波出版社,2016 年版,第 88 页。

② 俞永均、胡泽波:《全球"八连冠"是如何摘得的? ——揭秘宁波舟山港货物吞吐量破 9 亿吨大关的攻擂宝典》,《宁波日报》,2016 年 12 月 20 日第 A2 版。

③ 裘继强、张泽盛、张帆、王凯艺:《宁波舟山港国际联运首进德国》,《浙江日报》,2019 年 1 月 15 日第 3 版。

洲各国家和地区的外贸往来也日益增多，同时宁波舟山港加强丝路共建国家和地区的航线航班开发力度，不断稳固国际枢纽港的地位。就拿宁波舟山港在"一带一路"航线的集装箱业务表现来看，相比2014年，2021年航线数增加了40多条，年航班数增加了1000余班，年集装箱吞吐量增加了近400万标箱。其中，东南亚航线增加了近30条，覆盖越南、泰国、马来西亚等国家。截至2022年上半年，在宁波舟山港全港新增的外贸集装箱航线中，联通马来西亚、印度尼西亚、泰国等RCEP成员国的航线占比23%，联通共建"一带一路"国家的航线约占15%。300条航线的新纪录背后，也是宁波舟山港持续发挥港口"硬核"力量，主动融入"一带一路"倡议，对接长江经济带发展、长三角一体化发展等国家战略的最新实践。①

二、宁波港与欧洲国家的交流

中华人民共和国成立后，宁波与欧洲国家的外事往来主要还是从宁波港对外开放开始的。1978年开始，中国实施改革开放战略，宁波港成为中国对外交流的一个通道。1979年6月1日，宁波港对外开放。1981年9月11日，北仑港区、镇海港区对外轮开放。②

1989年2月27日，希腊籍2.3万吨级"阿玛勒丽斯轮"，在镇海

---

① 王凯艺、张帆、洪宇翔、卢小洲：《宁波舟山港航线量创新高——总数已达300条》，《浙江日报》，2022年7月7日第3版。

② 宁波市地方志编纂委员会编：《宁波市志》（全三册），北京：中华书局，1995年版，第130页。

港区卸货 1.54 万吨散装尿素。[1] 这是在宁波港对外开放后,首艘欧洲籍的大吨量级轮船载货至宁波港镇海港区,并完成接卸货等一系列动作。同年 3 月 17 日,英国 5 万吨级豪华游船"堪培拉号"停靠北仑港。1533 人登岸参观阿育王寺、天一阁等处。[2] 此为宁波港开放后首次接待大型国际游船。这一行为向国际展示了宁波港同意并渴望融入世界的姿态,在一定程度上扩大了宁波港的影响力与吸引力。

　　1992 年 7 月 23 日至 8 月 7 日,宁波市副市长叶信虎率中外合资洽谈团一行 3 人访问荷兰、德国、挪威、法国,洽谈在北仑港合建大型液体化工国际中转项目事宜。[3] 1993 年 5 月 14 日至 21 日,宁波市委副书记陈勇率经济考察团一行 5 人应邀访问法国。在鲁昂期间,代表团一行参加鲁昂国际博览会,考察鲁昂港,并与鲁昂市有关部门商谈两市的交流与合作。1995 年 10 月 17 日至 31 日,应德国汉堡港自治港港务局、法国巴黎国民银行等邀请,宁波市代市长张蔚文率经济代表团一行 7 人访问德国、法国、荷兰和西班牙。在西班牙期间,张蔚文一行会见巴塞罗那市代市长乔·克劳斯·马索,双方签署两市建立友好交流协议书、宁波港务局与巴塞罗那港务局建立友好关系港口协议书。1995 年 12 月,应西班牙巴塞罗那港务局邀请,宁波市副市长兼港务局局长叶信虎率港口代表团访问巴塞罗那。

<hr />

　　① 　宁波市地方志编纂委员会编:《宁波市志》(全三册),北京:中华书局,1995年版,第 701 页。

　　② 　宁波市地方志编纂委员会编:《宁波市志》(全三册),北京:中华书局,1995年版,第 144 页。

　　③ 　浙江省外事志编纂委员会编:《浙江省外事志》,北京:中华书局,1996 年版,第 486 页。

1996 年是宁波港与欧洲国家在港口交流与航线开通等方面开展合作的重要一年。10 月 8 日，宁波市—亚琛市缔结友好城市 10 周年庆典举行。时任德国亚琛市市长尤尔根·林登，亚琛—宁波友好促进协会主席赫伯特·普洛姆波及其夫人等一行出席庆典活动。次日，以克劳斯·盖特纳为团长的浙江省—（德国）石荷洲经济交流促进委员会石荷洲分会代表团来甬访问考察。① 同月，宁波市委副书记李从军访问西班牙，考察巴塞罗那市港口、保税区及城市建设。11 月 21 日至 12 月 4 日，宁波市人大常委会主任项秉炎率友好代表团一行 5 人访问法国、荷兰、意大利。在法国期间，代表团一行与鲁昂市政府、上诺曼底大区议会和鲁昂工商会就开展友城交流、加强经贸合作交换意见；在荷兰期间，代表团一行考察北海堤坝、鹿特丹港及欧洲联合集装箱码头。② 除此之外，12 月 25 日，法国达飞轮船公司的"阿贾克斯轮"缓缓靠泊北仑集装箱码头，这标志着宁波至欧洲集装箱固定班轮航线试航圆满成功，为下一步正式开航奠定了基础。③

同时，虾峙门航道作为宁波港开辟美国东海岸航线和欧洲航线的必经之路，却还未确定其归属和管理方，这极大地阻碍了宁波港与美国东海岸及欧洲有关航线的交流。因此，本着一家管理、共同使用的原则，宁波海监局在征得宁波、舟山两市地方政府和驻军意见的前

---

① 宁波年鉴编辑部编：《宁波年鉴 1997》，北京：中华书局，1999 年版，第 41 页。
② 宁波年鉴编辑部编：《宁波年鉴 1997》，北京：中华书局，1999 年版，第 321 页。
③ 宁波年鉴编辑部编：《宁波年鉴 1997》，北京：中华书局，1999 年版，第 105—106 页。

提下,出台了《虾峙门航道及相关锚地监督管理办法》《关于虾峙门航道及相关锚地实施统一管理有关问题的意见》,目的在于加强对虾峙门航道、相关锚地和船舶的统一监督管理,同时确保美国东海岸和欧洲航线集装箱班轮的安全。① 得益于此,此后宁波港航线开通的阻力减少了大半。

1997 年 9 月 6 日,挪威威尔森诺萨克轮船公司环球航线"泰喜号"大型滚装船首次靠泊宁波港,标志着宁波港国际集装箱环球航线正式开通。该环球航线的开通,既扩展了宁波港的集装箱远洋干线,也加大了港口的运输服务功能。同年 11 月 5 日,法国达飞轮船公司宁波港至欧洲集装箱周班航线正式开通,沿途靠泊波斯湾、红海、地中海和欧洲的一些主要港口。这是宁波港继开辟"美东"航线、环球航线之后又开辟的一条国际集装箱远洋周班干线。② 12月 6 日至 19 日,应意大利里亚斯特市政府、西班牙巴塞罗那市政府邀请,宁波市委副书记陈勇率友好代表团一行 7 人访问意大利、西班牙。访问期间,代表团一行拜访里亚斯特市市长里卡多·依黎、巴塞罗那市副市长洛霍,参观两市港口、保税区及高新技术工业园区,并商定宁波市与里亚斯特市、巴塞罗那市 1998 年度交流计划。

随着宁波港至欧洲的集装箱航线首开,此后一年当中两地的航线开辟逐渐增多。1999 年 8 月 6 日,意大利邮船公司正式投入宁波

---

① 宁波年鉴编辑部编:《宁波年鉴 1997》,北京:中华书局,1999 年版,第 107 页。
② 《宁波年鉴》编辑部编:《宁波年鉴 1998》,北京:中华书局,2000 年版,第103—104 页。

港至欧洲周班航线的集装箱运输。① 8 月 8 日,中海集团所属的"阿斯特轮"从宁波港北仑集装箱码头首航欧洲,这标志着中海集团远东至欧洲集装箱班轮航线正式开通,这是我国在宁波港开辟的首条远东至欧洲集装箱远洋干线。② 9 月 7 日,丹麦马士其航运公司所属的"马士基东京轮"从北仑港集装箱码头首航欧洲,标志着马士基宁波至欧洲航线开通,沿途靠泊中国香港、新加坡、马来西亚、沙特阿拉伯、意大利、法国、希腊、荷兰、德国等国家和地区的港口。③ 10 月 28 日至 11 月 4 日,应西班牙巴塞罗那港务局、新加坡港务局邀请,浙江省委常委、宁波市委书记率经济代表团一行 6 人访问西班牙和新加坡。在西班牙期间,代表团一行与巴塞罗那港务局总裁托萨斯就宁波港与巴塞罗那港的交流和合作事宜进行会谈,出席宁波港和巴塞罗那港建立友好合作关系协议签字仪式,并考察巴塞罗那港区一体化建设情况及港口物流中心、揽货系统、口岸服务系统,以及巴塞罗那市中小企业孵化中心和市政建设。④ 12 月 4 日至 16 日,应丹麦A.P.摩勒集团、瑞典哥德堡市政府和印度尼西亚金光集团邀请,宁波市市长张蔚文率政府代表团一行 6 人访问丹麦、瑞典和印度尼西亚。在丹麦期间,张蔚文会见丹麦 A.P.摩勒集团首席执行官尤斯·

① 《宁波年鉴》编辑部编:《宁波年鉴 2000》,北京:中华书局,2001 年版,第 114 页。
② 《宁波年鉴》编辑部编:《宁波年鉴 2000》,北京:中华书局,2001 年版,第 115 页。
③ 《宁波年鉴》编辑部编:《宁波年鉴 2000》,北京:中华书局,2001 年版,第 114 页。
④ 《宁波年鉴》编辑部编:《宁波年鉴 2000》,北京:中华书局,2001 年版,第 399 页。

苏德伯格及马士基航运公司首席执行官努特·斯徒基亚,双方就开辟宁波港远洋集装箱航线、合作建设港口物流中心等进行洽谈,张蔚文一行还与丹麦发展中国家基金会、丹麦工业联合会商讨经贸交流合作。在瑞典期间,代表团会见哥德堡市市长尤根·林特、第一副市长芮德凯等政府官员,并走访哥德堡市能源国际公司及贸易工业发展局,参观哥德堡港。①

　　2000年,宁波港与欧洲国家之间的联系更为紧密。在港口合作方面,3月21日,西班牙加泰罗尼亚大区交通及公共工程部部长贝德雷·马西亚斯率领的加泰罗尼亚大区经济代表团来甬访问。同时,宁波与西班牙正式签署关于合资建立宁波港口综合物流中心项目合作协议书。② 4月19日至5月1日,宁波市政协主席叶承垣率经济代表团一行4人访问西班牙。在西班牙期间,代表团一行走访巴塞罗那市经济发展局,参观巴塞罗那市中小企业孵化中心,并与巴塞罗那港务局签署专业技术人员培训协议。5月6日至20日,宁波市常务副市长、宁波港务局局长邵占维率经济考察团一行6人访问英国、法国、匈牙利。在法国期间,代表团一行参加"宁波—鲁昂缔结友好城市十周年"庆祝活动,并赠送一对石狮给鲁昂市政府以做十周年纪念。③ 在集装箱运输方面,8月22日,意大利邮船公司舱容5652标箱的"意

　　① 《宁波年鉴》编辑部编:《宁波年鉴2000》,北京:中华书局,2001年版,第399页。

　　② 《宁波年鉴》编纂委员会编:《宁波年鉴2001》,北京:中华书局,2002年版,第19页。

　　③ 《宁波年鉴》编纂委员会编:《宁波年鉴2001》,北京:中华书局,2002年版,第361、364页。

勇轮"成功靠泊北仑集装箱码头,这是宁波港首次接卸第五代国际集装箱船。几天后,宁波港又迎来丹麦马士基海陆航运公司所属的舱容量为 6252 个标箱的第六代国际集装箱船"华盛顿轮",这是当时靠泊宁波港最大的一艘集装箱船。^① 如此先进的第五代、第六代国际集装箱船轮番"抢滩"宁波港,得益于宁波港基础设施建设持续加快、港口综合实力持续增强、集装箱中转航运市场持续发展,让世界看到了宁波港的巨大潜力。同时,这 2 艘先进集装箱船的靠泊,不仅增强了它们的运营公司在宁波至欧洲集装箱航线的总运力,也深度发挥了北仑深水良港的优势。

2001 年的宁波港在对外合作方面取得了巨大突破。9 月 13 日至 25 日,应英国诺丁汉大学邀请,浙江省委常委、宁波市委书记率代表团访问英国。在英国期间,代表团一行考察了英国费利克斯托港集装箱专用泊位及集疏运网络系统、诺丁汉大学,出席宁波港与英国费利克斯托港建立友好港口签字仪式。根据协议,两港将在港口管理、人员技术培训等方面加强合作,宁波港务局将每年派遣高级管理人员赴费利克斯托港接受培训。英国费利克斯托港作为英国最大的现代化集装箱专用港,在 2000 年,其集装箱吞吐量就已达 280 万标箱,居欧洲第四位。^② 此次交流学习极大增强了宁波港工作人员的专业能力,为宁波港的专业发展提供了有力的支持。同年 12 月 17 日,

① 《宁波年鉴》编纂委员会编:《宁波年鉴 2001》,北京:中华书局,2002 年版,第 93 页。

② 宁波市地方志编纂委员会编:《宁波年鉴 2002》,北京:中华书局,2003 年版,第 85—86 页。

西班牙巴塞罗那港务局与宁波开发区管委会、宁波保税区管委会分别签订协议,投资5亿美元在宁波开发区和保税区建设现代国际物流中心。巴塞罗那港作为欧洲开展国际贸易的重要门户,在地中海沿岸港口中处于"龙头"地位。[①] 而此次合作将为宁波港引进国际先进的物流运行系统,使得宁波港得以学习先进港口的运作方式并得到提升。除此之外,这一年宁波港在集装箱运输及航道开辟方面也没有停下脚步。5月2日,法国达飞轮船有限公司的"达飞巴尔扎克号"集装箱船,装载1135个标准集装箱靠泊北仑码头,是一艘首航宁波港的最大集装箱船。6月9日,新世界联盟的"APL法兰西轮"首航宁波港,靠泊北仑集装箱公司码头,装卸1102个标准集装箱,标志着宁波港开通第六条直通欧洲的国际集装箱远洋干线。7月,宁波至俄罗斯符拉迪沃斯托克集装箱旬班航线开通,此航线为宁波港开往俄罗斯的首条航线。9月24日,日本川崎汽船株式会社所属的"金门桥轮"在北仑集装箱码头装卸集装箱后前往欧洲,宁波港至欧洲又增一条集装箱航线,也是宁波港2001年新开辟的第五条集装箱干线。[②]

此后,宁波港更是抓住浙江省、宁波市外贸经济快速发展、外贸进出口额全面提升的机遇,大力发展集装箱长途干线和近岸航线。2002年4月4日,总舱容可达6725标箱的"地中海玛丽安娜

---

① 宁波市市地方志编纂委员会编:《宁波年鉴2002》,北京:中华书局,2003年版,第89页。

② 宁波市市地方志编纂委员会编:《宁波年鉴2002》,北京:中华书局,2003年版,第91页。

号"集装箱轮靠泊宁波港，标志着宁波至地中海、欧洲集装箱周班干线正式开通。① 同年 11 月 13 日，又新添 1 条宁波至地中海国际集装箱远洋航线，使宁波港至欧洲、地中海的集装箱远洋干线增至 7 条。②

2003 年 7 月 10 日，伟大联盟成员东方海外货柜航运有限公司"东方忠诚号"集装箱船成功首航宁波港，顺利开通了宁波至欧洲的第九条集装箱远洋干线。至此，宁波港驶往世界各地的国际集装箱远洋干线已达 31 条。③ 这意味着宁波港在不断提升集装箱运输能力，并为成为国际集装箱运输干线港而努力。同年 9 月 14 日，"达飞卡多尼亚轮"首航宁波北仑国际集装箱码头。这是法国达飞轮船公司在原有欧洲航线的基础上新辟的一条黑海、地中海东岸航线。④

面对国际航运市场的变化和周边港口的激烈竞争，宁波港以浙江省、宁波市外贸发展为支撑，大力开辟新航线，增加集装箱航班密度。而随着远洋航线的不断开辟，宁波港已经在欧洲、地中海等主要贸易地区达到了日均一班或以上的高密度运输，初步形成了覆盖全球的集疏运网络。⑤

---

① 《宁波年鉴》编委会编：《宁波年鉴 2003》，北京：中华书局，2004 年版，第 20 页。
② 《宁波年鉴》编委会编：《宁波年鉴 2003》，北京：中华书局，2004 年版，第 96 页。
③ 《宁波港"牵手"560 多个港口：目前拥有 80 多条总航线，31 条国际远洋干线，日均发出 5 个集装箱远洋航班》，《宁波日报》，2003 年 7 月 11 日第 A1 版。
④ 《宁波港新辟黑海航线》，《宁波日报》，2003 年 9 月 17 日第 A2 版。
⑤ 《宁波港集装箱吞吐量突破 200 万标箱：两年时间实现箱量翻番》，《宁波日报》，2003 年 10 月 2 日第 A1 版。

2004 年初以来，宁波港继续坚持以远洋干线为重点，大力发展航线运营，新开多条国际集装箱航线，使宁波港到欧洲的航班频率更高、密度更大，形成"干线带支线，支线促干线"的良性循环，使航线的质量进一步提高。① 2 月 25 日，北欧亚航运、以星轮船和中海集运 3 家船公司联合开辟欧洲集装箱远洋干线一条。4 月 24 日，新增欧洲集装箱远洋干线 1 条。② 7 月 20 日和 21 日，马士基海陆公司调整原有在宁波港的集装箱远洋干线，先后增开欧洲线和地中海线各 1 条。8 月 31 日至 9 月 11 日，应马来西亚巴生港、法国马赛港、荷兰鹿特丹港和英国费利克斯托港等港务部门邀请，宁波市代市长毛光烈率代表团访问马来西亚、法国、荷兰和英国。在法国、荷兰、英国访问期间，毛光烈一行考察各港口的装卸设备、集疏运网络建设及服务功能等，并与相关港务部门商洽，推进合作项目的落实。③ 11 月 28 日，北欧亚货柜航运有限公司的"北欧亚胜利号"集装箱船在宁波港北仑第二集装箱码头分公司成功首航，标志着宁波至黑海的集装箱远洋干线的开通。至此，宁波港驶往世界各地的国际集装箱远洋干线已达 53 条。④ 这些航线的开通极大增强了宁波港至欧洲的集装箱运力，并使得宁波港的航线结构得到一定程度的优

---

① 《宁波港集装箱航线突破 100 条：远洋干线增至 38 条，平均每天 4 至 5 个干线班轮出港》，《宁波日报》，2004 年 3 月 2 日第 A1 版。

② 宁波市地方志编纂委员会编：《宁波年鉴 2005》，北京：中华书局，2005 年版，第 114 页。

③ 宁波市地方志编纂委员会编：《宁波年鉴 2005》，北京：中华书局，2005 年版，第 400 页。

④ 宁波市地方志编纂委员会编：《宁波年鉴 2005》，北京：中华书局，2005 年版，第 115 页。

化与改善。

2005 年内成功靠泊 40 万吨级"泰欧轮"和载箱量为 9200 标箱的 "地中海帕梅拉轮",这使得宁波港接纳各类船舶能力跨上新台阶。① 这意味着宁波港港口引航和助泊能力得到了进一步提升。不仅如 此,这一年除了宁波港本身接泊能力得到提升外,其海外知名度与影 响力也在不断攀升。该年 7 月 28 日,宁波港集装箱运输推介会在俄 罗斯圣彼得堡市成功举办。② 该推介会使得宁波港在东欧的知名度 得到扩大,并且在一定程度上加强了宁波港与俄罗斯及其他东欧国 家的港口交流和物流流通。除此之外,在航线开辟方面,宁波港共开 通至欧洲的集装箱航线 4 条。3 月 4 日,中远集运公司在宁波北仑国 际集装箱码头新辟第二条中远欧洲航线。5 月 20 日,南美轮船集团 的北欧亚航运公司在北仑第二集装箱码头分公司开辟欧洲集装箱远 洋干线。6 月 30 日,瑞士地中海航运公司在宁波港吉码头经营有限 公司新辟欧洲集装箱远洋干线 1 条。7 月 30 日,马士基海陆公司在 宁波港停开近一年的欧洲航线复航。③ 欧洲新航线的开辟,极大提升 了宁波至欧洲国家的集装箱运力。2006 年则新增欧洲航线 3 条:2 月 10 日,宁波港集团开辟年内首条欧洲航线;5 月 18 日,由中国远洋 集装箱运输公司经营的欧洲海运航线在宁波港吉码头开航;8 月 22

---

① 宁波市地方志编纂委员会编:《宁波年鉴 2006》,北京:中华书局,2006 年 版,第 110 页。

② 宁波市地方志编纂委员会编:《宁波年鉴 2006》,北京:中华书局,2006 年 版,第 114—115 页。

③ 宁波市地方志编纂委员会编:《宁波年鉴 2006》,北京:中华书局,2006 年 版,第 118 页。

日,北仑第二集装箱码头分公司开辟至欧洲的海运航线。另外,2 月
28 日,川崎汽船和阳明海运 2 家公司合作经营,开辟自宁波-舟山港
至地中海吉达港等地航线。6 月 9 日,法国达飞轮船公司首航的"达
飞埃菲尔轮"靠泊北仑国际集装箱码头有限公司的码头装卸作业,标
志着宁波至地中海航线开通。①

　　之后几年中,宁波-舟山港在对外友好交流方面取得了新的进
展。2007 年,宁波-舟山港先后在地中海地区举办宁波港集装箱运输
研讨会,在西班牙巴塞罗那举办宁波港集装箱运输推介会等,通过专
题系列活动,展示宁波得天独厚的深水港优势,举世瞩目的经济建设
成就及巨大发展潜力,促进国际港口合作。② 4 月 23 日,宁波港集团
总裁李令红和爱沙尼亚共和国塔林港董事会主席艾因·卡吕兰德,
在宁波港大厦签署建立友好关系港协议,以进一步加强双方的经济
技术交流及友好往来,共同促进航运事业的发展。塔林是爱沙尼亚
共和国的首都,位于波罗的海芬兰湾的塔林港是该国最大的港口。③
此次友好港关系的建立使得宁波-舟山港"朋友圈"中的大港越来越
多,有利于宁波-舟山港在国际大港中地位与影响力的提升。5 月
19 日至 30 日,应西班牙巴塞罗那港务局邀请,浙江省委常委、宁波市
委书记、市人大常委会主任巴音朝鲁率代表团访问西班牙。在西班

---

　　①　宁波市地方志编纂委员会编:《宁波年鉴 2007》,北京:中华书局,2007 年
版,第 166 页。

　　②　宁波市地方志编纂委员会编:《宁波年鉴 2008》,北京:中华书局,2008 年
版,第 154—155 页。

　　③　宁波市地方志编纂委员会编:《宁波年鉴 2008》,北京:中华书局,2008 年
版,第 151—152 页。

牙期间,巴音朝鲁一行会见加泰罗尼亚大区主席奥古利拉、巴塞罗那市议会副议长摩尔茜、巴塞罗那港务局局长华尔兹,商谈在经贸、港口等领域的合作,双方就增辟宁波港至巴塞罗那港航线、开展技术人员培训与物流园区建设达成合作意向协议。① 此外,2008 年,宁波-舟山港与安特卫普等世界知名港口建立了友好关系,扩大宁波-舟山港及港口物流业的知名度和影响力,港口联盟建设取得实质性重大进展。② 在此基础上,宁波-舟山港至黑海、地中海的航线又得以增加。2007 年 9 月 14 日,"新油头号"集装箱货轮在北仑第二集装箱有限公司码头靠泊,宁波-舟山港新增黑海航线。10 月 2 日,"海后号轮"靠泊宁波远东码头经营有限公司的集装箱码头,宁波至地中海又1 条集装箱远洋干线开通。至此,宁波-舟山港集装箱远洋干线达101 条,在国内仅次于上海港、深圳港,位居第三位。③ 然而 2008 年爆发的国际金融危机对宁波港产生了不小的影响,其中重灾区为欧美市场。为了更好地应对该地区市场业务下行的情况,尽量减少港口经济损失,宁波港及时掉转方向,撤销和停开了 25 条欧美航线,又新增和恢复了 31 条其他航线。④ 该政策的实施为宁波-舟山港赢得了喘息周转的机会,因此在经历了年中一段时间的低谷后,宁波-舟

---

① 宁波市地方志编纂委员会编:《宁波年鉴 2008》,北京:中华书局,2008 年版,第 340—341 页。

② 《宁波年鉴》编辑部编:《宁波年鉴 2009》,北京:中华书局,2009 年版,第158—159 页。

③ 宁波市地方志编纂委员会编:《宁波年鉴 2008》,北京:中华书局,2008 年版,第 155 页。

④ 包凌雁、周波:《宁波港缘何能快速走出低谷》,《宁波日报》,2009 年 11 月20 日第 A1 版。

山港马上又恢复了往日的繁荣。

2011 年,宁波—汉堡港口物流暨临港服务业合作交流会在德国汉堡举行。汉堡港是中国货物通往东欧、北欧的门户,50%的中德贸易额都经由汉堡,同时汉堡港也是欧洲最重要的物流中心之一。① 该交流会由宁波市人民政府主办,目的在于与汉堡港进行相关交流,学习其对自由港建设和管理的心得。同时,宁波-舟山港作为海上丝绸之路的始发港之一,是将陆上丝绸之路节点新疆的一箱箱货物送达欧亚大陆丝绸之路的重要节点。2014 年,宁波港集团加大朝现代物流港转型的步伐,港口运输生产实现了新突破:截至 6 月 5 日,海铁联运集装箱量首破 5 万标箱,同比增长超 20%,成为海铁联运南方第一大港。②

2016 年 7 月 12 日,第二届海丝港口国际合作论坛在甬召开。在论坛的签约环节,宁波舟山港集团与德国汉堡港务局签订了战略合作协定,与威廉港集装箱码头亚德港营销有限公司签署了合作谅解备忘录。这是继 2015 年与韩国釜山港、马来西亚巴生港等亚洲港口达成合作意向后,宁波舟山港沿着"21 世纪海上丝绸之路"继续拓展欧洲"朋友圈"的成果。③ 2017 年 3 月 25 日,一列装载有 74 个国际

① 《宁波—汉堡港口物流合作交流会举行》,《宁波日报》,2011 年 4 月 9 日第 A2 版。

② 包凌雁、胡泽波、诸葛煦荣:《宁波港成南方海铁联运第一大港——今年前5 个月港口集装箱吞吐量同比增 12.1%,增幅列我国大陆主要港口首位》,《宁波日报》,2014 年 6 月 15 日第 A1 版。

③ 俞永均、诸葛煦荣:《宁波舟山港沿着海丝之路拓展"朋友圈"——第二届海丝港口国际合作论坛举行》,《宁波日报》,2016 年 7 月 13 日第 A5 版。

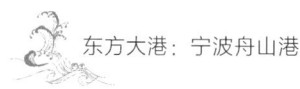
联运集装箱的专列从宁波舟山港出发奔赴匈牙利，这是宁波舟山港首次以集装箱国际联运物流模式向东欧国家发送货物。这趟集装箱国际联运专列首发成功，衔接东南亚和东南沿海在宁波舟山港中转至欧洲，为进一步畅通宁波舟山港"一带一路"国际海铁联运大通道做出有益探索。①

2019年1月14日上午，搭乘宁波舟山港渝甬班列的首批9标准箱国际联运集装箱，在重庆铁路集装箱中心站完成转运，随渝新欧班列驶往万里之外的德国杜伊斯堡站，之后货物将在德国通过卡车配送至宝马汽车位于瓦克斯多夫的工厂和其他货主单位。这是宁波舟山港国际联运业务首次"挺进"德国。该联运模式的开展，为打造渝甬双向双重海铁联运通道奠定了基础，将有效提升宁波舟山港铁路集装箱国际联运业务在中欧国际货运班列市场上的品牌影响力，同时也为宁波及周边地区至中亚、中东欧等国家和地区的进出口货物提供了一条便捷物流通道。②

三、宁波港与美洲国家的交流

中华人民共和国成立后，宁波与美洲国家的外事往来主要还是从宁波港对外开放开始的。1978年开始，中国实施改革开放战略，宁

① 王健、虞凌、诸葛煦荣：《宁波舟山港喜迎"开门红"》,《浙江日报》,2017年4月11日第2版。

② 裴继强、张泽盛、张帆、王凯艺：《宁波舟山港国际联运首进德国》,《浙江日报》,2019年1月15日第3版。

波港成为中国对外交流的一个通道。1979 年 6 月 1 日,宁波港对外开放。1981 年 9 月 11 日,北仑港区、镇海港区对外轮开放。[①] 1994年,中国外轮理货总公司宁波分公司正式成立,设宁波、镇海、北仑 3个理货队,隶属于中国外轮理货总公司与宁波港务局。依照国家对外轮理货的规章制度,办理宁波港口国际航线船舶理货业务。[②] 8 月22 日,宁波港开港后的第一艘外轮巴拿马籍 1200 吨级"鲜货运载 5号轮"装载冻黄鱼 156.47 吨由舟山运往日本。[③] 该巴拿马籍"鲜货运载 5 号轮"就是由宁波港首次代理的外轮。

20 世纪 80 至 90 年代,宁波港与美洲国家的航运往来主要集中在货物运输方面。1985 年 1 月 15 日,巴西籍 13 万吨级"巨拉号轮"从巴西维多利亚港载铁矿砂 12.55 万吨,靠泊北仑港区 10 万吨级码头,卸下 7 万余吨后,驶往宝钢原料码头。[④] 1988 年 9 月 11 日,北仑港锚地接卸加拿大籍"比利萨斯轮"的 5.8 万吨散粮,首次使用移动式吸粮机卸货工艺。[⑤] 1990 年 5 月 6 日,巴拿马籍 17.8 万吨"谭蒙号"油轮载 16.4 万吨阿曼原油,抵北仑港,为当时宁波港历史上接卸

---

① 宁波市地方志编纂委员会编:《宁波市志》(全三册),北京:中华书局,1995年版,第 130 页。

② 宁波市地方志编纂委员会编:《宁波市志》(全三册),北京:中华书局,1995年版,第 743 页。

③ 宁波市地方志编纂委员会编:《宁波市志》(全三册),北京:中华书局,1995年版,第 701 页。

④ 宁波市地方志编纂委员会编:《宁波市志》(全三册),北京:中华书局,1995年版,第 701 页。

⑤ 宁波市地方志编纂委员会编:《宁波市志》(全三册),北京:中华书局,1995年版,第 701 页。

最大的油轮。[①] 1992 年 6 月 15 日，载重 16 万吨的巴拿马籍装运矿石船"哈德逊湾号"靠泊北仑港 10 万吨级矿石中转码头，为当时靠泊最重吨位的矿船。[②] 1996 年 8 月，26 万吨级巴哈马籍油轮"阿卡迪亚号"（ARCADIAMI）顺利靠泊镇海算山 1 号油码头，这是迄今靠泊宁波港实载量最大的一艘油轮。[③]

自 1994 年开始，宁波至美洲的航线得以开通。1994 年 3 月 1 日，宁波—日本神户—美国国际集装箱（周期）班轮航线开通。[④] 4 月 25 日至 5 月 11 日，宁波市委书记率政府代表团一行 6 人访问美国、加拿大。访问期间，代表团一行考察纽约-新泽西港、洛杉矶港、长滩港、哈利法克斯港和温哥华港，并与美国总统轮船公司、东方海外货柜公司等就建立合作关系进行商洽。1996 年 6 月 2 日，为配合上海、宁波、舟山组合港的建设，宁波开通了至美国东海岸的集装箱固定远洋航线。为确保新开辟的美国东海岸航线货源，宁波市外经贸委专门成立揽货工作领导小组，重点摸清港口腹地的运输市场，调查集装箱货源流向，理顺运输价格，初步形成了以外运集团为骨干的省内揽货网络。[⑤]

1996 年 7 月 15 日，美国联邦航运管理委员会首席委员徐陈敏女

---

① 宁波市地方志编纂委员会编：《宁波市志》（全三册），北京：中华书局，1995 年版，第 146 页。

② 宁波市地方志编纂委员会编：《宁波市志》（全三册），北京：中华书局，1995 年版，第 150 页。

③ 宁波年鉴编辑部编：《宁波年鉴 1997》，北京：中华书局，1999 年版，第 40 页。

④ 宁波市地方志编纂委员会编：《宁波市志》（全三册），北京：中华书局，1995 年版，第 157 页。

⑤ 宁波年鉴编辑部编：《宁波年鉴 1997》，北京：中华书局，1999 年版，第 121 页。

士来甬访问。① 此后，两地的航运往来逐年频繁。1999 年 11 月 13
日，中国远洋集装箱运输总公司的"泰河号"集装箱船驶离北仑国际
集装箱码头，标志着"中远"宁波至美西集装箱周班航线正式开通。②
2000 年 4 月 23 日，智利南美轮船公司所属的"智利西雅图号"首航宁
波港，标志着宁波至南美航线正式开通，沿途靠泊加拿大、墨西哥、巴
拿马、危地马拉、智利等国家的主要港口。③ 2000 年 11 月 6 日，马士
基海陆船务公司海陆快航集装箱船顺利挂靠北仑集装箱码头，这是
全球运力最大的马士基海陆公司首次开通宁波至美西的集装箱周班
直达干线。至此，宁波至美西的国际集装箱干线已有 3 条，每月有 10
多条美西航线的班轮靠泊北仑集装箱码头。④

　　在两地频繁往来的基础上，随着宁波港对外辐射不断增强，越来
越多的航运公司对宁波港与美洲的航线的开通产生了兴趣。2001
年 5 月 14 日，"铁行渣华达美塔轮"在宁波港北仑集装箱码头装卸
471 个标箱后驶往美国，标志着由铁行渣华船务有限公司、东方海外
货柜航运有限公司、日本邮船有限公司、赫伯罗特船务有限公司、马
来西亚国家航运公司等 5 家船运公司组成的航运联合体——伟大联
盟，正式开通了宁波至美西的集装箱周班航线，这也是联盟首次"登

　　① 宁波年鉴编辑部编：《宁波年鉴 1997》，北京：中华书局，1999 年版，第 39 页。
　　② 《宁波市地方志》编纂委员会编：《宁波年鉴 1999》，北京：中华书局，2000 年
版，第 115 页。
　　③ 《宁波年鉴》编纂委员会编：《宁波年鉴 2001》，北京：中华书局，2002 年版，
第 97 页。
　　④ 《宁波年鉴》编纂委员会编：《宁波年鉴 2001》，北京：中华书局，2002 年版，
第 97 页。

陆"宁波港。8 月 28 日,意大利邮船公司所属的"意忠轮"在北仑集装箱码头装卸 500 个标箱后驶往美国,沿途停靠青岛、大阪、东京、奥克兰、洛杉矶等港口,标志着又一条宁波至美西的集装箱周班航线正式开通。①

2002 年 7 月 12 日,舱容为 2850 个标箱的"商船三井坚强号"集装箱轮和舱容为 4042 个标箱的"韩进大阪号"集装箱轮先后驶离北仑港区。这标志着 3 条宁波至美西的集装箱周班远洋航线正式开通。至此,宁波港干线总数已达 24 条,初步形成遍及亚洲、欧洲、美洲、非洲的全球性集装箱运输网络。② 并且,从 2002 年一季度开始,为加强自身专业能力,努力成为国际大港,宁波港启动集装箱国际中转业务。至年底,美国总统轮船公司正式在甬设立中转基地,有 4 条国际远洋干线开展国际中转业务,全年完成国际中转 2.6 万个标箱。为保证集装箱国际中转业务的发展,宁波港加强与海关等口岸单位的合作与配合,搞好优质服务,提高装卸效率,确保及时中转,使宁波港尽快成为国际航运大市场不可或缺的重要节点。③

2003 年,宁波港至美洲新航线的开辟取得突破性进展。1 月 6 日,舱容为 4992 个标箱的以星轮船船务有限公司的"以星地中海号"集装箱轮,靠泊北仑国际集装箱码头有限公司的集装箱码头并装载 396 个标箱前往美国东海岸。由宁波船务代理有限公司代理的以星

---

① 宁波市地方志编纂委员会编:《宁波年鉴 2002》,北京:中华书局,2003 年版,第 91 页。

② 《宁波年鉴》编委会编:《宁波年鉴 2003》,北京:中华书局,2004 年版,第 95 页。

③ 《宁波年鉴》编委会编:《宁波年鉴 2003》,北京:中华书局,2004 年版,第 93 页。

轮船"宁波至美东"集装箱航线,沿途靠泊蛇口、香港、基隆、釜山、大阪、名古屋、洛杉矶、巴拿马城、科隆、金斯顿和纽约等港口。该新航线的开辟,填补了宁波港没有美东集装箱直达航线的空缺。同年2月2日,"博威轮"首航宁波北仑国际集装箱码头,该航线由宁波北仑国际集装箱码头有限公司和德国汉堡南美航运公司联合开辟,暂定为双周班航线,沿途停靠上海、香港、长滩、曼萨尼约、瓜亚基尔、卡亚俄、依基克、瓦帕莱索等港口。这一航线的开辟,标志着北仑国际集装箱码头有限公司的首条南美集装箱远洋干线正式开通。① 宁波港在2002年6月开通至南美地区的集装箱远洋干线。2003年3月14日,智利航运国际有限公司所属的"诺福康轮"成功首航,使宁波港至南美地区的集装箱运力得到进一步提升。②

2004年宁波港新增美西集装箱远洋干线3条,分别是:4月26日,现代商船公司开辟宁波港至美西集装箱远洋干线1条,靠泊北仑国际集装箱码头,提供宁波至美国的直达快航服务;5月2日,宁波港新增由台湾阳明、川崎和韩进3家船公司联合经营的美西集装箱远洋干线1条;7月21日,地中海航运公司新辟宁波港至美西集装箱远洋干线1条。③ 11月11日,又新增至中南美集装箱干线1条。同年,宁波港也在不断扩大自己的"朋友圈"。7月7日,宁波港与美国

① 宁波市地方志编纂委员会编:《宁波年鉴2004》,北京:中华书局,2005年版,第117页。

② 宁波市地方志编纂委员会编:《宁波年鉴2004》,北京:中华书局,2005年版,第118页。

③ 宁波市地方志编纂委员会编:《宁波年鉴2005》,北京:中华书局,2005年版,第114页。

休斯敦港结为友好港口。① 这些航线的开辟,使宁波港在世界三大主
要贸易区的运力进一步得到加强。在这一年中,宁波港迎来了许多
"第一次"。8月5日,中国第一艘总舱容为8000个标箱的集装箱船
成功首航宁波港,投入宁波至美国西海岸直达集装箱航线的运营。②
8月15日,宁波港迎来了集装箱船中的"新科状元"——"中海亚洲号
轮"。在宁波港装载了1500个标箱后,"中海亚洲号轮"驶往美国西
海岸,开始投入宁波至美国西海岸的集装箱航线运营后的第一次
航行。③

　　2005年,宁波港开通至美洲远洋干线3条,分别是:5月20日,
南美轮船集团的北欧亚航运公司在北仑第二集装箱码头分公司开辟
南美东集装箱远洋干线;5月21日,由达飞轮船公司、中海航运以及
马鲁巴航运公司联合经营的南美东远洋干线开通;7月16日宁波北
仑国际集装箱码头有限公司新辟1条美西航线。④ 宁波至美洲新航
线的开辟,大大提升了宁波至美洲的集装箱运输能力。同年,宁波港
举行港口设施保安演习,积极履行SOLAS公约。SOLAS公约是一
个以美国为主要发起国家、中国政府参加的以港口设施安保为主要
内容的国际公约,所有国际航行的船舶和涉外港口都要参加这一公

　　① 宁波市地方志编纂委员会编:《宁波年鉴2005》,北京:中华书局,2005年
版,第110页。
　　② 宁波市地方志编纂委员会编:《宁波年鉴2005》,北京:中华书局,2005年
版,第23页。
　　③ 《"中海亚洲"首航宁波港:集装箱船新科状元》,《宁波日报》,2004年8月
16日第A1版。
　　④ 宁波市地方志编纂委员会编:《宁波年鉴2006》,北京:中华书局,2006年
版,第118页。

约。到此次演习为止,宁波市已有 23 个码头取得了 SOLAS 公约港口安保设施的认证,这 23 个港口可以作为对外开放码头进行运作。演习也是为了即将开始的中美政府间履行 SOLAS 公约的相互考察做准备。①

2006 年,宁波-舟山港开辟美西、南美及北美海运航线。4 月 14 日,北仑第二集装箱码头分公司开辟美西、南美海运航线。其中,美西航线由中海集装箱运输有限公司与达飞轮船(中国)船务有限公司合作经营,共投入船舶 4 艘;南美航线由马士基公司经营,共投入船舶 8 艘。4 月 18 日,北仑第二集装箱码头分公司新增 1 条北美航线。5 月 20 日,北仑第二集装箱码头分公司开辟中南美周班航线。② 5 月 9 日至 17 日,宁波市委副书记率代表团参加浙江省在美国纽约举办的"2006 美国·中国浙江周"系列活动,并陪同时任浙江省委书记、省人大常委会主任习近平出席宁波-舟山港与纽约-新泽西航港局友好合作协议签约仪式。③

同年,宁波-舟山港"朋友圈"又新增 2 位。8 月 12 日至 22 日,应巴西桑托斯市政府邀请,宁波市政协主席王卓辉率代表团访问巴西。在巴西期间,王卓辉一行会见桑托斯市副市长安东尼·卡罗斯等市政府官员,双方就进一步开展合作进行商谈,并出席宁波港集团与桑

①　《宁波港举行港口设施安保演习:履行 SOLAS 公约》,《宁波日报》,2005 年 11 月 29 日第 A3 版。

②　宁波市地方志编纂委员会编:《宁波年鉴 2007》,北京:中华书局,2007 年版,第 166—167 页。

③　宁波市地方志编纂委员会编:《宁波年鉴 2007》,北京:中华书局,2007 年版,第 389 页。

托斯港务局建立友好合作关系协议书签署仪式。① 9 月 5 日，宁波市委副书记郁义康在阿根廷布宜诺斯艾利斯与阿根廷港务局负责人迪阿斯先生签署两港友好协议，宁波港与阿根廷布宜诺斯艾利斯港结为友好港。布宜诺斯艾利斯港作为阿根廷最大的海运港口，具有宁波港所不具备的特质。而双方签署协议结为友好港，目的就在于建立港口高科技建设经验交流及物流信息等沟通渠道，为各自的经济发展创造良好的运输条件。②

2009 年开始，受到国际金融危机的影响，宁波港股份有限公司开始重点开辟受金融危机影响较小的中东、红海、地中海、南美、非洲、东南亚等地区的航线，使港口的航线调整和缩减幅度降到最小。③直到 2010 年才逐渐恢复欧美航运并在一定基础上新辟相关航线。2月 27 日，大榭招商国际码头由韩进海运和中远航运联合开辟的首条国际航线——美西北线投入运营。8 月 20 日，海南泛洋航运有限公司的美西航线首航船靠泊。9 月 10 日，美西航线首航船"南京巨龙轮"靠泊宁波港吉码头经营有限公司码头。9 月 15 日，宁波远东码头经营有限公司新增 1 条南美西航线。④

2013 年，宁波-舟山港远洋干线大量开辟至美洲。3 月 15 日，由

① 宁波市地方志编纂委员会编：《宁波年鉴 2007》，北京：中华书局，2007 年版，第 384—385 页。

② 宁波市地方志编纂委员会编：《宁波年鉴 2007》，北京：中华书局，2007 年版，第 162 页。

③ 《宁波港货物吞吐量上月创历史同期新高——集装箱吞吐量比 4 月份增长 10%》，《宁波日报》，2009 年 6 月 6 日第 A1 版。

④ 《宁波年鉴》编辑部编：《宁波年鉴 2011》，北京：中华书局，2011 年版，第 181—182 页。

法国达飞轮船有限公司自营的达飞南美东线首航船——"达飞佛罗里达轮"靠泊宁波港吉码头经营有限公司码头。4月16日，由马士基航运公司自营的美东线 TP7 首航船——"马士基克里斯蒂娜轮"靠泊北仑第二集装箱公司码头。4月25日，由地中海航运公司自营的地中海南美东线首航船——"地中海圣保罗轮"靠泊宁波港吉码头经营有限公司码头。9月，中海集装箱运输股份有限公司和阿拉伯联合航运公司合营 1 条新航线，共投入 6 艘舱容为 4250 个标箱以上的船舶，沿途挂靠洛杉矶、厦门等港口。①

2014 年上半年，宁波港调整了 50 多条集装箱国际航线，集装箱远洋干线达 114 条，航线总数达 230 条，其中宁波港至欧美国家的干线升至 56 条，这些航线紧贴主要经济体和新兴经济体，质量高、航班密，推动宁波港向"量质并重"转型升级，增强了全球客商"货走宁波港"的吸引力。并且依托巴西世界杯足球赛效应，宁波港完成的南美国家箱量同比增长 17.7%。同时，宁波港的水水中转业务也凭借良好的"港航""港港"合作得到快速发展。②

2016 年 12 月 19 日，中国远洋海运集团有限公司开辟 1 条中远美西南线，"中海釜山轮"首航靠泊宁波舟山港股份有限公司北仑第二集装箱码头分公司。12 月 20 日、29 日，2M 联盟合营开辟 2 条美西航线，"普埃洛轮""地中海雷妮轮"先后首航靠泊宁波北仑国际集

---

① 宁波市地方志编纂委员会编：《宁波年鉴 2014》，北京：中华书局，2014 年版，第 213 页。

② 包凌雁、胡泽波：《宁波港吞吐量增幅列国内五强首位》，《宁波日报》，2014 年 7 月 1 日第 A2 版。

装箱有限公司码头。^① 到了 2020 年，作为中国对外开放的枢纽门户，宁波每天有 100 余艘次万吨级以上船舶进出，是东南亚国家输往日韩、北美等地的国际贸易货源的枢纽，也是长三角地区和内陆省份商品的"出海口"。^②

四、宁波港与非洲、大洋洲国家的交流

中华人民共和国成立以来，宁波与非洲、大洋洲国家的外事往来主要还是从宁波港对外开放开始的。1978 年开始，中国实施改革开放，宁波港成为中国对外交流的一个通道。1979 年 6 月 1 日，宁波港对外开放。1981 年 9 月 11 日，北仑港区、镇海港区对外轮开放。^③

1984 年 8 月，宁波港开始在非洲进行国际集装箱运输，于镇海港区出运。因尚无集装箱专用码头及装卸设施，吞吐量、装卸效益较低，是年，集装箱吞吐量 543 个标箱，计 1603 吨。^④ 1989 年，宁波港国际货运线逐渐扩至亚洲、欧洲、美洲、非洲、大洋洲五大洲。同时，

① 宁波市人民政府地方志办公室编：《宁波年鉴 2017》，宁波：宁波出版社，2017 年版，第 120 页。

② 俞永均、洪宇翔：《宁波舟山港拥抱世界"八面来风"》，《宁波日报》，2020 年 3 月 9 日第 A1 版。

③ 宁波市地方志编纂委员会编：《宁波市志》（全三册），北京：中华书局，1995 年版，第 130 页。

④ 宁波市地方志编纂委员会编：《宁波市志》（全三册），北京：中华书局，1995 年版，第 702 页。

宁波港与日本有定期班轮,且与朝鲜、新加坡、马来西亚、菲律宾、美国、苏联、澳大利亚、巴西、西班牙、葡萄牙、罗马尼亚、阿尔巴尼亚、利比亚等国通航。[①]

从 1988 年 9 月 1 日宁波港轮驳公司首次成功接卸利比里亚籍"高尔尼科号"的 7.6 万吨进口原油起,宁波港累计完成原油过驳吞吐量 5000 多万吨,进出港油船 1748 艘次,已成为我国原油的重要中转港之一。[②] 1999 年 8 月中旬,载重量为 8.7 万吨级的利比里亚籍油轮"戴文号"首次靠泊镇海港区 17 号泊位,顺利卸下 5.1 万吨原油,输入宁波港宏石油化工仓储贸易有限公司新建的 9 万立方米储罐。[③]

2002 年 3 月 1 日,巴拿马籍"耶飞轮"从镇海港区装载 8000 吨萤石驶往北非突尼斯,标志着宁波港萤石出口非洲的新航线正式开通。[④] 同年 9 月 13 日,由宁波船务代理公司代理的法国达贸轮船公司的"爱丽莎号"集装箱轮,驶离北仑港区三期国际集装箱码头,向西非进发。这条航线是宁波港驶往西非的第一条集装箱直达航线。[⑤]

---

① 宁波市地方志编纂委员会编:《宁波市志》(全三册),北京:中华书局,1995年版,第 701 页。

② 《宁波市地方志》编纂委员会编:《宁波年鉴 1999》,北京:中华书局,2000 年版,第 52—53 页。

③ 《宁波市地方志》编纂委员会编:《宁波年鉴 1999》,北京:中华书局,2000 年版,第 53 页。

④ 《宁波年鉴》编委会编:《宁波年鉴 2003》,北京:中华书局,2004 年版,第 96 页。

⑤ 《宁波年鉴》编委会编:《宁波年鉴 2003》,北京:中华书局,2004 年版,第 95 页。

2004年2月29日，由达飞轮船和中海集运2家船公司联合开辟的西非航线，是宁波港第二条西非远洋干线。航线由宁波外轮代理公司代理，投入2艘总舱容为2000个标箱左右的集装箱船，为双周班航线，隔周日靠泊北仑国际集装箱码头，达飞轮船公司所属的"达飞凯威轮"担任首航任务。沿途靠泊上海、福州、深圳、巴生港、洛莫、科托努、拉各斯、特马以及阿比让等港口。[①] 2004年11月2日至14日，应南非曼德拉市政府邀请，浙江省委常委、宁波市委书记巴音朝鲁率政府代表团访问南非。在南非期间，代表团一行拜会曼德拉市市长法库，与相关部门负责人商谈两市交流项目，并考察曼德拉市港口、临港工业、农业和生态环保建设。[②] 2005年11月21日至12月2日，应南非曼德拉市政府邀请，宁波市副市长陈炳水率农业代表团一行7人访问南非。在南非期间，代表团一行与曼德拉市政府部门及相关人士就农业领域的合作进行会谈，并考察当地的农业基础设施及农产品出口港。2007年5月19日至30日，应埃及塞得港港务局邀请，浙江省委常委、宁波市委书记、市人大常委会主任巴音朝鲁率代表团访问埃及。在埃及期间，巴音朝鲁一行会见塞得港省省长穆斯塔法，就宁波与塞得港省加强友好往来，开展在经济、港口等领域的交流与合作进行会谈，并参观考察苏伊士运河、塞得港工业园区，出席宁波港集团公司与塞得港港务局建立友好合作

① 宁波市地方志编纂委员会编：《宁波年鉴2005》，北京：中华书局，2005年版，第114页。
② 宁波市地方志编纂委员会编：《宁波年鉴2005》，北京：中华书局，2005年版，第400页。

港关系协议备忘录签署仪式。[1] 2008 年,尼罗河航运公司开通从宁波-舟山港至西非各港口的首条直航线,货运航行时间比其他西非航线缩短 10 天左右。[2]

2009 年开始,受到国际金融危机的影响,宁波港股份有限公司开始重点开发受金融危机影响较小的中东、红海、地中海、南美、非洲、东南亚等地区的航线,使港口的航线调整和缩减幅度降到最小。[3] 2014 年 6 月 5 日,新增 1 条西非航线。该航线由商船三井、长荣海运、中远集团 3 家船公司合营,共投入 12 艘舱容为 3500 个标箱的船舶,沿途挂靠中国香港、新加坡等港口。[4] 2015 年 7 月 10 日至 11 日,马达加斯加塔马塔夫港总裁安万兰·克里斯蒂安一行访问宁波,参加"航海日"论坛及系列活动。[5] 2016 年 7 月 11 日至 12 日,马达加斯加塔马塔夫港总裁安万兰·克里斯蒂安一行、贝宁科托努市第一副市长伊泽道尔·格诺隆夫率代表团一行 7 人分别访问宁波,出席国际城市和港口合作论坛,并考察天一阁博物馆、宁

---

①　宁波市地方志编纂委员会编:《宁波年鉴 2008》,北京:中华书局,2008 年版,第 340—341 页。

②　《宁波年鉴》编辑部编:《宁波年鉴 2009》,北京:中华书局,2009 年版,第 163 页。

③　包凌雁、周波:《宁波港货物吞吐量上月创历史同期新高——集装箱吞吐量比 4 月份增长 10％》,《宁波日报》,2009 年 6 月 6 日第 A1 版。

④　宁波市地方志编纂委员会编:《宁波年鉴 2015》,北京:中华书局,2015 年版,第 152 页。

⑤　宁波市人民政府地方志办公室编:《宁波年鉴 2016》,宁波:宁波出版社,2016 年版,第 342 页。

波舟山港、中国(北仑)港口博物馆。①

2024年1月1日上午,宁波舟山港股份有限公司北仑矿石码头分公司迎来了新年首艘大型国际航行矿船——利比里亚籍"国银百色轮",该货轮装载着8.8万吨进口铁矿砂,在4艘拖轮的助力下缓缓靠泊。②

宁波与大洋洲国家的外事往来主要还是从宁波港对外开放开始的。1978年开始,中国实施改革开放,宁波港成为中国对外交流的一个通道。1979年6月1日,宁波港对外开放。1981年9月11日,北仑港区、镇海港区对外轮开放。③ 同年10月5日,10万吨级"宝清海号"远洋货轮装载澳大利亚铁矿石8.2万吨抵北仑港④,1987年4月起,首次装载进口矿石13万吨中转入长江。此后,每年中转换装、进口澳大利亚铁矿石200万吨至长江沿线武汉、马鞍山、梅山等钢厂。⑤ 1990年12月4日至12日,应澳大利亚西澳州弗里曼特尔市市长卡拓里尼和弗里曼特尔港务局局长波斯蒂邀请,宁波市人大常委会主任宋瑞甫率经济技术考察团一行6人访问澳大利

① 宁波市人民政府地方志办公室编:《宁波年鉴2017》,宁波:宁波出版社,2017年版,第378页。

② 徐能、蒋晓荣、陈鹏:《新年首艘国际航行矿船抵港》,《宁波日报》,2024年1月2日第A4版。

③ 宁波市地方志编纂委员会编:《宁波市志》(全三册),北京:中华书局,1995年版,第130页。

④ 宁波市地方志编纂委员会编:《宁波市志》(全三册),北京:中华书局,1995年版,第132页。

⑤ 宁波市地方志编纂委员会编:《宁波市志》(全三册),北京:中华书局,1995年版,第700页。

亚西澳州弗里曼特尔市。

　　1995 年 3 月 19 日至 4 月 2 日，应新西兰怀特克里市市长鲍勃·哈维、澳大利亚外交贸易部副部长约翰·麦卡瑟邀请，宁波市市长率政府代表团一行 6 人访问新西兰、澳大利亚。在新西兰期间，鲍勃·哈维会见代表团一行，并共同签署宁波市与怀特克里市建立友好关系协议书。在澳大利亚期间，代表团一行拜会澳大利亚外交贸易部部长格里斯·埃文思、西澳州总理理查德·考特、悉尼市副市长郑小龙，走访新南威尔士州澳中工商会、西澳工商会、西澳华人商会、澳华国际商会，并考察悉尼港、墨尔本港、弗里曼特港及部分通信、造船、电力公司。

　　1996 年 5 月 23 日至 26 日，以怀特克里市市长鲍勃·哈维为团长的新西兰友好城市贸易团来甬访问，并签署双方进一步发展友好关系的备忘录。① 从此，宁波港与大洋洲的港口友好交流正式拉开序幕。10 月 4 日至 13 日，宁波市政协主席叶承垣率经济代表团一行 7 人访问新西兰怀特克里市，市长哈维会见代表团一行。访问期间，代表团一行与怀特克里市政府部门就两市年度交流计划及双方开展在服装面料生产、海洋渔业捕捞等领域的合作进行洽谈，并考察奥克兰港，商讨宁波港与奥克兰港在港口建设、管理等方面的合作。② 1998 年 11 月 30 日至 12 月 7 日，应新西兰怀特克里市政府邀请，宁波市人大常委会副主任陈泰声率友好代表团一行 6 人访问怀特克里市，洽

---

① 宁波年鉴编辑部编：《宁波年鉴 1997》，北京：中华书局，1997 年版，第 37 页。
② 宁波年鉴编辑部编：《宁波年鉴 1997》，北京：中华书局，1999 年版，第 321 页。

谈 1999 年度两市友好交流项目。访问期间，双方正式签署两市缔结友好城市关系协议书，宁波市向怀特克里市赠送石狮子 1 对以做结好纪念。①

2002 年 5 月，应巴西里奥多西有限公司、澳大利亚悉尼港务局和印度尼西亚金光集团邀请，浙江省委常委、宁波市委书记率代表团访问巴西、澳大利亚和印度尼西亚。在澳大利亚期间，代表团一行出席 17 日在悉尼举行的宁波港务局与中远（澳洲）有限公司关于加强集装箱运输、现代综合物流业务合作意向书签署仪式。② 5 月 21 日，巴拿马籍"白珊瑚轮"从镇海港区装载 4000 吨萤石后直驶澳大利亚，宁波港萤石出口大洋洲新航线正式开通。③

2004 年宁波港新辟至大洋洲集装箱航线 2 条。5 月 14 日，澳大利亚西澳州工业资源部副部长诺埃尔·阿斯克罗夫特一行 3 人访问宁波，考察宁波北仑港铁矿进口、矿石中转等情况。④ 5 月 25 日，法国达飞轮船公司所属的"澳航探险家轮"成功靠泊北仑第二集装箱有限公司码头，标志着宁波港直达大洋洲的集装箱航线开通，至此宁波港集装箱航线已覆盖全球五大洲。⑤ 6 月 30 日至 7 月 1 日，澳大利

<hr />

① 宁波年鉴编辑部编：《宁波年鉴 1999》，北京：中华书局，2000 年版，第 353 页。

② 《宁波年鉴》编委会编：《宁波年鉴 2003》，北京：中华书局，2004 年版，第 387 页。

③ 《宁波年鉴》编委会编：《宁波年鉴 2003》，北京：中华书局，2004 年版，第 96 页。

④ 宁波市地方志编纂委员会编：《宁波年鉴 2005》，北京：中华书局，2005 年版，第 404 页。

⑤ 宁波市地方志编纂委员会编：《宁波年鉴 2005》，北京：中华书局，2005 年版，第 115 页。

亚西澳州州督桑德森中将一行 6 人访问宁波,代市长毛光烈会见桑德森一行。在甬期间,桑德森一行参观北仑港,考察进口天然气接收站选址。① 7 月 6 日,宁波港第二条大洋洲航线开通。航线由商船三井、铁行渣华、日本邮船、川崎汽船以及中远集运等 5 家船公司联合经营。②

2006 年 2 月 21 日,地中海航运公司、马士基 2 家船运公司合作经营,开辟至大洋洲的海运航线。该航线为宁波港集团第三条至大洋洲的航线。③ 12 月 3 日至 4 日,澳大利亚西澳州政府内阁成员、工业资源部部长约翰·保勒率政府代表团访问宁波,市委常委、常务副市长王勇会见代表团一行。在宁波期间,代表团一行参观北仑铁矿砂码头和在建的宁波钢铁公司项目,并与部分民营企业家进行座谈。④

2007 年 6 月 27 日至 7 月 8 日,应新西兰怀特克里市政府、澳大利亚西澳州工业资源部和新加坡港务局邀请,宁波市委副书记、市长毛光烈率代表团访问新西兰、澳大利亚和新加坡。在新西兰期间,毛光烈一行会见了怀特克里市市长鲍勃·哈维,双方就进一步开展在经贸、教育、文化、旅游等领域的交流与合作进行商谈,并签署两市进

① 宁波市地方志编纂委员会编:《宁波年鉴 2005》,北京:中华书局,2005 年版,第 404 页。

② 宁波市地方志编纂委员会编:《宁波年鉴 2005》,北京:中华书局,2005 年版,第 115 页。

③ 宁波市地方志编纂委员会编:《宁波年鉴 2007》,北京:中华书局,2007 年版,第 166 页。

④ 宁波市地方志编纂委员会编:《宁波年鉴 2007》,北京:中华书局,2007 年版,第 385 页。

一步拓展友好交流与合作备忘录。同时，代表团一行参观考察当地学校、电影拍摄基地、体育中心、图书馆、水上运动中心。在澳大利亚期间，毛光烈一行会见澳大利亚贸易委员会首席执行官彼得·奥本尼，商讨合作举办澳大利亚商品贸易博览会事宜；会见新南威尔士州州议员、悉尼市华裔前副市长曾筱龙，新南威尔士州港口水运部部长乔·特立珀迪，宝活市华裔市长王国忠，以及澳大利亚浙江同乡会宁波籍人士，并接受《澳洲日报》等当地多家新闻媒体的联合采访。代表团一行还访问西澳州，与西澳州总理艾伦·卡彭特就宁波与西澳州在港口、能源和贸易等领域的合作进行商谈，并考察澳大利亚西北大陆架天然气公司和力拓集团丹皮尔铁矿码头。① 2009 年 10 月 18日至 19 日，澳大利亚西澳州海德兰德港务局主席伊恩·威廉姆斯率代表团一行 3 人访问宁波，考察宁波港集团、宁波钢铁公司，并与宁波港集团商讨两港建立友好港口关系以及合资建设海德兰德港外港的可能性。②

2013 年 3 月 14 日，来自澳大利亚马绍尔群岛的"塞莫里奥"焦煤船在北仑港区卸焦煤。该船全长 288.92 米，宽 45 米，载货量为 16.5万吨，是当时首靠北仑港载货量最多的焦煤船。③ 2014 年 7 月 2 日至 11 日，应新西兰奥克兰市政府、澳大利亚西澳州政府和新加坡国

---

① 宁波市地方志编纂委员会编：《宁波年鉴 2008》，北京：中华书局，2008 年版，第 341 页。

② 《浙江外事年鉴》编纂委员会编：《浙江外事年鉴》(2010)，杭州：浙江大学电子音像出版社，2010 年版，第 261 页。

③ 蒋晓东、严龙、周磊：《宁波港迎来最大焦煤船》，《宁波日报》，2013 年 3 月15 日第 A7 版。

际企业发展局邀请,浙江省委常委、宁波市委书记刘奇率代表团访问新西兰、澳大利亚和新加坡。在新西兰期间,刘奇一行会见奥克兰市市长莱恩·布朗,双方就开展海洋经济发展、经贸合作、教育合作、环境保护和青年交流等领域的交流进行会谈。在澳大利亚期间,代表团一行考察了西澳州弗里曼托港,与弗里曼托港务局局长艾伦·格莱商讨在港口管理、转口贸易和活畜运输等方面的合作,并会见了西澳州州长科林·巴尼特、财政部部长兼能源部部长麦克·纳汉及经济发展部常务副部长斯芬·伍德,就宁波与西澳州的双边贸易、农业合作等进行会谈。① 2016 年 7 月 5 日,澳大利亚西澳州发展部部长兼农经拓展部、财政部、创新部部长迈米安,农业与食品部部长兼交通部部长丁那德率西澳州政府代表团一行 8 人访问宁波,考察宁波澳洲活牛进口、铁矿石进口情况。宁波市委副书记、代市长会见代表团一行,副市长王剑侯、市政府秘书长王建社陪同会见。②

---

① 宁波市地方志编纂委员会编:《宁波年鉴 2015》,北京:中华书局,2015 年版,第 563 页。

② 宁波市人民政府地方志办公室编:《宁波年鉴 2017》,宁波:宁波出版社,2017 年版,第 378 页。《浙江外事侨务年鉴》编纂委员会编:《浙江外事侨务年鉴》(2017),杭州:浙江大学出版社,2018 年版,第 232 页。

第五章
东方大港的多样产业

　　港口是贸易的重要节点，也是商品、人员和技术流通的主要通道。以港口为中心，铁路、公路和水路的有效连接加快了商业贸易的往来，有效支撑区域经济发展。随着港口功能的不断提升和拓展，围绕港口形成了各种形式的滨海产业，其中以渔业、盐业、造船业、航运业和旅游业最为突出。环绕东方大港，周边区域的海洋渔业是中国海洋捕捞规模最大的产业，而宁波象山的花岙盐场如今已是浙江省唯一仍从事晒盐的盐场。宁波舟山港已是全球港口贸易的重要节点，海铁联运有效支撑中国与世界各国之间的贸易往来。大量人口在港口集聚、休闲，进一步刺激了港口周边的滨海旅游产业。舟山的普陀山、桃花岛，象山的石浦镇，镇海的海防博物馆，构成了海洋自然景观与人文景观交汇的美丽景观。

一、缘海为生的海洋渔业

宁波沿海的渔业生产在河姆渡文化时期（前5000—前3300）就已经存在①，当时沿海居民多以抓捕潮间带的海鱼为生，不过这一时期的原始居民捕鱼还只是为了维持生存，而这种抓捕更多的是在滩涂采集贝壳，捕捞工具是非常简单的。宁波地区水网密布，两面濒海，捕捞业自然成为农业的重要补充。商周时期（约前1600—前256），"饭稻羹鱼"已经成为浙东先民生活方式的一个基本特质。《国语》记载，越自建国即"滨于东海之陂，鼋鼍鱼鳖之与处，而蛙黾之与同陼"。显然濒海的地理条件带来了渔捞之利。

两汉时期（前202—220），奉蚶之类的贝类海鲜已成为宁波居民佐餐的佳品。宁波所产的鲐酱已经被列为贡品，有"四方玉食之冠"的美称②。可见当时浙江海产品加工除了曝晒制干，还可以做成酱制品保藏。三国时期（220—280），吴国丹阳太守沈莹（？—280）所著的《临海水土异物志》为目前所见的最早记载浙东沿海水产资源种类的著作。现存佚文统计，该书记载的东南沿海的海洋捕捞动物有鹿鱼、土鲮鱼、比目鱼、鲤鱼、牛鱼、石首鱼、槌额鱼、黄灵鱼、印鱼、寄度鱼、邵

---

① 陈炎：《海上丝绸之路与中外文化交流》，北京：北京大学出版社，1996年版，第4、8页。

② 王志邦：《浙江通史·第3卷·秦汉六朝卷》，杭州：浙江人民出版社，2005年版，第115页。

鱼、陶鱼、石斑鱼、乌贼以及蚶、蛎、蛤蜊等 90 多种[1]。从种类众多的近海与远洋生物种类来看，这一时期宁波沿海渔民掌握了驾船出海捕鱼的技术，无论造船技术还是捕捞技术都随着捕捞区域的变化而进步。

西晋时期(266—316)，宁波海洋渔业捕捞技术有了进一步发展。吴郡人陆云在《答车茂安书》中对宁波海洋渔业生产方式有详细的描述："东临巨海，往往无涯，汜船长驱，一举千里。北接青、徐，东洞交、广，海物惟错，不可称名……若乃断遏海遄，隔截曲隩，随潮进退，采蚌捕鱼，鳣鲔赤尾，鲲齿比目，不可纪名。"[2] 由此可见，宁波一带可以捕获的水产种类很多，作业方式为在潮间带附近的浅海滩涂上插籪、堆堰，随潮进退，捕捉鱼虾贝类。与三国时期相比，此时的宁波海洋渔业从原先的在潮间带采集捕捞开始逐渐向近海扩张，其最明显的证据就是一些海洋鱼类如石首鱼、鲵鱼已经成为烹饪的常见原料。这些鱼类一般无法在潮间带捕捉，唯一的可能就是当时宁波沿海渔民已经逐步掌握了近海捕捞技术。

到唐代，明州(宁波)常见海水品有淡菜、海蜇、牡蛎、鲳鱼、脆鲈、海虾、乌贼、蝤蛑、蚶、蛤等。这一时期，宁波在海产品的加工与保存方法上也有所创新。干、腌、浸、糟、酱、鲙(把物料细切成丝，一般生食)、脯等成为海洋生物加工的常用方法，其中最为著名的如红虾米等干货，是非常利于贮藏和远销的。除了干晒外，酒糟、腌制也成为

---

① ［三国吴］沈莹撰，张崇根辑校：《临海水土异物志辑校》(修订本)，北京：农业出版社，1988 年版，第 7—33 页。

② ［晋］陆云撰，黄葵点校：《陆云集》卷第十"答车茂安书"，北京：中华书局，1988 年版，第 174—175 页。

海产品保藏的常用手段。

两宋时期(960—1279)，宁波沿海渔民捕到的鱼的种类和捕鱼的范围有了进一步的增加。《(宝庆)四明志》中已经将海洋植物和动物分别划归为"草之品"和"水族之品"，其中对水族类又做了进一步细分，如鲨鱼就有白蒲鲨、黄头鲨、白眼鲨、白荡鲨、青顿鲨、乌鲨、斑鲨、牛皮鲨、狗鲨、鹿文鲨、鲼鲨、魟鲨、燕尾鲨、虎鲨、犁到鲨、香鲨、熨斗鲨、鬐鲨、剑鲨、刺鲨等 20 种，螺有香螺、刺螺、辣螺、拳螺、剑螺、钉螺、斑螺、鹦鹉螺、蜓蜗小螺、海蛳等 10 种[1]。得益于海外贸易的发展与造船技术的提升，宋代宁波海洋渔业生产活动已经跨过潮间带向近海扩展，并开始走向汪洋大海。另外，由于宁波沿海地区土地贫瘠，于是靠海吃海，从事海洋捕捞成为居民重要谋生手段之一。如奉化县(现奉化区)，"濒海小民业网罟舟楫之利，出没波涛间"[2]。在长期的生产作业中，宁波沿海的渔民们积累了丰富的经验，逐渐发现并掌握了鱼汛和各种鱼类的活动规律。如他们掌握了石首鱼(即大黄鱼)顺时而往还的规律和出没地点，每年 3、4 月间，"海人每以潮汛，竞往采之，曰洋山鱼"[3]。春鱼，"似石首而小，每春三水业，海人竞往

① ［宋］胡榘、［宋］罗浚纂修：《(宝庆)四明志》卷四"郡志卷第四·叙产"，宋绍定元年(1228)刻本，载《续修四库全书》编纂委员会编：《续修四库全书》(七〇五·史部·地理类)，上海：上海古籍出版社，2002 年版，第 63—66 页。

② ［宋］胡榘、［宋］罗浚纂修：《(宝庆)四明志》卷十四"奉化县志卷第一·风俗"，宋绍定元年(1228)刻本，载《续修四库全书》编纂委员会编：《续修四库全书》(七〇五·史部·地理类)，上海：上海古籍出版社，2002 年版，第 219 页。

③ ［宋］胡榘、［宋］罗浚纂修：《(宝庆)四明志》卷四"郡志卷第四·叙产·水族之品"，宋绍定元年(1228)刻本，载《续修四库全书》编纂委员会编：《续修四库全书》(七〇五·史部·地理类)，上海：上海古籍出版社，2002 年版，第 63 页。

取之,名曰'捉春',不减洋山之盛"①。这一时期,中原地区的战乱使
得大量人口从北方向南方迁移,宁波也迎来了人口增长的一个高峰。
大量人口对水产品消费的增加不仅推动了海洋渔业捕捞的发展,也
促进了沿海水产养殖业的兴起。明州近海渔民在宋代已开始从事滩
涂养殖业,如他们掌握了海蛤的养殖技巧。"每一潮生一晕,海滨人
以苗栽泥中伺其长,八月十六日雀入水化蛤,海滨有见之者。"②南宋
时,明州百姓掌握了养殖江瑶的技术,如著名诗人陆游(1125—1210)
就说道:"明州江瑶柱有二种:大者江瑶,小者沙瑶。然沙瑶可种,逾
年则成江瑶矣。"③海洋捕捞业与滩涂养殖业的发展,使宁波海产品
产量大增,渔民们将部分鲜货直接投放周边市场,大部分海产品则
通过特殊加工贮存,海产加工业也随之兴起。当时宁波鱼类食品
的加工主要采用腌制法、干制法,或将鱼类食品腌制后再曝干,做
成腌腊食品。如石首鱼,"盐之可经年,谓之郎君鲞";鲨鱼"夏初曝
干,可以致远";短鱼、魟鱼、鲟鳇鱼等也多制作成鲞或鲊④。此外,
也有将海产品加工成酱类食品的,如昌国县岱山制作的鲞酱,以风味

---

① [宋]胡榘、[宋]罗浚纂修:《(宝庆)四明志》卷四"郡志卷第四·叙产·水族
之品",宋绍定元年(1228)刻本,载《续修四库全书》编纂委员会编:《续修四库全书》
(七〇五·史部·地理类),上海:上海古籍出版社,2002年版,第63页。

② [宋]胡榘、[宋]罗浚纂修:《(宝庆)四明志》卷四"郡志卷第四·叙产·水族
之品",宋绍定元年(1228)刻本,载《续修四库全书》编纂委员会编:《续修四库全书》
(七〇五·史部·地理类),上海:上海古籍出版社,2002年版,第66页。

③ [宋]陆游撰、杨立英校注:《老学庵笔记》卷一"历代名家小品文集",西安:
三秦出版社,2003年版,第15页。

④ [宋]胡榘、[宋]罗浚纂修:《(宝庆)四明志》卷四"郡志卷第四·叙产",宋绍
定元年(1228)刻本,载《续修四库全书》编纂委员会编:《续修四库全书》(七〇五·史
部·地理类),上海:上海古籍出版社,2002年版,第63—66页。

独特而出名，"岱山之鲞酱独珍，他所虽有之，味皆不及此"①。腌制和鲞制食品的推广使得食盐成为宁波沿海渔民海产品加工不可或缺的材料。

元代《（至正）四明续志·卷五·土产》中记载，当时开发的宁波海洋渔业资源种类有："药材"类的乌贼骨；"草木"类的苔、紫菜、海藻；"水族"类的鲈鱼、石首鱼、鰀、春鱼、鮸鱼、鲳鰔、鲨鱼、比目鱼、带鱼、鳗、华脐鱼、鲟鳇鱼、乌贼、章巨、鳘鱼、鲎鱼、银鱼、蠓鱼、白鱼、梅鱼、火鱼、短鱼、魟鱼、肋鱼、马鲛鱼、鲻鱼、鳞鱼、吹沙鱼、泥鱼、箬鱼、黄滑鱼、吐哺鱼、阑胡、蛑蚱、蟹、螃蟹、蟛蟥、虾、鲎、蛤、淡菜、蟶、蛎房、蟛、江珧、螺、车螯、蛤蜊、蛏子、蚶子、蚬、肘子、土铁、海月、鮀鱼。② 由于宁波（庆元）濒临东海，滨海地区土地不适宜耕种，因此，大量的百姓从事海洋渔业生产，其渔业已经由潮间带采集为主转为以近海捕捞为主。此外，这一时期的养殖技术也有所提升。如江珧"形如大蛤而长口阔而末尖，海人亦取苗种于海涂，随长至口阔一二尺者为佳"；蚶子"多出鲒埼，冬月有之，亦采苗种之海涂，谓之蚶田"③。而这一时期海产品的加工基本沿用了宋代的技术，一般采取盐腌制的办

① ［宋］胡榘、［宋］罗濬纂修：《（宝庆）四明志》卷二〇"昌国县志·叙产"，宋绍定元年（1228）刻本，载《续修四库全书》编纂委员会编：《续修四库全书》（七〇五·史部·地理类），上海：上海古籍出版社，2002年版，第305页。

② ［元］王元恭：《（至正）四明续志》卷五"土产"，元至正二年（1342）刊本，载《续修四库全书》编纂委员会编：《续修四库全书》（七〇五·史部·地理类），上海：上海古籍出版社，2002年版，第548、550—552页。

③ ［元］王元恭：《（至正）四明续志》卷五"土产·水族"，元至正二年（1342）刊本，载《续修四库全书》编纂委员会编：《续修四库全书》（七〇五·史部·地理类），上海：上海古籍出版社，2002年版，第550—552页。

法,用于腌制鱼鲞等海产的盐称为"渔盐"。至元三十年(1293),昉于燕参政上奏,"海边捕鱼时,分令船户各验船料大小,赴局买盐淹淹鱼鲞"①。随后,两浙"置局卖盐鱼盐于海滨渔所"②。大德元年(1297),昌国州的渔盐购买量是 800 引③。当然,海产的保存并不一定非要用盐腌制,还有一种方法是将其曝晒,制成鱼干,如比目鱼,"舟人捉春时得之,则曝干为鲰,可致远"④。

明朝时期,政府是不允许沿海渔民在未经允许的情况下出海捕鱼的。明朝初期,尽管经历了大规模的人口内迁和渔业禁令,但宁波沿海渔业仍有所发展。在流通领域,除了腌制外,随着渔业生产的扩大,宁波更多的渔民选择用冰冻的办法来保鲜。元代出现的具有商业用途的天然冰窖在明朝前期仍继续使用,洪武年间(1368—1398)政府对冰窖的租米达到二十四石⑤。成化年间(1465—1487),宁波上贡"海鲜螟轧紫菜、泥螺、鹿角菜、虾米、鲻鱼、鮸鱼、银鱼酱、蛸蚨酱、

---

① 　[元]冯福京等编:《(大德)昌国州图志》卷三"叙赋·渔盐",元大德戊戌年(1298)刊本,《景印文渊阁四库全书》第四九一册,台北:台湾商务印书馆,1986 年版,第 288 页。

② 　[明]宋濂等:《元史》卷九四"志第四十三·食货二·盐法",北京:中华书局,1976 年版,第 2391 页。

③ 　[元]冯福京等编:《(大德)昌国州图志》卷三"叙赋·渔盐",元大德戊戌年(1298)刊本,《景印文渊阁四库全书》第四九一册,台北:台湾商务印书馆,1986 年版,第 288 页。

④ 　[元]王元恭:《(至正)四明续志》卷五"土产·水族",元至正二年(1342)刊本,载《续修四库全书》编纂委员会编:《续修四库全书》(七〇五·史部·地理类),上海:上海古籍出版社,2002 年版,第 550—552 页。

⑤ 　[清]李前泮主修,[清]张美翊总修:《(光绪)奉化县志》卷七"户口·田赋",清光绪卅四年(1908)刊本,《中国方志丛书·华中地方》(第 204 号),台北:成文出版社有限公司,1975 年版,第 368 页。

蚶、鲳鱼、跳鲻鱼、龙头鱼、鲜蛤、鲈鱼、海鲫鱼、鳗鱼"①等 16 种,其中鄞县岁贡"海鲜螟蛀泥螺、紫菜、虾米、鹿角菜"②等 4 种;慈溪县岁贡"海味鲻鱼、鮸鱼、虾米、泥螺"③等 4 种;奉化县岁贡"海味鮸鱼、鳗鱼、鲈鱼、海鲫鱼、鲳鱼、蚶子、螟蛀银鱼、跳鲻鱼"④等 8 种;定海县岁贡"海味紫菜、虾米、泥螺、鹿角菜、鮸鱼、鲻鱼、酱蜻蜓"⑤等 7 种;象山县岁贡"海味鲈鱼、鮸鱼、跳鲻鱼、鲻鱼、泥螺、虾米、鲫鱼、龙头鱼"⑥等 8 种,可见捕鱼种类的增加。嘉靖年间(1522—1566),宁波海洋渔业已经形成规模,从业人员在沿海人口中所占的比例已经非常高。"向来定海、奉、象一带贫民以海为生,荡小舟至陈钱、下八山取壳肉、紫菜

① ［明］杨寔纂修,［明］张瓒、［明］方达校正:《(成化)宁波郡志》卷四"贡赋考·郡贡",明成化四年(1468)刊本,《中国方志丛书·华中地方》(第 496 号),台北:成文出版社有限公司,1983 年版,第 253 页。

② ［明］杨寔纂修,［明］张瓒、［明］方达校正:《(成化)宁波郡志》卷四"贡赋考·鄞县·贡",明成化四年(1468)刊本,《中国方志丛书·华中地方》(第 496 号),台北:成文出版社有限公司,1983 年版,第 257 页。

③ ［明］杨寔纂修,［明］张瓒、［明］方达校正:《(成化)宁波郡志》卷四"贡赋考·慈溪县·贡",明成化四年(1468)刊本,《中国方志丛书·华中地方》(第 496 号),台北:成文出版社有限公司,1983 年版,第 259 页。

④ ［明］杨寔纂修,［明］张瓒、［明］方达校正:《(成化)宁波郡志》卷四"贡赋考·奉化县·贡",明成化四年(1468)刊本,《中国方志丛书·华中地方》(第 496 号),台北:成文出版社有限公司,1983 年版,第 262 页。

⑤ ［明］杨寔纂修,［明］张瓒、［明］方达校正:《(成化)宁波郡志》卷四"贡赋考·定海县·贡",明成化四年(1468)刊本,《中国方志丛书·华中地方》(第 496 号),台北:成文出版社有限公司,1983 年版,第 264 页。

⑥ ［明］杨寔纂修,［明］张瓒、［明］方达校正:《(成化)宁波郡志》卷四"贡赋考·象山县·贡",明成化四年(1468)刊本,《中国方志丛书·华中地方》(第 496 号),台北:成文出版社有限公司,1983 年版,第 267 页。

者,不啻万计。"①"若定海之舟山,又非普陀诸山之比,其地则故县治也,其中为里者四,为岙者八十三,五谷之饶,鱼盐之利,可以食数万众,不待取给于外。"②明朝晚期,大规模的倭寇入侵已经随着宁波海防的加强而逐渐消失。在海防稳定的前提下,宁波沿海的社会经济逐渐得到恢复和发展,海洋渔业活动也逐渐正常化。

清代乾隆年间,宁波鄞县冰鲜鱼已经形成规模,春末夏初所捕捞的石首鱼,"佐以藏冰,曰:'冰鲜'"③。与此同时,冰已成为鄞县特产,"甬东滨江居民多藏冰为业,谓之'冰厂',夏初凿取,以佐海鱼行远"④。嘉庆二年(1797),宁波镇海新碶头帮成立永靖公所⑤。该公所拥有冰鲜船60余艘,已经在当时浙江的海洋渔业生产中占有一席之地。就整个浙江而言,冰鲜业集中在宁波地区并不是偶然的。在当时,除了因为靠近渔业产地外,更重要的因素是其紧邻渔业消费市场,再加上宁波商业繁荣,以钱庄为代表的金融业相当发达,拥有强

① [明]陈子龙等辑:《皇明经世文编》卷二百七十"御倭杂著·倭寇论",明崇祯平露堂刻本,载《续修四库全书》编纂委员会编:《续修四库全书》第一六五九册,上海:上海古籍出版社,2002年版,第125页。

② [明]陈子龙等辑:《皇明经世文编》卷二百六十七"胡少保海防论·舟山论:舟山设备",明崇祯平露堂刻本,载《续修四库全书》编纂委员会编:《续修四库全书》第一六五九册,上海:上海古籍出版社,2002年版,第95页。

③ [清]钱维乔承修,[清]钱大昕总修:《(乾隆)鄞县志》卷二十八"物产·鳞介之属·石首鱼",清乾隆戊申年(1788)刊本,哈佛大学汉和图书馆藏本,第25页。

④ [清]钱维乔承修,[清]钱大昕总修:《(乾隆)鄞县志》卷二十八"物产·食货之属·冰",清乾隆戊申年(1788)刊本,哈佛大学汉和图书馆藏本,第42—43页。

⑤ 陈训正、马瀛等纂修:《定海县志》册三"鱼盐志第五·渔业",1924年铅印本,《中国方志丛书·华中地方》(第75号),台北:成文出版社有限公司,1970年版,第270页。

大的经济实力，可以提供冰鲜业所需要的庞大资金。相比冰鲜渔业，浙江宁波的咸鲜在苏南地区也已经非常有名。成书于乾隆年间的《扬州画舫录》记载，"淮南鱼盐甲天下"，其中有名的海产品"黄鲞"就来自宁波①。

清朝晚期，随着东南海防危机的出现，清政府对海洋渔业的态度从管制转为鼓励，力图通过对海洋渔业活动的扶持，达到维护国家海权的目的。到清代末期，宁波沿海渔民对鱼汛的时间和区域有了更加准确的认知，他们针对不同的鱼汛驾驶装载不同渔业捕捞工具的渔船前去捕捞。② 对于清朝晚期浙江渔船的总数，我们可以从当时的文献中加以推算。光绪二十五年（1899）出版的《浙江沿海图说》按照不同区域对浙江沿海的商渔船只数目做了统计。晚清浙江沿海渔船总数有 10000 艘左右，另有商船近千艘③。如果按照区域分布来看，渔船分布超过千艘的有镇海、宁波、象山、海门及岱山，这些区域皆靠近舟山渔场。宁波的渔船中，相当一部分是墨鱼船。如同治十一年（1872）八月二十二日《申报》报道："海关记事簿论宁波捕墨鱼生理有云：此生意于宁波甚为大事。凡船属宁波者，共有四千艇，属近处者

① ［清］李斗撰，汪北平、涂雨公点校：《扬州画舫录》卷一"草河录上"，清乾隆乙卯年（1795）刻本，《清代史料笔记丛刊》，北京：中华书局，1960 年版，第 17 页。

② ［清］沈同芳：《中国渔业历史》渔捞第五，"宁波渔时渔船海产一览表"，《万物炊累室类稿：甲编二种乙编二种外编一种》（铅印本），上海：中国图书公司，1911 年版，第 37—39 页。

③ 据各沿海地区"船只"条目统计，数据来源于［清］朱正元辑：《浙江省沿海图说》，清光绪二十五年（1899）刊本，《中国方志丛书·华中地方》（第 200 号），台北：成文出版社有限公司，1974 年版。

另有三千艇,皆于英四月择吉数日内全出海。"①另外,在新式捕捞方法中,晚清状元张謇创办的江浙渔业公司于光绪三十一年购买一艘德国蒸汽机拖网渔船"福海号"。自此开始,我国的海洋渔业就逐渐走上了渔船动力化生产作业的道路。此后,活跃在舟山渔场的不仅有老式的木质渔船,还有新式的动力化渔船。除捕捞外,这一时期的水产养殖技术也非常成熟。浙海关署税务司包腊在1870年1月撰写的《同治八年(1869年)浙海关贸易报告》中就有对象山牡蛎养殖的详细说明。②

　　民国时期,宁波沿海的水产品捕捞既有传统的小帆船捕捞,也有现代化的渔轮捕捞。就传统小帆船捕捞而言,浙江沿海已经形成5个大的渔业区,其中沈家门"为舟山群岛之渔业根据地",石浦"在三门湾口,为中山先生指定渔业港之一"③。浙江最早的动力渔船是1905年江浙渔业公司购买的新式蒸汽机拖网渔船"福海号"。"福海号"之后,一些中小民族资本家纷纷以上海为基地,成立渔业公司,添置渔轮,在舟山海域进行捕捞生产。1914年,浙海渔业公司在上海成立,从美国购入"府浙"渔轮一艘,该渔轮在与其他公司渔轮的竞争中,不断改进捕捞技术,渔业生产兴旺起来。但由于第一次世界大战爆发,煤炭价格上涨,浙海渔业公司日渐入不敷出,难以维持,遂将

　　①　《望海观渔》,《申报》第一百廿六号,清同治壬申八月廿二日(1872年9月24日),第二页。

　　②　〔英〕包腊(E. C. Bowra):《同治八年(1869年)浙海关贸易报告》(1870年1月),载中华人民共和国杭州海关译编:《近代浙江通商口岸经济社会概况——浙海关、瓯海关、杭州关贸易报告集成》,杭州:浙江人民出版社,2002年版,第127—128页。

　　③　李士豪:《中国海洋渔业现状及其建设》,上海:商务印书馆,1936年版,第94—95页。

"府浙"渔轮改为商船。1919 年，浙海渔业公司恢复，新造"富浙""裕新"渔轮 2 艘。1921 年，浙海渔业公司又向美国购买退役的军用轮船 1 艘，改装为"富海号"渔轮，多次出海捕鱼，收获颇丰。1922 年，江苏省海州渔业技术传习所在上海新造渔轮 1 艘，名为"海鹰"。1923 年，宁波商人在上海成立海利渔业公司，从英国购入渔轮 1 艘，名为"海利"，在舟山群岛附近海域捕捞作业，后因经营不善，于 1925 年改名为"永丰"，归属于永丰渔业公司。1929 年 4 月，浙江省立水产职业学校向上海大中华造船厂订造铁壳手操网渔轮 2 艘，定名"民生一号""民生二号"，基地设在上海。① 民国时期，宁波的海水养殖业集中在镇海、宁海、奉化、舟山等地，主要利用涂地养殖蛏子和毛蚶。如镇海"昆亭至合岙一带，因养蛏业颇为发达，每年收入甚丰，总计出产达六七十万斤，而以合岙为最着"②。1932 年《中国实业志浙江省编》中记载："本省养蛏最著名者首推镇海，销售时以冬季为主，每年产值约数万元。"③抗日战争期间，根据官方统计数据，宁波渔业损失为渔船 914 艘，130435 市担（6521.75 吨），渔网 106412 方丈，渔民 409 人④。不过实际损失肯定要超过这些数字。

---

① 李士豪、屈若搴：《中国渔业史》，上海：商务印书馆，1937 年版，第 155—156 页。徐荣：《上海机轮渔业的起源与发展》，《古今农业》，1991 年第 1 期，第 77—79 页。
② 朱通海：《镇海县渔业之调查》，《浙江建设》第 10 卷第 4 期，1936 年 10 月，第 7 页，载民国浙江史研究中心、杭州师范大学选编：《民国浙江史料集刊（第二辑）》第 41 册，北京：国家图书馆出版社，2009 年版，第 105 页。
③ 宁波市镇海区水产局、宁波市北仑区水产局合编：《镇海县渔业志》，内部发行，1992 年版，第 64 页。
④ 《浙江区渔业救济物资处理委员会渔业救济物资分配会议记录（民国三十八年三月二十五日）》，渔业庶事，浙江省档案馆藏，档案号：L033-002-0428。

中华人民共和国成立后,宁波的海洋渔业生产得到恢复和发展。1950年4月,浙江省农林厅水产局成立。同年11月,省政府在宁波、象山等重点产销地设立国营鱼市场,发动渔民组织供销合作社。1955年,创建宁波海洋渔业公司。同年,随着机帆船试验在舟山获得成功,宁波的渔业机械化改良逐渐加速。到1965年,机帆船成为海洋捕捞的主力。改革开放后,宁波沿海海洋捕捞专业合作社得到较快发展。2001年,中国加入世界贸易组织,宁波众多水产品出口加工企业加快与国际标准接轨,快速走向成熟,出现了宁波丰群和佳必可等龙头企业。在宁波渔业现代化生产过程中,宁波渔政管理机构与力量也在逐步建立和加强,并在海洋捕捞生产管理、海洋渔业安全生产监管、初级水产品质量管理中取得显著的成绩。此外,宁波渔业系统顺应改革开放大势,积极转变政府职能,逐步实现从生产指挥型向服务管理型转变。先后实施了标准渔港、标准鱼塘和渔船安全救助信息系统等三大工程建设,建立并推行渔业互助保险,从基础设施、公共服务等方面为渔业可持续发展提供保障。[1]

二、依海而兴的海洋盐业

古代,浙江海盐的产区最早集中在钱塘江—杭州湾两岸。唐代以降,浙江海盐产区向浙东沿海的宁波、宁海、黄岩、温州等地扩展。

---

[1] 《浙江通志》编纂委员会编:《浙江通志·渔业志》,杭州:浙江人民出版社,2020年版,第7—13页。

南宋施宿所纂的《嘉泰会稽志》记载，唐代越州有兰亭监管理5个盐场，分别是会稽东场、会稽西场、余姚场、怀远场和地心场，配盐四十万六千七十四石一斗①。除了余姚场和宁海的盐场外，唐与五代时期宁波的盐场分布在鄞县、富都和定海3个县②。

北宋时期，宁波沿海盐场仍处在开发状态，"昌国东、西两监二十万一千余石"③。南宋时期，宁波（明州）盐场产量为三十九万二千六百七十石六斗二升九合。④ 宝庆年间（1225—1227），明州原有盐场6个（昌国正监、岱山、东江、玉泉、大嵩、清泉），兼管台州1个（长亭），年产量为五万一千九百二十袋九石八斗九升二合三勺；新建盐场6个（龙头、穿山、高南亭、玉女溪、长山、芦花），兼管台州1个（杜渎），年产量为二万三百三十袋六石⑤。按照一袋三石计算，宝庆年间宁波盐场年产量约为二十一万六千六百八十五石，相比绍兴年间，盐产量减少了近三分之一。两宋时期，宁波盐场数量和产量并不是一成不变的。如宁波新建的6个场中只有龙山场是新设立的，其余5个场均为子场扩建而来。穿山场原为清泉场子场，开禧二年（1206）改为正场；高南亭场原隶属于岱山场，嘉定元年（1208）改为正场；玉女溪

① 浙江省盐业志编纂委员会编：《浙江省盐业志》，北京：中华书局，1996年版，第104页。

② 乐承耀：《宁波经济史》，宁波：宁波出版社，2010年版，第56页。

③ ［元］脱脱等：《宋史》卷一八二"志第一百三十五·食货下四·盐中"，北京：中华书局，1977年版，第4434页。

④ ［清］徐松辑：《宋会要辑稿》食货二三之一三、一四，北京：中华书局，1957年影印本，第5181—5182页。

⑤ ［宋］胡榘、［宋］罗濬撰修：《（宝庆）四明志》卷六"叙赋下·盐课"，《续修四库全书》七〇五·史部·地理类，上海：上海古籍出版社，2002年版，第92—93页。

场原为玉泉场子场,嘉定四年改为正场;长山场原隶属于清泉场,嘉定四年改为正场;芦花场原为昌国西监子场,名为东监,额定年产量为 2700 袋,嘉定四年正场年产量定为 3600 袋。以上盐场除了因为盐产量的增加而扩建以外,如高南亭场与长山场则是因为交通阻隔,管理不便而分置设立的[①]。

元代庆元(宁波)仍旧是浙江海盐的主要产地之一,元政府在宁波设立两浙都转运盐使司分司以加强对宁波的盐业管理。这一时期,宁波的盐场数量在不同史书中记载不一。《元典章》载,浙东盐司下辖庆元路、余姚州及台州宁海盐场,有石堰东场、石堰西场、大嵩场、龙头场、鸣鹤东场、鸣鹤西、长亭场、清泉场、昌国正监场、岱山场、穿山场、玉女溪场、高南泉场、长山场、玉泉场等 15 个场[②],占浙东下辖总盐场 25 个场的一半以上。《元史》载,至元三十一年(1294),庆元路、余姚州及台州宁海盐场有石堰场、鸣鹤场、清泉场、长山场、穿山场、龙头场、芦花场、昌国正监场、岱山场、玉泉场、大嵩场、长亭场等 12 个场,约占两浙盐场总数 34 个场的三分之一[③]。其后,宁波盐场的数量一直到至正年间(1341—1370)都没有变化。不过,自延祐年间(1314—1320)到至正年间,宁波 10 个盐场的产量总体呈上升趋势,但个别盐场的产量有较大波动。以鄞

① [宋]胡榘、[宋]罗濬撰修:《(宝庆)四明志》卷六"叙赋下·盐课",《续修四库全书》七〇五·史部·地理类,上海:上海古籍出版社,2002 年版,第 92—93 页。

② 《元典章》九"吏部卷之三",北京:中国广播电视出版社,1986 年版,第356 页。

③ [明]宋濂等:《元史》卷九十四"食货二",北京:中华书局,1976 年版,第2391 页。

县大嵩场为例，其元初额定年产盐五千九百八十八引一百七十四斤一两九钱二分，延祐年间因饥荒降到二千八百九十五引三百七十八斤一两五钱一分，至正年间上升到九千二百九十一引。昌国正监元初额定年产盐六千三百六十一引三百六十九斤，后因盐户逃亡，延祐年间降到六千二百一十六引三十二斤，至正年间上升到八千五百七十二引①。按照每引400斤②，每石约100斤折算，每引为4石，延祐与至正年间宁波盐场年产量分别是360716石和440631石。元代，宁波所有盐场中慈溪鸣鹤场的产量最高，达到两万八千引之多。究其原因，该场是由鸣鹤东、鸣鹤西和石堰3个盐场合并而来的③。将元代宁波盐产量与宋代宁波盐产量做比较可以发现，整个宋元时期，宁波盐产量呈波浪式变化，自北宋初期产量持续上升到南宋开国达到顶峰，其后呈下降趋势一直到元代末期才超过南宋初期的产量。

由于受朝代更迭的影响，明代一直到嘉靖年间，无论是盐场数量还是产盐量都没有超过元末至正年间的数据。开熙元年（1367）二月，朱元璋在杭州设立两浙都转运盐使司管理浙东盐场，其中位于宁波的有石堰、鸣鹤、昌国正监、清泉、大嵩、穿山、龙头、岱山、长山、玉

---

① ［元］袁桷等：《（延祐）四明志》卷十二"赋役考·盐课"，《宋元方志丛刊（第六册）》，北京：中华书局，1990年版，第6293—6294页。［元］王元恭：《（至正）四明续志》卷六"赋役·盐课"，《续修四库全书》七〇五·史部·地理类，上海：上海古籍出版社，2002年版，第562页。

② 浙江省盐业志编纂委员会编：《浙江省盐业志》，北京：中华书局，1996年版，第105页。

③ 傅璇琮主编：《宁波通史》（元明卷），宁波：宁波出版社，2009年版，第74页。

泉、芦花等 11 个盐场及宁海杜渎①,原本在元代被合并到鸣鹤场的石堰场又独立出来。成化年间(1465—1487),宁波有盐场 8 个,分别是大嵩场、岱山场、鸣鹤场、清泉场、长山场、穿山场、龙头场和玉泉场,芦花场在此时已经并入岱山场②。嘉靖年间(1522—1566),宁波地方直接管理的盐场减少到 7 个,分别是大嵩场、鸣鹤场、清泉场、长山场、穿山场、龙头场和玉泉场,其产盐量以盐引数量计算远低于元至正年间③。以年产盐量最多的鸣鹤场为例,其嘉靖年间计划完成的盐引为七千四百四十三引一百八十七斤十三两,实际完成六千四十引三百九十五斤三两九钱五分三厘,其计划盐引还不到元至正年间的三分之一,实际完成不到四分之一。明代中期,盐引每引为 300 斤,按此计算,嘉靖年间鸣鹤场产盐量为 2233087 斤,仅为元末产量的 23%。与此同时,其他盐场的产盐量也同样远低于元末的水平,这就导致这一时期宁波计划盐引产量仅 28658 引,仅为元至正年间产量的 26%,按斤计算比例约为 20%。天启年间,龙头场被并入清泉场,长山场被并入穿山场④。

　　清代初期,由于海禁政策的实施,沿海居民被迫内迁,盐业生产全部停止。自康熙二十三年(1684)开放海禁后,宁波沿海盐业生产

————————

　　①　《明实录·太祖实录》卷二二,吴元年二月癸丑条,台北:台北"中央研究院"历史语言研究所,1961 年版,第 318—319 页。

　　②　[明]黄润玉、[明]孟清辑:《(成化)宁波府简要志》卷三"墟场志",成化十九年(1483)四明张氏约园刊本,第 5 页。

　　③　[明]张时彻纂修:《(嘉靖)宁波府志》卷十二"志八·贡赋",嘉靖三十九年(1560)刻本,第 31—33 页。

　　④　[清]于万川修,[清]俞樾纂:《(光绪)镇海县志》卷九"户赋·盐课",《续修四库全书》七〇七·史部·地理类,上海:上海古籍出版社,2002 年版,第 171 页。

才逐渐得以恢复。不过由于常年荒废，宁波沿海盐场的恢复非常缓慢，特别是定海县清泉盐场直到雍正三年（1725）才彻底恢复并逐渐增加产量。雍正年间（1723—1735），宁波恢复并投入生产的盐场有大嵩场、清泉场、鸣鹤场、龙头场、穿山场、长山场、玉泉场等 7 个盐场，数量与明代持平。这一时期宁波各盐场总计有 52 团 519 灶，其中使用铁盘的灶有 111 座。这些盐场中，清泉场由鄞县和镇海共管，鸣鹤场由慈溪和余姚共管，龙头场后被并入清泉场，长山场后被并入穿山场，玉泉场后被并入大嵩场。清代，宁波是按县固定盐引数量的，其中鄞县 4364 引，镇海 400 引，慈溪 3014 引，象山 200 引，奉化 6100 引，共计 14078 引①。雍正七年，因为渔民用盐增多，浙江总督兼管盐政李卫每年又增加盐引 6000—7000 引②。到清朝末期，宁波盐场的规模有缩小的迹象。以鸣鹤场为例，其在光绪年间的团灶数只有 4 团 24 灶，24 副铁盘③，只有雍正年间的三分之二。值得注意的是，在清初被废弃的舟山盐场经过长时间的恢复后，在乾隆三十六年（1771）的产量达到 4200 引，而民间自煎自食的食盐远远大于这一数字。由于成本低廉，舟山食盐在道光十七年（1837）竟导致两淮盐引滞销，可见其数量之多④。

---

① ［清］曹秉仁纂：《（雍正）宁波府志》卷十三"盐政"，《中国方志丛书》，台北：成文出版社，1974 年版，第 824—825 页。

② ［清］于万川修，［清］俞樾纂：《（光绪）镇海县志》卷九"户赋·盐课"，《续修四库全书》七〇七·史部·地理类，上海：上海古籍出版社，2002 年版，第 173 页。

③ ［清］冯可镛修，［清］杨泰亨纂：《（光绪）慈溪县志》卷十二"经政一·盐法"，《中国方志丛书》，台北：成文出版社，1975 年版，第 294 页。

④ 《清实录·宣宗实录》卷三〇三，道光十七年丁酉十一月己丑条，北京：中华书局，1986 年版，第 723—724 页。

　　民国初年,由于盐区散漫,且产量过剩,政府对浙江盐场进行多次裁并①。同时,钱塘江水流的北移导致浙西盐场海盐产量萎缩,浙江海盐主产区逐渐转移到宁绍沿海区域的余姚场和岱山场②。1919年,浙江盐场有 25 个,其中宁波盐场有余姚、清泉、穿长、大嵩、岱山、定海、玉泉、长亭等 8 个,占全省盐场数量的近三分之一③。南京国民政府时期,浙江盐场分布也发生了变化。1928 年出版的《盐法通志》统计,当时两浙盐场共有 32 个,其中属于宁绍公司管辖的浙东盐场有 20 个,宁波盐场占了其中的 9 个。④　其后,浙江省又将产量少、成本高的盐场裁撤,最终剩下 15 个场 3 区,属于宁波的有余姚、清泉、岱山、定海、玉泉、长亭等 6 个盐场⑤。盐场下面还分为盐区。以余姚盐场为例,其分为 7 个盐区,包括:中区、东一、东二、东三、西一、西二、西三⑥。

　　民国初年,因为盐场管理不完善,宁波几个场的数据要么不完整,要么是按照销量来计算产量的。1930—1939 年,宁波各盐场产盐量增长非常明显,以余姚盐场为例,1939 年的产盐量比 1929 年增加

　　①　曾仰丰:《中国盐政史》,北京:商务印书馆,1984 年版,第 61 页。

　　②　浙江省盐业志编纂委员会编:《浙江省盐业志》,北京:中华书局,1996 年版,第 70 页。

　　③　田秋野、周维亮:《中华盐业史》,北京:商务印书馆,1979 年版,第 373 页。

　　④　周庆云辑:《盐法通志》卷一"疆域一"、卷二"疆域二",上海:鸿宝斋,1928 年铅印本。

　　⑤　田秋野、周维亮:《中华盐业史》,北京:商务印书馆,1979 年版,第 373—374 页。

　　⑥　王幼章:《余姚盐务史略》,载浙江省政协文史资料委员会编:《浙江文史集粹》(经济卷上),杭州:浙江人民出版社,1996 年版,第 123 页。

了 72.5%。不过由于战争的影响，宁波、舟山区域的产盐量都大幅下滑。宁波及舟山自 1940 年后由于战事出现盐场停产现象。[①] 不过当时的数据只是国民党盐务机关官方统计的数据，沦陷区的产盐量及走私盐都未纳入统计。

抗战爆发后，大量浙江沿海盐场沦陷，导致产盐量剧减。与此同时，江西、安徽、湖南等原本属于淮盐销售区的食盐供应也因江苏、山东的沦陷而不得不依靠浙盐接济。战时，浙江沿海食盐供需的变化对宁波沿海盐场的食盐生产带来极大压力。1939 年 5 月，国民政府财政、军政两部共同商订盐工缓役办法 2 项。[②] 除此之外，浙江省还提高余姚等场晒板单位产量，自原定每板 381 斤，增至 456 斤。双穗场煎灶缴额提高，每昼夜为 14 担，"每灶产达规定额数者，并给予超额奖金，以资鼓励增产"[③]。在一系列政策鼓励下，浙江沿海盐业产量开始回升，由 1937 年的 3499463 担，上升到 1938 年与 1939 年的 4720000 担与 4920000 担。1940 年，由于夏秋风雨灾害及定岱盐场的沦陷，浙江沿海盐业产量下降到 4700000 担。[④] 1941 年 4 月，日军先后占领宁波和绍兴，余姚、清泉、钱清、玉泉 4 个场及东江、金山 2 区盐场沦陷。抗日战争胜利后，浙江沿海物价水平不仅没有降低，还在继

① 浙江省盐业志编纂委员会编：《浙江省盐业志》，北京：中华书局，1996 年版，第 106—109 页。

② 程道明：《盐政概论简明问答（续）》，《盐务月报》，1944 年第 3 卷第 4 期，第 59—67 页。

③ 中国第二历史档案馆编：《中华民国史档案资料汇编 第五辑 第二编 财政经济》（二），南京：江苏古籍出版社，1997 年版，第 55—59 页。

④ 《历年全国及两浙盐区浙江省内食盐产销数量（10 至 29 年）》，《浙江经济统计》，1941 年 12 月，第 124 页。

续上涨。受此影响,1946 年浙江舟山定海、衢山盐场的制盐成本分别为每担 900.40 元和 887.57 元,比 1933 年的 0.80 元高出 1000 多倍。[①]

中华人民共和国成立后,盐业作为关系国计民生的重要产业,受到各级人民政府重视,生产得到迅速发展,盐的产、收、运、销全部纳入国家计划管理,由国家盐业企业统购统销,有序经营。随着新中国成立后整体制盐技术的改进,宁波盐产品的质量也有所提高。[②] 1951 年冬,宁波盐区土改完成,翻身盐民走上互助合作道路。1958 年,又并转为人民公社,实行政社合一。1983 年,根据盐业生产特点,组建乡办、乡村联办的专业盐场,成为独立核算、自负盈亏、有充分自主权的经济实体。20 世纪 80 年代以来,在深化改革、全面发展的基础上,盐区发挥土地、水面和劳动力资源优势,逐步从生产型向经营型转变,活跃了盐区经济,产生了较好的综合经济效益,盐工、盐民的生活水平显著提高。[③]

三、环海而建的海洋造船业

宁波造船的历史可以追溯到史前时期。春秋时期,于越崛起,逐渐具备了国家形态,春秋晚期建立起古越国。《越绝书》记载,越人驾

---

① 浙江省盐业志编纂委员会编:《浙江省盐业志》,北京:中华书局,1996 年版,第 363 页。

② 侯强:《宁波盐业史研究》,杭州:浙江大学出版社,2011 年版,第 120 页。

③ 浙江省盐业志编纂委员会编:《浙江省盐业志》,北京:中华书局,1996 年版,第 2—4 页。

驶船舶，如履平地，拥有高超的驾船技能，"水行而山处，以船为车，往若飘风，去则难从"①。不仅民间普遍制造扁舟、轻舟、艅等不同种类的船只，其水师也异常发达。"勾践伐吴，霸关东，徙瑯琊，起观台。台周七里，以望东海。死士八千人，戈船三百艘。"②戈船，为越地一种战船的名称，大型战船能乘 90 余人，三分之一为作战人员。③随着冶铁技术的进步及铁质工具的应用，越人更精于造船，水师庞大，以其"越人便于舟"而名垂青史。秦汉时期，宁波的造船业已非常发达。

隋唐时期，明州港成为全国重要的造船基地之一，这和浙东地区舟行水上的传统密不可分。贞观二十一年（647），唐太宗敕宋州刺史王波利等"发江南十二州工人造大船数百艘"④，句章、鄞、鄮、余姚在内的越州就属江南十二州之一。第二年，又"敕越州都督府及婺、洪等州造海船及双舫千一百艘"⑤，甚至有人因具有高超的造船技术而受到皇帝的嘉奖。初唐，明州阿育王寺的一个名叫山栖旷的和尚，"中宗孝和皇帝亲降玺书，愿同金辇，击鼓而陈其入国，造船而捧

---

① ［汉］袁康：《越绝书》卷八"记越地传"，北京：商务印书馆，1937 年版，第39 页。

② ［汉］袁康：《越绝书》卷八"记越地传"，北京：商务印书馆，1937 年版，第39 页。

③ 曹锦炎编著：《吴越历史与考古论丛》，北京：文物出版社，2007 年版，第144 页。

④ ［宋］司马光编著，［元］胡三省音注：《资治通鉴》卷一九八"唐纪十四"，北京：中华书局，1956 年版，第 6249 页。

⑤ ［宋］司马光编著，［元］胡三省音注：《资治通鉴》卷一九九"唐纪十五"，北京：中华书局，1956 年版，第 6261 页。

其登座"①。

在唐代造船业发展的基础上,宋代明州港的造船吨位和技术水平位居全国前列,成为全国重要造船基地之一。《宋会要辑稿》载,至道三年(997),全国诸州岁造运船为3337艘,天禧五年(1021)造2916艘,其中明州造177艘。② 宋哲宗元祐五年(1090),"正月四日,诏温州、明州岁造船以六百只为额"③。直到北宋末年,明州仍维持这样的造船额度。最能反映明州港造船水平和工艺精妙的船舶是北宋朝廷为出使高丽而在明州打造的大型使船神舟。北宋时期,朝廷3次遣使通高丽,均由明州港出发。根据徐兢的《宣和奉使高丽图经》,第一次和第三次出使高丽的均是明州港打造的神舟,皇帝赐名神舟,使至高丽,受其国人的拥戴和欢迎。元丰元年(1078),宋神宗遣安焘为国信使出使高丽,"造两舰于明州,一曰凌虚安济致远,次曰灵飞顺济,皆名为神舟。自定海绝洋而东,既至,国人欢呼出迎"④。宣和五年(1123),宋徽宗诏遣给事中路允迪往高丽,"更造二舟,大其制而增其名,一曰鼎新利涉怀远康济神舟,二曰循流安逸通济神舟"。这是第三次出使。本次出使的神舟体制比第一次更大,"巍如山岳,浮动波上,锦帆鹢首,屈服蛟螭",随使高丽的

① [唐]万齐融:《大唐越州都督府鄮县阿育王寺常住田碑》,《宁波历代文选》编委会编:《宁波历代文选(散文卷)》,宁波:宁波出版社,2010年版,第27页。

② [清]徐松辑:《宋会要辑稿》食货四六之一,北京:中华书局,1957年版,第5604页。

③ [清]徐松辑:《宋会要辑稿》食货五〇之四,北京:中华书局,1957年版,第5658页。

④ [元]脱脱等:《宋史》卷四百八十七"高丽传",北京:中华书局,1977年版,第14047页。

徐兢对神舟的规模、技艺评价甚高，"丽人迎诏之日，倾国耸观"，"欢呼嘉叹"。①

明清时期，浙江宁波因地处东南沿海，被推至海禁的风口浪尖。尽管宁波不复出现千樯万楫的繁盛景象，但宁波造船业仍在曲折中缓慢发展。明清两代出使琉球时，常常在浙、闽一带征用民船，作为出使船只。使臣常持有皇帝的敕书对琉球中山国王进行册封，因此该种船舶被称为"封舟"。清康熙五十八年（1719），徐葆光率二船奉使琉球进行册封，二船均为浙江宁波府征用的民间商舶。②

晚清时期，因宁波与上海往来密切，因此往来宁波与上海港之间的轮汽船的大修和保养工作多在上海完成，而小修小配的工作有一部分在宁波完成。1920 年，宁波恒大造船厂在宁波船厂巷设立；1929 年，恒大造船厂首次成功制造铁壳汽油船；至 1937 年，共制造 8 马力拖轮 5 艘。20 世纪 20 年代，宁波商人引进西式制造工艺，建立大丰机器造船厂。1928 年，李云通等人集资 8000 元在江东船厂巷设立鸿大造船厂，"以打造 5—15 吨位的轮船船壳为主，兼营修理业务"③。抗日战争爆发后，宁波船舶机器厂被国民政府征为军用，且海洋交通运输阻断，修造船业均停滞不前。截至 1949 年，宁波有私营造船厂 4 家，小型船坞（排）3 座，从业人员 30 人，可修理

---

① ［宋］徐兢：《宣和奉使高丽图经》卷三十四"海道一"，北京：商务印书馆，1937 年版，第 116—117 页。

② 王冠倬：《中国古船图谱》，北京：生活·读书·新知三联书店，2011 年版，第 266 页。

③ 童隆福：《浙江航运史（古近代部分）》，北京：人民交通出版社，1993 年版，第 408 页。

200 吨以下船只①。

中华人民共和国成立后,宁波的造船业仍处于缓慢恢复中。1956 年 3 月,建宁波修船厂(1965 年改称为宁波渔轮修造厂)于江东后塘巷旧恒大修船厂址,并且于 1960 年成功仿造 250 马力钢木结构渔轮,这才终于结束了我国只能造木质船舶的历史。②

1969 年至 1975 年期间,浙江船厂、镇海船厂、象山船厂等 7 家造船厂,开始逐步实现技术突破,承造钢质交通运输船、灯光围网渔轮、玻璃钢船艇以及救生艇、工作艇、游艇等。到 1976 年,渔轮修造厂的葛维新、张熙荣工程师设计并建造了排水量 1500 吨、造重 500 吨的冷藏运输船。这是我国造船业发展历史上的一次巨大进步。1982年,浙江船厂等成功制成补给船、货驳、拖轮、货轮、自行开体泥驳船等,在一定程度上加快了我国海洋运输业的发展,并且使得海上安全得到一定的保障。除此之外,每年建造的民用钢质船舶数量也在不断增多,1976 年 5 艘,1978 年 24 艘,1984 年 43 艘,已经占全省造船工业产值的三分之一。③ 这不仅代表着我国造船业已经熟练掌握相关造船技术,还意味着我国渔业将得到极大发展。

1987 年,宁波渔轮修造厂设计制成 8154 型冷冻艉滑道拖网渔轮,该轮于 1989 年获得全国艉滑道拖网渔轮行业评比第一名。这代

① 宁波市地方志编纂委员会编:《宁波市志》(全三册),北京:中华书局,1995年版,第 968 页。

② 宁波市地方志编纂委员会编:《宁波市志》(全三册),北京:中华书局,1995年版,第 968 页。

③ 宁波市地方志编纂委员会编:《宁波市志》(全三册),北京:中华书局,1995年版,第 968 页。

表着宁波造船技术已经处于领先地位，其质量与数量都得到了肯定。到 1990 年为止，宁波共有船舶修造企业 17 家，职工 5938 人，能够制造渔业、运输、工程（工作）船舶，含拖网渔轮、围网渔轮、单体客轮、双体客轮、驳船、拖轮、货轮、油轮、冷藏运输船、汽车渡轮、巡逻艇、工作船、挖泥船、玻璃钢艇等 15 种，计民用钢质船舶 28 艘。① 与新中国成立初期相比，已经有了明显的提升。

到 1996 年，宁波独特的地理优势以及深海良港的选址使得其修造船工业被重视起来。这一年，浙江船厂、宁波渔轮厂、象山船厂和福明船厂 4 家企业，修造货轮、渔轮 5 艘，玻璃钢游艇 34 艘，并且开始生产和经营船用机械、船用电器等。② 值得一提的是，这一年，许多外国修造船企业开始与宁波开展合作。3 月 10 日，宁波渔轮厂为新加坡建造的一对拖轮竣工，顺利交船，这是宁波口岸直接出口的第一对船舶产品；6 月 6 日，韩国三星重工业株式会社独资的在宁波经济技术开发区兴办的三星重工业（宁波）有限公司开工建设。③ 这些跨境合作意味着宁波修造船企业所制造的船舶已经得到了肯定，这些企业开始与国外企业进行合作与交流。

此后几年，宁波修造船企业积极开拓国外市场，逐渐增强国际知名度与影响力。1997 年 12 月 14 日，浙江船厂建造的集装箱船舶首次出口德国，并且通过德 GL 船级检验，完全具备了 20 世纪 90 年代

① 宁波市地方志编纂委员会编：《宁波市志》（全三册），北京：中华书局，1995 年版，第 968—969 页。

② 宁波年鉴编辑部编：《宁波年鉴 1997》，北京：中华书局，1999 年版，第 144 页。

③ 宁波年鉴编辑部编：《宁波年鉴 1997》，北京：中华书局，1999 年版，第 145 页。

中期的国际先进技术水平;同年 12 月 22 日,三星重工业一期工程竣工,其通过边建设边投产的方式,早在 10 月份就开始生产的首条船舶分段构件按期完成,年内第一批产品也将运往韩国。① 次年 6 月 14 日,浙江船厂为德国布莱克航运公司承建的"德尔泰号"多用途集装箱船顺利下水入海,该船是浙江船厂为德国建造的第二艘多用途集装箱船,船舶产品质量得到了大幅的提升,得到了世界著名船级社德国 GL 和德国船舶主管机关 SBG 的认可。②

除此之外,宁波修造船企业在提升自身能力方面也下足了功夫。例如,浙江船厂"扩大出口船舶建造能力"技改项目自 1997 年 6 月开始,历时 1 年,于 1998 年 6 月 24 日通过竣工验收。该项目主要目标是增强出口船舶的建造能力,加快造船进度,提升建造质量。随着该项目的实施,工厂生产设施得到改善,工艺装备水平得到提高,企业在国际市场中的竞争力得到增强。该项目竣工后,年产出口船舶 5000 吨级 2.5 艘、3000 吨级 2 艘,形成年制造船舶 18500 吨的生产能力,新增产量 5500 吨,船舶建造能力与实施项目前相比得到了质的飞跃。浙江船厂还开始新造液化气运输船,并成功下水,这是浙江船厂和上海江南造船集团合作为香港立涛公司建造的 4 艘液化石油气运输船中的第一艘。③ 除此之外,宁波滨海船

① 《宁波年鉴》编辑部编:《宁波年鉴 1998》,北京:中华书局,2000 年版,第 153 页。

② 《宁波市地方志》编纂委员会编:《宁波年鉴 1999》,北京:中华书局,2000 年版,第 115 页。

③ 《宁波市地方志》编纂委员会编:《宁波年鉴 1999》,北京:中华书局,2000 年版,第 115 页。

厂也于 1999 年 2 月 19 日成功建造出浙江省第一艘沿海高速客轮
"仙州 2 号"并通过国家试航。① 宁波修造船企业在相关技术资金支
持的基础上，成功突破了许多技术壁垒，在很大程度上实现了造船业
向下一阶段的飞跃。

　　受到国际市场的影响，1999 年，浙江船厂造船订单大量减少，严
重影响了生产和出口，导致 2000 年仅完成工业总产值 4683 万元，比
上年下降 65％，出口交货值仅完成 367 万元。即便如此，2000 年 8
月 29 日，浙江船厂与新加坡 PL 投资公司举行 2 艘 2.5 万吨级多用
途集装箱船建造合同生效协议签字仪式。这是省内首次承接建造万
吨及以上船舶，标志着宁波船舶制造业跃上了一个新的台阶。同年，
三星重工舱口盖厂竣工投产，标志着三星重工业（宁波）有限公司从
单一的船体分段生产发展到多品种生产的阶段，也意味着宁波船舶
制造业的生产能力在一定程度上得到了提升。②

　　2001 年是宁波船舶制造业迈向新阶段的一年。2001 年 5 月
25 日，浙江船厂 4 万吨级舾装码头通过由宁波市交通工程质检站、
宁波市航管处、奉化市航管所、宁波市经委等单位组成的鉴定小组
的竣工鉴定验收。该项目是浙江省船舶行业中最大也是浙江船厂
总投资 6500 万元的 4 万吨级船舶扩建工程中的重点工程之一。同
年 7 月 20 日，浙江船厂与希腊威莱斯船运公司签订合同，为其承建

---

　　① 《宁波年鉴》编辑部编：《宁波年鉴 2000》，北京：中华书局，2001 年版，第
172 页。
　　② 《宁波年鉴》编纂委员会编：《宁波年鉴 2001》，北京：中华书局，2002 年版，
第 151 页。

6 艘 51000 吨新型散装货船,这是浙江省承建的最大吨位的出口船舶。①

次年 8 月 15 日,在浙江船厂湖头渡造船基地,第一艘万吨轮正式交付,第二艘万吨轮下水,第三艘万吨轮上船台。这 3 艘 2.5 万吨级巨轮都是浙江船厂为香港嘉里集团旗下新加坡太平洋航运公司承建的多用途集装箱船,其中,交付的"阿斯娜号"是浙江省造船企业建造的第一艘万吨轮,于 2000 年 9 月开工建造,2002 年 3 月下水,从而宣告我省造船工业实现了从千吨级到万吨级的跨越。②

除此之外,沥青船舶的建造也成为宁波船舶制造业的主要工程之一。2001 年 12 月 12 日,浙江船厂与法国 PROUAR. BUSINESSS. A 签订 2 艘 4250 吨沥青船建造合同,并且在经过半年时间的准备之后投料开工。该船对加热系统的要求非常高,要保证沥青温度高达 250℃,这种技术要求和建造难度的船舶在我国是首次承建。③次年 12 月 3 日,由浙江船厂承建的"阿莎号"沥青船正式交付给法国船东,这也是国内造船厂当时建造的第一艘高科技含量的出口沥青船。④

2003 年 3 月 12 日,浙江造船有限公司正式成立。该企业前身就

①　宁波市地方志编纂委员会编:《宁波年鉴 2002》,北京:中华书局,2003 年版,第 209 页。

②　《宁波年鉴》编委会编:《宁波年鉴 2003》,北京:中华书局,2004 年版,第 228 页。

③　宁波市地方志编纂委员会编:《宁波年鉴 2002》,北京:中华书局,2003 年版,第 209 页。

④　《宁波年鉴》编委会编:《宁波年鉴 2003》,北京:中华书局,2004 年版,第 228 页。

是创建于 1969 年的浙江船厂。同年 10 月 30 日，由浙江省最大的造船企业浙江造船有限公司建造的 5.1 万吨巴拿马型散货船"RM MAHANAIM"在奉化湖头渡基地下水，这是当时浙江省自行建造的最大吨位的出口船舶。① 至此，浙江省自行造船能力由万吨级跃上 5 万吨级的新台阶。

2004 年，浙江造船有限公司势头不减，相继有多艘万吨级巨轮成功下水，船舶制造能力稳步提升。在 10 月 28 日，浙江造船有限公司承建的一艘海洋石油钻井平台供应船顺利下水，这是浙江省首次尝试建造此类高科技含量、高附加值的工程船。② 与此同时，象山县船舶行业从制造渔船为主转向制造运输船为主，实现历史性的转变，生产规模由小变大，产品结构调整迅速，制造水平大大提高。前进船厂、浦东船厂、博海船厂等全面开始制造 1000 吨—6000 吨的运输船和工程船，新成立的博大船业公司、东红船业公司、振宇船业公司开始建造 1 万吨以上的船舶。③ 同年 2 月，法国最大的达飞海运集团主席到中国进行访问，并首次向中国订造集装箱船，这意味着中国这个巨大的市场已经开始吸引法国的大企业。法国达飞海运集团主席雅克·赛德表示，中国造船技术突飞猛进，质量不比其他先进造船国落后，加上公司将在未来数年大力拓展中国业务，所以在中国造船是一

① 宁波市地方志编纂委员会编：《宁波年鉴 2004》，北京：中华书局，2005 年版，第 265 页。
② 宁波市地方志编纂委员会编：《宁波年鉴 2005》，北京：中华书局，2005 年版，第 243 页。
③ 宁波市地方志编纂委员会编：《宁波年鉴 2005》，北京：中华书局，2005 年版，第 243 页。

个"恰当"的选择。①

到了 2005 年,修造船已经成为宁波市支柱产业,与石化、能源、造纸、钢铁等产业共同组建成宁波市沿海临港工业带。② 此后几年,宁波船舶工业得到快速发展。2005 年,全年完成工业总产值 43.14 亿元、主营业务收入 45.85 亿元、利润总额 3.88 亿元、出口交货值 28.68 亿元,分别比上年增长 57.91%、94.58%、61.67%、39.29%。2008 年,在各级政府加快发展装备制造业政策的推动下,宁波市船舶工业克服上半年原材料涨价和下半年市场下滑的困难,再上新台阶。据国家船舶行业信息系统的统计,该年全市船舶工业的产值、出口交货值、增加值和实现利润分别达到 122.50 亿元、77.66 亿元、35.73 亿元和 7.70 亿元,分别比上年增长 81.48%、60.8%、103.00% 和 18.46%,跨过年产 100 亿元大关。③

到了 2011 年,船舶制造企业在技术创新等方面也取得了极大成就。4 月和 9 月,太平洋造船集团浙江造船有限公司交付 GPA696 和 PX105 两型全球首制海洋工程船;10 月,又为挪威船东 Neptune Offshore AS 制造全球首制 2 艘 SX130 姐妹海洋工程船。至年底,浙江造船有限公司已经具备制造 SX130、P105、PX105、GPA696、GPA254、SPA80、SPP17 等多种类型海洋工程船的能力,占据全球海洋工程船

① 达宫:《达飞首次向中国订造集装箱船》,《中国水运报》,2004 年 2 月 18 日。

② 《宁波临港工业不断优化升级:老企业提升生产技术增产减污,新项目发展新材料新能源新技术》,《宁波日报》,2005 年 3 月 31 日第 1 版。

③ 《宁波年鉴》编辑部编:《宁波年鉴 2009》,北京:中华书局,2009 年版,第 194 页。

订单市场最大份额，成为全球最大的海洋工程船出口制造商。除了浙江造船有限公司之外，其他许多造船企业也在进行技术升级。例如由浙江博海船业公司建造的每小时 6000 立方米非自航电动变频绞吸式挖泥船下水，这是亚洲最大的电动变频绞吸式挖泥船，也是采用先进变频技术的特种工程船舶，具有自动化程度高、挖掘功能强、输送能力大、节能环保等特点。① 此时，宁波市的水运工程建设投资达 35.01 亿元，检验船舶 1270 艘次，计 203 万总吨，造船企业实力进一步提升，工程船舶和特种船舶成为宁波造船业的主导产品。②

2012 年 12 月 1 日，宁波市港航管理局 60 米级港航管理艇在中国船舶工业集团桂江造船有限公司开工建造，该艇是目前国内港航管理部门中尺度最大、功能最强、续航力最长的沿海港航执法船，具有巡航执法、水上指挥、航道扫测和海上救助等功能。③ 该种造船技术的升级为海洋安全管理提供了极大的便捷，使得海上执法得到更有效的保障。

2013 年，由于国际金融危机后续影响、全球船舶工业产能过剩等客观因素，以及我国传统造船业需求下降等主观因素，宁波市船舶工业基本保持稳定发展态势，高技术船舶如 LNG 船舶、大型工业船、高技术游艇等尚处于起步阶段。但高端船舶制造业仍在稳步推进，

---

① 《宁波年鉴》编辑部编：《宁波年鉴 2012》，北京：中华书局，2012 年版，第 280—281 页。

② 秦羽、陈杰跃、宋兵：《我市发布〈2010 年宁波港航发展报告〉》，《宁波日报》，2011 年 9 月 7 日第 A2 版。

③ 《国内最大港航执法艇建造》，《宁波日报》，2012 年 12 月 2 日第 A2 版。

例如浙江造船有限公司被列入全国顶级海洋工程船制造商名录,拥有世界上规模最大的海洋工程船生产线等。除了造船企业稳定发展外,宁波市船舶交易市场也成为交通运输部公布的全国首批七家船舶交易服务机构之一。①

2015 年,船舶工业仍然处于国际金融危机的阴影之下,呈现接单难、融资难、交船难、盈利难的局面。于是 2015 年 1 月 17 日,宁波中策动力机电集团有限公司与中船动力有限公司在北京签订合作协议,标志着 2 家公司合作建设中船(宁波)装备产业园和中船海洋装备动力研究院进入实质性阶段。"中策动力"与"中船动力"合建"一园一院",重点承接中船集团上海基地的产能转移,以建设发展盾构生产基地、齿轮箱和螺旋桨等动力集成装置生产基地、大功率柴油机研发及生产基地为主;中船海洋装备动力研究院开展海洋装备动力产业研究设计并实施产业化。②

四、跨海为业的海洋运输

1949 年宁波解放时,进出口船舶为 885 艘次、611359 吨,吞吐量仅 4 万吨。次年 5 月,舟山群岛解放,沿海航线逐一恢复。③ 直到这

---

① 宁波市地方志编纂委员会编:《宁波年鉴 2014》,北京:中华书局,2014 年版,第 305 页。

② 宁波市人民政府地方志办公室编:《宁波年鉴 2016》,宁波:宁波出版社,2016 年版,第 81 页。

③ 宁波市地方志编纂委员会编:《宁波市志》(全三册),北京:中华书局,1995 年版,第 724 页。

时候,宁波港客货运量才开始稳步增长。1951年初,宁波港客货运航线4条,运营船舶28艘。9月,货运量出港4323吨、进港4000吨。1952年,吞吐量30万吨。次年,进出口船舶44508艘次、3056161吨,吞吐量45万吨,年递增83.10%。1956年,增至58万吨,年递增38.74%。① 到1956年,宁波港的客货运量已经有了质的飞跃。

首先看客运量。1954年9月,宁波港务分局遵照第一届上海客货班轮运输会议上做出的关于"各港成立客运站,进一步做好客运服务工作的决议",正式成立客运站,管辖宁波港的客运业务。② 这结束了过去以航代港的混乱局面,特别是旧时代几家私营航运公司没有统一的收费标准,不重视船舶和港口设施的维护,造成泊位简陋、船舶陈旧、救生设备不齐全、人货超载等严重隐患。1956年,宁波港的客运量达到79万人次,比1949年增加2倍以上,此时港口共有客运航线8条,大小客货轮9艘。③ 宁波客运量能够得到如此显著的增长主要有2个原因:第一,新中国成立后社会逐渐稳定下来,社会经济开始得到发展,国民生活水平得到提高;第二,1953年交通部上海港务局宁波分局的设立及1955年颁布的《宁波港港章》,使得宁波港的管理效率得到提高,生产运输业也得到更好的发展。

同样得到快速发展的还有宁波港的货运量。宁波港的货运吞吐量,从1949年到1956年递增率为38.74%,其中煤炭、矿建材料、木

---

① 宁波市地方志编纂委员会编:《宁波市志》(全三册),北京:中华书局,1995年版,第724页。
② 郑绍昌主编:《宁波港史》,北京:人民交通出版社,1989年版,第412页。
③ 郑绍昌主编:《宁波港史》,北京:人民交通出版社,1989年版,第411页。

料、粮食、燃料和建筑材料的增长速度最快。[1] 在社会主义改造之前，宁波港的货物运输主要依靠私营轮船，占比在一半以上。而在公私合营之后，到 1956 年宁波港私营轮船业已经基本消失，进行进出口货物运输的均为宁波港的木帆船。可以说，1949 年至 1956 年是宁波港生产运输的恢复时期。在这期间，随着社会主义改造的进行，宁波港的客货运都得到了一定的发展。

1958 年，"大跃进"和人民公社化运动大肆开展，在"三年超英，五年赶美"的口号下，宁波港货运量激增。因此于 1958 年 3 月建成白沙联运码头，当年吞吐量达到 88.53 万吨，比 1957 年增长 29 万吨。次年升至 137 万吨，增长 59.3%。1960 年更是达 162.7 万吨。[2] 而伴随"大跃进"越来越夸张的数额，我国国民经济出现了十分严重的失调和困难。为了尽快恢复国民经济发展，中央于 1960 年提出了"调整、巩固、充实、提高"八字方针，并于 1961 年开始实施。该方针实施后，各项生产活动逐渐回到正常状态。宁波港货运量在 1961 年跌至 89 万吨，与上年相比下降 45.4%，其中输出量下降 47.0%，次年降至 75 万吨。一直到 1963 年，宁波港货运行业才基本恢复并开始继续发展，至 1965 年徘徊在 88 万吨上下，1966 年增至 93.7 万吨。[3]

紧接着的"文化大革命"也对我国国民经济产生了极大的影响，

---

① 郑绍昌主编：《宁波港史》，北京：人民交通出版社，1989 年版，第 412—413 页。

② 宁波市地方志编纂委员会编：《宁波市志》（全三册），北京：中华书局，1995年版，第 724 页。

③ 宁波市地方志编纂委员会编：《宁波市志》（全三册），北京：中华书局，1995年版，第 724 页。

并体现在港口货运吞吐量方面。1966 年，宁波港船舶虽然增至 13 艘，可是年货运量却从 1965 年的 207 千吨减至 167 千吨，周转量由 65994 千吨公里下降至 55285 千吨公里，平均船吨月产量为 1729 吨公里，下降幅度达 19.0％。到 1967 年，随着"文化大革命"的深入，全局形势更加动荡不安，宁波港船舶的生产效率直线下降，一发不可收。1967 年，宁波沿海货运量（即生产量）下降到 91 千吨，周转量为 25029 千吨公里，平均船吨月产量为 956 吨公里，比 1965 年下降近 55.2％，为 1962 年以来的最低产量。① 这种情况一直持续到 1968 年，才开始好转。与货运量前期下降后期回升的现象不同，"文化大革命"期间，宁波港客运量一直处于下降的状态。

1973 年后，宁波港开始进行大规模建设，疏运能力提高，货运量除 1974 年外稳步上升，1978 年已经达到 214 万吨。② 这是新中国成立以后宁波港第一次突破 200 万吨大关。这一成就的达成，离不开宁波港正确方针政策的实施。自 1973 年周恩来总理提出"要在三年内改变港口面貌"以来，宁波港就开始实施港务局建港和货主单位建造部分专用码头并举的方针。到 1978 年，宁波港不仅泊位总长由原来的 711 米增加到 2002 米，吞吐量由 138 万吨上升到 214 万吨，而且港区的重心由口内转向口门，迈出了具有历史意义的一步。③

改革开放以后，对外开放成为我国基本国策之一，而宁波也在

① 郑绍昌主编：《宁波港史》，北京：人民交通出版社，1989 年版，第 470 页。
② 宁波市地方志编纂委员会编：《宁波市志》（全三册），北京：中华书局，1995 年版，第 724 页。
③ 郑绍昌主编：《宁波港史》，北京：人民交通出版社，1989 年版，第 521 页。

1979 年正式对外开放,拉开了新时期对外开放的序幕。这一时期,宁波开放型经济发展处于一个准备适应、逐步介入的过程。在指导思想上,宁波逐步树立起对外开放思想,初步确立了"以港兴市"理念。也是从这一年开始,宁波港货运量伴随着城市经济发展同步增长,到 1980 年已经增至 326 万吨。1985 年突破 1000 万吨大关,达 1040 万吨,比 1980 年增长 219%,年均递增 26.11%。①

1988 年开始,宁波获得了对外经贸自营权,这是宁波开放型经济发展进入快速发展期的重要转折点。1990 年货运量增至 2553 万吨,分别比 1980 年、1985 年增长 6.8 倍、1.5 倍,从全国沿海港口第十二位跃居第六位。② 同年 4 月 18 日,宁波港开通至日本横滨国际集装箱航线、香港国家级核心班轮,成功跨入国内沿海十大国家集装箱运输行列。③

1996 年,宁波港被交通部确定为国际先进的"EDI"系统首批示范工程单位。身为国际集装箱运输电子信息传输和运作的系统,"EDI"系统已成为各国进入世界运输市场的"通行证"。从 20 世纪 80 年代起,世界各大港口已相继建立"EDI"中心,以适应国际集装箱运输日益发展的需要。④ 而宁波港正式建立"EDI"中心,将逐步实现

---

① 宁波市地方志编纂委员会编:《宁波市志》(全三册),北京:中华书局,1995 年版,第 724 页。

② 宁波市地方志编纂委员会编:《宁波市志》(全三册),北京:中华书局,1995 年版,第 724 页。

③ 宁波市地方志编纂委员会编:《宁波市志》(全三册),北京:中华书局,1995 年版,第 146 页。

④ 宁波年鉴编辑部编:《宁波年鉴 1997》,北京:中华书局,1999 年版,第 103 页。

各部门之间的电子数据交换服务，为实现无纸化贸易打下了基础。

此后几年，宁波港水铁中转的运输模式逐渐发展起来。到2003年，宁波港的铁矿疏运经过10余个春秋后，已从当初的杭钢等几家货主单位、单一的货种，发展到现在的10个省区、14条固定运输线、近10个矿石品种；运输量也从1998年的1.8万吨，发展到525万多吨，约占宁波港进口铁矿接卸量2400万吨的五分之一。① 除此之外，宁波港铁路充分发挥港口铁路运输大动脉的优势，积极开展海铁联运，上半年货运量首次突破500万吨大关，达到542万吨，同比增长21.2％，成为宁波港在大陆港口竞争中抢占先机的新增长点。② 同年7月10日，伟大联盟成员东方海外货柜航运有限公司"东方忠诚号"集装箱船成功首航宁波港，顺利开通了宁波至欧洲的第九条集装箱远洋干线。至此，宁波港驶往世界各地的国际集装箱远洋干线已达31条，月干线航班超过135班，即宁波港平均每天有5个集装箱远洋航班把宁波及周边地区的货物源源不断地运往世界各地。③ 这意味着宁波港"冲击"国际集装箱运输干线港，并成为上海国际航运中心组成部分的潜力正在不断显现。

多式联运也是这一年在宁波港开始发展起来的。10月27日，33个国际集装箱从温州铁路西站出发，经过火车、集装箱卡车衔接运输

---

① 《宁波港进口铁矿水铁中转优势凸现》，《宁波日报》，2003年2月23日第A1版。

② 《首次突破500万吨：宁波港半年铁路货运量》，《宁波日报》，2003年7月4日第A2版。

③ 《宁波港牵手560多个港口：目前拥有80多条总航线、31条国际远洋航线，日均发出5个集装箱鸳鸯航班》，《宁波日报》，2003年7月11日第A3版。

后,在宁波港北仑第二集装箱有限公司装上驶往欧洲的干线班轮,
标志着多式联运这种运输方式正式"登陆"宁波港。多式联运这种
现代物流运输方式在宁波港的启用,拓展了宁波港集装箱运输服
务的新领域,宁波港依托铁路在长距离运输上的优势逐步将集装
箱腹地扩展到江西、四川等内陆省份,吸引内陆省份的集装箱通过
宁波港出口。①

可以说在 2003 年,宁波港集装箱运输实现了历史性的跨越:全
年完成集装箱吞吐量 276 万标箱,同比增长 48.6%,增幅已连续 5 年
位居我国主要集装箱港口首位,航线基本覆盖全球,中转业务发展迅
速,腹地拓展稳步推进,生产效率明显提升。②

随着我国沿海内贸物资运输需求的不断增长,宁波港作为南北
货物流通的枢纽港,开始对周边地区进行货源调查,开展海关中转业
务,拓展宁波港经济腹地,确保国际航线的稳定发展。与此同时,利
用区位优势,宁波港积极发展国内集装箱运输业务,通过做大做强国
内集装箱运输产业来提高港口集装箱吞吐量。得益于此,2005 年货
物吞吐量突破 2 亿吨后,宁波港完成了继 2000 年和 2003 年后的第
三次跨越,标志着宁波港的通过能力、吞吐规模已跻身国际大港行
列,为加快建成国际一流深水枢纽港奠定了坚实基础。③ 除此之外,

①　《多式联运登陆宁波港:首批 33 个集装箱经联运发往欧洲》,《宁波日报》,
2003 年 11 月 2 日第 A1 版。

②　《乘风破浪驶向新航程:宁波港 2003 年集装箱运输发展综述》,《宁波日
报》,2004 年 2 月 3 日第 A11 版。

③　《宁波港今年货物吞吐量已破 2 亿吨:位居大陆港口第二、世界第五》,《宁
波日报》,2004 年 11 月 23 日第 A1 版。

在海铁联运方面,宁波港也取得了新的成就:铁路货物到港量首次突破100万吨,达110万吨,同比增幅达42%,增幅为历年之最。① 这几年来,宁波港依托港口深水和区位优势及浙江经济和外贸的快速发展,积极开拓国内国外2个市场,加大集装箱航线开发力度,进一步增强与各班轮公司的合作,增加主要航区的航班密度。②

2005年,宁波港已基本构成以欧洲线、北美线、中东线为骨干,南美洲、大洋洲、非洲线等为辅助的远洋干线网络,并建立起以东南亚、日本、韩国等近洋支线为支撑,国内支线为补充的集装箱运输体系。宁波港货运种类及其结构也在不断发展。矿石方面,接卸品种已由20世纪80年代初的粉矿、块矿、球团矿三大类十几个品种,发展到78个品种。煤炭方面,宁波港通过挖潜增效、调配货源、建立协商机制,制定并落实港口重点物资应急疏港预案,保障了煤炭运输畅通。液化品方面,宁波港依托国内规模最大的液化品中转基地、全国最大的液化品交易市场的优势,稳定宁波、绍兴、萧山等地原有货主,加大招商引资和对外揽货力度,不断开发液化新品种,吞吐量有望继续保持全国第一。③ 与此同时,宁波港深入实施"水陆并举"战略,开展海上原油中转,充分发挥大榭原油码头及储罐等优势,综合应用水中

---

① 《来自宁波港的三个喜人数据:液化品年吞吐量首次突破300万吨,北仑矿石码头年接卸铁矿突破3000万吨,铁路年到港货物首超100万吨》,《宁波日报》,2005年1月2日第A1版。

② 《宁波港连续4个月创佳绩:集装箱月航班突破600班,月吞吐量均超40万标准箱》,《宁波日报》,2005年9月17日第A2版。

③ 包凌雁、李韬:《宁波生产"五谷"丰登》,《宁波日报》,2006年1月1日第A1版。

转、码头进、罐中转、管道运输等运输方式，形成多卸快出、优质高效的"一条龙"服务，吸引当今世界超级油轮纷纷靠泊。①

　　2006年，"宁波-舟山港"名称启用后，宁波、舟山港两港一体化建设步入新阶段。宁波港把集装箱运输作为港口开发的重中之重，优化港口空间布局，加快港口资源综合开发，提高港口管理的现代化水平，进一步确立和巩固上海国际航运中心的重要组成部分的地位。②不仅如此，随着经济全球化的不断发展，国际产业及海外贸易的发展势必会更加迅猛，这意味着宁波-舟山港更要加强对远洋运输业的监管与提升，以此来加强港口综合实力。因此，我国出台了《全国沿海港口布局规划》。在该规划中，长三角地区港口群集装箱运输布局以上海、宁波、苏州港为干线港，包括南京、南通、镇江等长江下游港口共同组成的上海国际航运中心集装箱运输系统；进口石油、天然气接卸中转储运系统以上海、南通、宁波、舟山港为主；进口铁矿石中转运输系统以宁波、舟山、连云港为主。作为上海国际航运中心的重要组成部分，宁波港将重点发展成为集装箱运输的干线港，同时也将发展成为长三角及长江沿岸工业发展所需能源、原材料及外贸物资运输的主要中转港。③该规划不仅规定了宁波-舟山港如今的运输区域，更是为其今后成为以能源、原材料等大宗物资中转和外贸集装箱运

　　①　徐本梁、张洁：《海上"巨无霸"频频光临宁波港》，《宁波日报》，2006年2月1日第A1版。

　　②　邓少华：《实现港口产业城市互动发展》，《宁波日报》，2006年2月16日第A3版。

　　③　徐本梁、李韬：《我国确定五大港口群布局》，《宁波日报》，2006年9月28日第A1版。

输为主的现代化、多功能的综合性国际港口奠定了基础。

2007年，宁波市水路运输业围绕水运强省和"以港兴市"的战略目标，强化行业管理，规范水运市场，积极营造优良的经营环境，努力推动水路运输业发展。港航管理部门制定《宁波市水运工程建设分级管理实施办法》，水运工程建设得到进一步规范。宁波港航系统的硬件设施建设快速推进，运输能力也得到大幅度的提升，基本形成以集装箱、危化品、电煤等运输为特色，内支线运输同步发展的水路航运格局。① 得益于此，在2008年全球经济增长放缓的情况下，宁波港口集装箱运输同比仍然保持16％的增长速度，突破了1000万标箱大关，并且已与世界上100多个国家和地区的600多个港口有贸易运输往来。② 到了2010年，宁波市全年完成水路货物运输量12265万吨，增长11.0％，完成货物周转量1329亿吨公里，增长20.8％。③

2011年，宁波港口管理体制发生了变化。4月29日，根据《宁波市人民政府机构改革方案》，新组建的宁波市交通运输委员会正式挂牌成立。原市交通局（港口管理局）的职责、市城市管理局的城市客运管理职责整合划入市交通运输委员会，同时挂市港口管理局牌子，不再保留市交通局。④ 同年10月8日，交通运输部在宁

① 宁波市地方志编纂委员会编：《宁波年鉴2008》，北京：中华书局，2008年版，第158页。

② 《宁波港口名列世界第八——去年逆势增长16％，排名上升三位》，《宁波日报》，2009年1月23日第A1版。

③ 《宁波年鉴》编辑部编：《宁波年鉴2011》，北京：中华书局，2011年版，第184页。

④ 《宁波年鉴》编辑部编：《宁波年鉴2012》，北京：中华书局，2012年版，第20—21页。

波组织召开沿海港口码头结构加固改造工作座谈会,决定开展多项码头改造工程,以提高码头靠泊能力。① 随着矿石、石化、煤炭、杂货运输服务体系建设的日益完善,宁波–舟山港货物吞吐量继续保持稳定增长。

次年,面对当前国内外复杂多变的经济形势,宁波–舟山港加快转型升级步伐,加大市场揽货力度,煤炭、原油、矿石、液化四大基础货种货运量同比均呈正增长。与此同时,宁波港不断推进港口集装箱运输业务发展,积极与船公司、大客户合作,开辟新航线、加密航班,当时宁波港已经有集装箱航线 235 条,月度集装箱航班超 1600班。其中远洋干线完成的集装箱吞吐量占总量的 70% 以上,宁波港已经成为名副其实的远洋干线港。② 到 2013 年,宁波港航线保持227 条左右的高位,其中远洋干线 113 条。1 月至 10 月,集装箱吞吐量增幅处于大陆主要港口第一,并超过釜山港,位居世界集装箱第五。③ 这段时间里,国家重点实施"一带一路"倡议、长江经济带战略,助推了舟山江海联运服务中心的建设步伐。因此,宁波–舟山港依托独特的区位优势及岸线资源,把握市场需求,提前谋划,不断完善大宗物资和集装箱江海联运、水水中转的功能,积极打造"海进江、江出海"的运输枢纽。

---

① 《宁波年鉴》编辑部编:《宁波年鉴 2012》,北京:中华书局,2012 年版,第191 页。

② 包凌雁、张洁:《前 9 个月完成 1197 万标箱——宁波港口集装箱吞吐量同比增 8%》,《宁波日报》,2012 年 10 月 17 日第 A1 版。

③ 包凌雁、诸葛煦荣:《宁波港集装箱吞吐量前 10 月超 1500 万标箱》,《宁波日报》,2014 年 11 月 7 日第 A2 版。

2015 年，宁波舟山港累计完成江海联运总量超 2 亿吨，"海进江"货物吞吐量达 1.7 亿吨。[1] 全年完成货物吞吐量 8.89 亿吨，连续第七年位居世界第一，集装箱吞吐量首次突破 2000 万标箱，世界排名跃升至第四位。[2] 同年 10 月，中国铁路总公司批复了宁波舟山港国际集装箱过境运输业务，并且在次年 5 月 9 日迎来海外"第一单"。此后，东南亚及东北亚地区货物可通过海铁联运过境，再转铁路直发中亚、欧洲，过境业务将继续增强宁波舟山港服务"一带一路"倡议的能力。[3] 随着"一带一路"倡议的深入实施，宁波舟山港的航运业在"海上丝绸之路"的建设过程中发挥着越来越大的主导作用。根据指数报告的研究，中国港口在"海上丝绸之路"沿线港口中表现积极，入选港口货物吞吐量占总样本的 72.21％。此外，"海上丝绸之路"沿线国家（或地区）班轮运输指数整体呈稳步上升趋势，与全球航运网络的连通程度越来越高。[4]

自习近平同志提出"一带一路"倡议以来，中国对共建"一带一路"国家和地区的投资额持续增长，贸易量显著提升。这给占全球物流比重 90％的海上运输带来了新机遇。宁波舟山港主动出击，积极拓展新货源，加大与全球航运巨头合作，加强"21 世纪海上丝绸之

---

[1] 包凌雁、诸葛煦荣：《宁波舟山港："通江达海"新机遇》，《宁波日报》，2016 年 5 月 3 日第 A7 版。

[2] 包凌雁、胡泽波：《宁波舟山港：枢纽港正起航》，《宁波日报》，2016 年 5 月 10 日第 A1 版。

[3] 包凌雁、胡泽波：《宁波舟山港：枢纽港正起航》，《宁波日报》，2016 年 5 月 10 日第 A1 版。

[4] 《宁波舟山港跻身国际航运中心行列》，《宁波日报》，2016 年 7 月 15 日第 A9 版。

路"沿线国家和地区航线航班开发力度。3年来,宁波舟山港"一带一路"航线从2014年的74条升至2016年的82条,全年航班从3780班升至4412班,年箱量从838万标箱升至908万标箱。其中,东南亚航线从20条增至28条,宁波舟山港成为东南亚国家和日韩、北美等地开展国际贸易货源的重要中转站。①

2017年,宁波舟山港牢牢抓住国际市场贸易需求逐渐回升和"一带一路"建设步伐加快的契机,充分发挥浙江海洋港口一体化发展优势,主动出击开拓国内外市场,科学优化码头生产组织,做优"超级大船"、做强水水中转、做大多式联运,促进集装箱运输生产保持快速增长势头。② 到2018年,中国出口集装箱运输市场始终呈上升走势。得益于此,宁波舟山港多措并举推动港口集装箱吞吐量稳步增长。一方面,加强与各大航运联盟的业务互动,上半年新增6条航线,航线总数达249条,其中远洋干线122条。另一方面,积极打造精品航线,全面推广散改集业务,内支线、内贸线业务量双双增长。③

然而到2020年,宁波舟山港的运输生产数据画出一条惊心动魄的"弧线"。第一季度,港口集装箱运输生产受到突发疫情的较大冲击,呈现"过山车式"波动态势;第二季度,港口各大物流通道逐步打通,散货业务稳中向好,集装箱吞吐量降幅逐月收窄,并于6月首次

---

① 俞永均、胡泽波、诸葛熙荣:《82条航线拓展"一带一路"腹地——宁波舟山港与13个沿线港口建立友好港关系》,《宁波日报》,2017年5月12日第A2版。

② 俞永均:《宁波舟山港集装箱吞吐量超2160万标箱——已超去年全年,增幅居国内主要港口前列》,《宁波日报》,2017年11月21日第A2版。

③ 俞永均、黄啸、李攀高:《宁波舟山港半年实现货物吞吐5.5亿吨》,《宁波日报》,2018年7月11日第A1版。

实现单月正增长;第三季度,国内疫情防控形势趋好,经济社会发展活力渐显,货物和集装箱吞吐量均呈现快速增长态势。同时,宁波舟山港与集装箱干线船公司的战略合作对接也愈发紧密。截至9月底,全港远洋干线达111条,占航线总数的44.4%。①

此后,宁波舟山港在抓好疫情防控的基础上,主动服务"以国内大循环为主体、国内国际双循环相互促进"的新发展格局,提前布局、积极谋划、多措并举,全力保障港口运输生产安全、高效、畅通。②2020年,宁波舟山港集装箱航线达272条,联通世界100余个国家和地区的600余个港口,是中国沿海主要港口和国家综合运输体系的重要枢纽,中国国内重要铁矿石中转基地,原油转运基地,液体化工储运基地和华东地区重要的煤炭、粮食储运基地。③ 2022年,面对疫情多点散发、季节性气候影响等多重考验,宁波舟山港充分发挥全球第一大港的枢纽优势,主动对接"一带一路"倡议,长江经济带发展、长三角一体化发展等国家战略,在严格做好疫情防控的同时,全方位提升港口保通保畅能力,实现了港口运输生产的稳进提质。④

---

① 徐展新、夏文杰、景鹏飞:《宁波舟山港前三季度运输生产"双线飘红"——货物吞吐量和集装箱吞吐量同比分别增长4.9%、0.5%》,《宁波日报》,2020年10月22日第A1版。

② 余永均、柯薇、卢琛琛:《前两个月宁波舟山港集装箱量同比增长27.9%》,《宁波日报》,2021年3月27日第A2版。

③ 张莉:《宁波、舟山两港是如何走到一起的》,《宁波日报》,2021年9月2日第A9版。

④ 孙耀楠、景鹏飞、俞永均:《宁波舟山港集装箱吞吐量半年成绩单亮眼》,《宁波日报》,2022年7月3日第A2版。

2023 年以来,宁波各大水运工程建设一片火热,施工有效推进,综合立体交通网脉络更加清晰,加快建设交通强国试点市步履铿锵。这之前,梅山港区 6 号至 10 号集装箱码头工程三阶段顺利通过竣工验收,意味着宁波舟山港第二个"千万箱级"集装箱泊位群正式形成,宁波成为我国乃至全球唯一拥有双"千万箱级"单体集装箱码头的城市。统计数据显示,2023 年前 11 个月,宁波舟山港完成货物吞吐量 12.28 亿吨,同比增长 5.56%,完成集装箱吞吐量 3279.79 万标箱,同比增长 4.91%。①

五、以海为家的海洋旅游

中华人民共和国成立后的一段时间内,宁波港旅游业务始终没有得到进一步发展。一直到 1954 年 9 月,宁波港务分局才遵照第一届上海客货班轮运输会议上做出的关于"各港成立客运站,进一步做好客运服务工作的决议",正式成立客运站,管辖宁波港的客运业务,结束了过去以航代港分散经营的混乱局面,特别是结束了旧时代几家私营轮船行既无统一的收费标准,又不注意船舶和港埠设施的维护,以致泊位简陋、船只陈旧、救生器材不完备、人货超载等隐患十分严重。② 此后近 20 年的时间里,宁波港客运量在社会主义改造期间保持着稳定的增长,却在"大跃进"运动及"文化大革命"

---

① 金鹭、宋兵:《宁波港航经济进阶向上》,《宁波日报》,2023 年 12 月 20 日第 A1 版。

② 郑绍昌主编:《宁波港史》,北京:人民交通出版社,1989 年版,第 412 页。

期间遭到了极大破坏。直到 1976 年"文化大革命"结束，港口客运生产才进入了稳步发展的阶段。

20 世纪 70 年代，宁波港的客运量一直稳定在百万人次上下。1978 年，全港客运进出量为 107 万人次，到 1985 年猛增到 283 万人次，为 1978 年的 264.49％。"六五"期间平均每年递增 15.78％。1987 年为 279 万人次，进出量仅次于上海港和大连港，居全国第三位。①

1979 年后，入出口岸旅客增加，其中外籍旅客居多。1984 年 12 月 31 日，宁波港首次接待国际旅游船，日籍"新樱花丸轮"载日本静冈县青年友好访华团一行 401 人，靠泊北仑港区 2.5 万吨级码头，登岸游览市区。② 1985 年 1 月 1 日，日本静冈县青年友好访华团一行 412 人首次入口岸。1989 年 3 月，英国籍豪华游船"堪培拉号"载各国游客 1533 人入口岸，为最多的一次。至 1990 年，中外旅客入出境 11627 人次，其中外籍旅客 4307 人次，仅 3 批旅游船旅客就达 2384 人次，至香港的"海达轮"3497 人次。③

从 2005 年开始，"十五"计划定下发展目标：依靠科技兴海，推进海洋渔业结构调整，提高海产品深加工水平，大力发展海洋生物、海洋旅游等新兴海洋产业，不断提高海洋经济综合实力。④ 从此以后，

① 郑绍昌主编：《宁波港史》，北京：人民交通出版社，1989 年版，第 594 页。

② 宁波市地方志编纂委员会编：《宁波市志》（全三册），北京：中华书局，1995 年版，第 701 页。

③ 宁波市地方志编纂委员会编：《宁波市志》（全三册），北京：中华书局，1995 年版，第 765 页。

④ 宁波市地方志编纂委员会编：《宁波年鉴 2005》，北京：中华书局，2005 年版，第 5 页。

宁波港旅游及客运业务作为宁波海洋经济发展必不可少的一部分，其升级被提上日程。

邮轮港建设研究报告表明，国际邮轮旅游是目前国际旅游市场上增长速度快、发展潜力大的一项高端旅游项目。2004年，原国家旅游局和世界旅游组织在上海举办的"2004中国邮轮高层论坛"，就专门探讨了中国的邮轮旅游发展问题。有关资料显示，国际邮轮旅游一直保持着8%—9%的发展速度，远远高于国际旅游业的整体发展速度。宁波港从1983年开始接待国际邮轮，平均每年接待七八艘次，而且仅仅作为停靠港使用，而不是母港，但这已经产生了良好的经济效益和社会效益。可以预计，当北仑拥有邮轮母港时，将极大地扩大本地消费市场，拉动就业，提升海运服务质量和管理水平，扩大港口的国际影响力。①

2005年1月24日，欧洲最大的邮轮公司——意大利海岸邮轮公司的市场总监和策划总监在中国交通国际邮轮集团有限公司总经理何光晔的陪同下，结束了对宁波建立豪华邮轮母港的专题考察。该公司代表对宁波市出境旅游市场的潜在优势表示了浓厚的兴趣和极大的关注。② 豪华国际邮轮母港对宁波海洋经济的发展具有重要意义。它一方面将完善宁波现代化国际港口城市的内涵，使其实现从货运码头向客货多功能码头的转化；另一方面，宁波也将进入意大利海岸邮轮公司的全球营销系统，提高城市知名度和影响力。

---

① 左文辉、李源：《邮轮母港，一个美丽的目标——北仑成为建设邮轮母港的最佳地点之一》，《宁波日报》，2005年3月12日。

② 《宁波有望建立国际邮轮母港》，《宁波日报》，2005年1月25日第A9版。

2006年，随着沿海中线、甬台温铁路、象山港跨海大桥等一批重大基础工程的规划和建设，象山港良好的区位优势和资源优势，越来越成为宁波经济发展的新热点。奉化市委、市政府审时度势，把它作为该市未来可持续发展的重要战略空间，结合当地的资源状况和发展格局，着力打造东部沿海生态经济新区。为避免走粗放式发展的老路，奉化市编制了滨海旅游业发展规划，修订了海洋功能区划，明确了战略定位、战略思路和战略布局，打造集休闲、旅游、娱乐、会议、会展等功能于一体的有一定规模的国际旅游度假区。① 6月4日，被称为"海上五星级宾馆"的豪华国际邮轮"寰球号"，在大榭口岸停泊了40个小时后，起锚驶向远方。这是国际豪华邮轮第一次在宁波港口停泊过夜。邮轮旅游结合了休闲度假和观光旅游，比较符合现代人的时尚追求。豪华邮轮所带来的巨大客流可以给当地旅游、消费市场带来最直接的经济效益，并同时带动相关产业的发展，拉动就业。国际邮轮是环全球航行的，客人也是全球性的。邮轮经济能带来大量的客流、资金流及信息流，促使宁波港口从货运码头向客货多功能码头转化。这对提高城市、港口的国际知名度和影响力是非常有帮助的。②

2008年9月29日，根据交通部2008年国际旅游船挂港计划，"太平洋维纳斯号"豪华邮轮由上海驶抵宁波大榭港。船上约258名外国游客下船后，分别到宁波天童寺、阿育王寺、天一阁、天一广场等

---

① 马钧、范奕忠、王校美：《奉化打造东部沿海生态经济新区》，《宁波日报》，2006年2月1日第A1版。

② 吴俊琦：《邮轮母港离宁波越来越近》，《宁波日报》，2006年6月4日第A2版。

景点观光旅游。"太平洋维纳斯号"豪华邮轮建造于 1998 年,作为日本籍五星级大型豪华国际邮轮,其属环球旅行国际邮轮。①

"十二五"计划开始之前,宁波制订计划目标,将目光着重放在海洋经济方面,围绕打造"海上宁波"这一目标,优化海洋经济结构,加快发展海洋能源、深海装备制造、海洋旅游、海洋生物等产业。要加强海岛资源保护和开发,力争把有条件的岛站建设成为港口物流岛、新型能源岛和国际旅游岛。② 2010 年 1 月 29 日,一艘满载着法国游客的法国籍"钻石号"国际邮轮停靠在宁波港北仑港区码头。这是宁波港 2010 年首次迎来的豪华国际邮轮,也是"钻石号"邮轮首航宁波港。此行的目的除了让法国游客欣赏宁波的美景外,更主要的是为今后开辟一条直航宁波的新航线做前期准备。船上 200 名法国游客兴致勃勃地游览了天童寺、天一阁、城隍庙等景区。法国"钻石号"邮轮的到来,一方面标志着宁波正在向国际性港口城市、港口旅游城市迈进,另一方面也预示着国际邮轮、包机旅游正在成为宁波旅游市场的新热点。③

为了适应客运量的极速增长,2011 年 6 月 13 日,总投资 4.9 亿元的宁波-舟山港北仑山多用途码头,经过宁波市交通验收委员会专家审定,通过竣工验收。宁波-舟山港北仑山多用途码头位于北仑山东侧、宁波海螺水泥公司西侧,泊位总长 433 米,新建 5 万吨级码头 1 座,于 2007 年 11 月开工建设,2009 年 8 月投入试运行。该码头东部

① 《宁波年鉴》编辑部编:《宁波年鉴 2009》,北京:中华书局,2009 年版,第 163 页。
② 《宁波年鉴》编辑部编:《宁波年鉴 2011》,北京:中华书局,2011 年版,第 5 页。
③ 《"钻石号"邮轮首航宁波港》,《宁波日报》,2011 年 1 月 31 日第 A3 版。

与水泥厂码头对接，水工结构按靠泊8万吨散货船设计，为国际旅游客运和件杂货装卸兼用码头，设计年货物吞吐量为200万吨＋2万辆小型汽车。①

这一时期，不同于货物吞吐量和集装箱吞吐量规模的快速扩张，随着陆上交通特别是高速公路网的形成，海上旅客运输大幅下降，海上客运功能逐渐减弱。与此同时，邮轮旅游成为这2年的出游热点。2015年，交通运输部制定了《全国沿海邮轮港口布局规划方案》，方案中明确，长三角以上海港为邮轮始发港，相应发展宁波-舟山港。《全国沿海邮轮港口布局规划方案》中，我国邮轮港口划分为访问港、始发港和邮轮母港3种类型。其中邮轮始发港是以始发航线为主，兼顾靠泊航线的邮轮港口。2030年前，全国沿海将形成以2到3个邮轮母港为引领、始发港为主体、访问港为补充的港口布局，未来一段时间，我国邮轮港口发展将以始发港为主体。宁波舟山港是我国自然条件最好的深水良港之一，且宁波旅游基础设施发达、居民收入较高、潜在客源巨大。但目前宁波没有固定的邮轮出发线路，也没有建成固定的邮轮停泊泊位，而舟山港邮轮发展相对较快，位于朱家尖西岙的舟山国际邮轮码头已进入常态化运营。②

作为浙江首个也是中国大陆第六个国际邮轮港，舟山国际邮轮港对于宁波市民的吸引力并不亚于上海的吴淞口国际邮轮港。邮轮

①《北仑黄金海岸线添新埠——宁波港北仑山多用途码头通过竣工验收》，《宁波日报》，2011年6月28日第B1版。

② 吴明京：《宁波-舟山港定位邮轮始发港》，《宁波晚报》，2015年5月27日第A2版。

游兼具出境游、购物游、休闲游、家庭游等功能,受到越来越多宁波市民的青睐。"邮轮游在国内已进入爆发性增长期,中国逐渐成为全球最具活力的邮轮市场之一。"海鲜、渔场、观音、武侠等吸引国外游客的旅游元素,不但让舟山国际邮轮港作为母港"输出"巨大客源,也能"引进"客源,成为某一航线旅途中的停靠站,从而促进周边地区短途旅游的发展。"目前,已有不少邮轮将舟山作为重要的访问港。"2016年3月底,美国著名的"世鹏旅居者"邮轮就曾造访舟山。① 邮轮旅游已经成为宁波港旅游客运业迈向新阶段的重要桥梁,在此后的发展过程中也会对宁波海洋经济产生相当大的影响。

2023年底,随着峙头车客渡码头通过交工验收,这一宁波旅客吞吐能力最大的水路客运码头迎来运营"倒计时"。宁波至舟山六横岛、桃花岛、虾峙岛三地的水上交通距离将大幅缩短,极大改善相关海岛水路出行条件,为区域旅游经济发展提供有力保障。②

---

① 殷聪:《家门口建起国际邮轮港》,《宁波日报》,2016年5月16日第 A1 版。
② 金鹭、宋兵:《宁波港航经济进阶向上》,《宁波日报》,2023年12月20日第 A1 版。

参考文献

一、古籍

[1] [春秋]左丘明：《国语》，上海：上海古籍出版社，1992年版。

[2] [汉]袁康：《越绝书》，北京：商务印书馆，1956年版。

[3] [汉]司马迁：《史记》，北京：中华书局，1963年版。

[4] [三国吴]沈莹撰，张崇根辑校：《临海水土异物志辑校（修订本）》，北京：
农业出版社，1988年版。

[5] [晋]陈寿撰，[宋]裴松之注，陈乃乾校点：《三国志》，北京：中华书局，
1959年版。

[6] [晋]陆云撰，黄葵点校：《陆云集》，北京：中华书局，1988年版。

[7] [唐]魏征等：《隋书》，北京：中华书局，1973年版。

[8] [宋]徐兢：《宣和奉使高丽图经》，北京：商务印书馆，1937年版。

[9] [宋]司马光编著，[元]胡三省音注：《资治通鉴》，北京：中华书局，1956
年版。

[10] [宋]范华撰，[唐]李贤等注：《后汉书》，北京：商务印书馆，1965年版。

［11］［宋］苏轼撰,孔凡礼点校:《苏轼文集》,北京:中华书局,1986 年版。

［12］［宋］陆游撰,杨立英校注:《老学庵笔记》,西安:三秦出版社,2003 年版。

［13］［元］脱脱等:《宋史》,北京:中华书局,1977 年版。

［14］《明实录》,台北:台北"中央研究院"历史语言研究所,1961 年版。

［15］［明］陈子龙辑:《明经世文编》,北京:中华书局,1962 年版。

［16］［明］宋濂:《元史》,北京:中华书局,1976 年版。

［17］［明］戴鳌:《戴中丞遗集》,《四库全书存目丛书(集部第 74 册)》,济南:
    齐鲁书社,1997 年版。

［18］［明］朱纨:《甓余杂集》,载《四库全书存目丛书(集部第 78 册)》,济南:
    齐鲁书社,1997 年版。

［19］［明］李延恭等:《日本考》,北京:中华书局,1983 年出版。

［20］［明］郑晓:《郑端公今言类编》,北京:中华书局,1985 年版。

［21］［清］徐松辑:《宋会要辑稿》,北京:中华书局,1957 年版。

［22］［清］李斗撰,汪北平、涂雨公点校:《扬州画舫录》,清乾隆乙卯年(1795)
    刻本,北京:中华书局,1960 年版。

［23］［清］林绳武:《海滨大事记》,《台湾文献丛刊》(第 213 种),台北:台湾
    大通书局,1984 年版。

［24］《清实录》,北京:中华书局,1986 年版。

［25］［清］昆冈等修,［清］刘启端等纂:《钦定大清会典事例》,《续修四库全
    书》(第八〇七册),上海:上海古籍出版社,2002 年版。

［26］［清］朱正元辑:《浙江省沿海图说》,清光绪二十五年(1899)刊本,《中国方
    志丛书·华中地方》(第 200 号),台北:成文出版社有限公司,1974 年版。

［27］［清］沈同芳:《中国渔业历史》,载《万物炊累室类稿:甲编二种乙编二
    种外编一种》(铅印本),上海:中国图书公司,1911 年版。

二、志书

[1]〔宋〕胡榘、〔宋〕罗浚纂修：《（宝庆）四明志》，《续修四库全书·史部·地理类》，上海：上海古籍出版社，1996年版。

[2]〔元〕冯福京等编：《（大德）昌国州图志》，元大德戊戌年（1298）刊本，《景印文渊阁四库全书》第四九一册"史部第三四九册·地理类"，台北：台湾商务印书馆，1986年版。

[3]〔元〕王元恭纂修：《（至正）四明续志》，元至正二年（1342）刊本，载《续修四库全书》编纂委员会编：《续修四库全书·史部·地理类》，上海：上海古籍出版社，1996年版。

[4]〔元〕袁桷等：《（延祐）四明志》，《宋元方志丛刊（第六册）》，北京：中华书局，1990年版。

[5]〔明〕杨寔纂修，〔明〕张瓒、〔明〕方达校正：《（成化）宁波郡志》，明成化四年（1468）刊本，《中国方志丛书·华中地方》（第496号），台北：成文出版社有限公司，1983年版。

[6]〔明〕黄润玉、〔明〕孟清辑：《（成化）宁波府简要志》，成化十九年（1483）四明张氏约园刊本。

[7]〔明〕张时彻纂修：《（嘉靖）宁波府志》，嘉靖三十九年（1560）刻本。

[8]〔清〕嵇曾筠等总裁，〔清〕刘章等监修：《（雍正）浙江通志》，据光绪二十五年十月重刊本影印，上海：商务印书馆，1934年版。

[9]〔清〕曹秉仁纂：《（雍正）宁波府志》，《中国方志丛书》，台北：成文出版社，1974年版。

[10]〔清〕钱维乔承修，〔清〕钱大昕总修：《（乾隆）鄞县志》，清乾隆戊申年（1788）刊本，哈佛大学汉和图书馆藏本。

[11]〔清〕李前泮主修，〔清〕张美翊总修：《（光绪）奉化县志》，清光绪卅四年

(1908)刊本,《中国方志丛书·华中地方》(第 204 号),台北:成文出版社有限公司,1975 年版。

[12][清]冯可镛修,[清]杨泰亨纂:《(光绪)慈溪县志》,《中国方志丛书》,台北:成文出版社,1975 年版。

[13][清]于万川修,[清]俞樾纂:《(光绪)镇海县志》,《续修四库全书》(第 707 册),上海:上海古籍出版社,2002 年版。

[14]陈训正、马瀛等纂修:《定海县志》,1924 年铅印本,《中国方志丛书·华中地方》(第 75 号),台北:成文出版社有限公司,1970 年版。

[15]不著纂修:民国《鄞县通志》,《中国方志丛书·华中地方》(第 216 号),台北:成文出版社有限公司,1974 年版。

[16]洪锡范等主修,王荣商等总纂:《镇海县志》,1931 年铅印本,《中国方志丛书·华中地方》(第 478 号),台北:成文出版社有限公司,1983 年版。

[17]宁波市地方志编纂委员会编:《宁波市志》(全三册),北京:中华书局,1995 年版。

[18]周庆云辑:《盐法通志》,上海:鸿宝斋,1928 年铅印本。

[19]宁波市镇海区水产局、宁波市北仑区水产局合编:《镇海县渔业志》,内部发行,1992 年版。

[20]浙江省盐业志编纂委员会:《浙江省盐业志》,北京:中华书局,1996 年版。

[21]浙江省外事志编纂委员会编:《浙江省外事志》,北京:中华书局,1996 年版。

[22]《宁波海关志》编纂委员会编:《宁波海关志》,杭州:浙江科学技术出版社,2000 年版。

[23]《浙江通志》编纂委员会编:《浙江通志·渔业志》,杭州:浙江人民出版

社,2020 年版。

[24]宁波年鉴编辑部编:《宁波年鉴 1997》,北京:中华书局,1999 年版。

[25]《宁波年鉴》编辑部编:《宁波年鉴 1998》,北京:中华书局,2000 年版。

[26]《宁波市地方志》编纂委员会编:《宁波年鉴 1999》,北京:中华书局,
    2000 年版。

[27]《宁波年鉴》编辑部编:《宁波年鉴 2000》,北京:中华书局,2001 年版。

[28]《宁波年鉴》编纂委员会编:《宁波年鉴 2001》,北京:中华书局,2002
    年版。

[29]宁波市地方志编纂委员会编:《宁波年鉴 2002》,北京:中华书局,2003
    年版。

[30]《宁波年鉴》编委会编:《宁波年鉴 2003》,北京:中华书局,2004 年版。

[31]宁波市地方志编纂委员会编:《宁波年鉴 2004》,北京:中华书局,2005
    年版。

[32]宁波市地方志编纂委员会编:《宁波年鉴 2005》,北京:中华书局,2005
    年版。

[33]宁波市地方志编纂委员会编:《宁波年鉴 2006》,北京:中华书局,2006
    年版。

[34]宁波市地方志编纂委员会编:《宁波年鉴 2007》,北京:中华书局,2007
    年版。

[35]宁波市地方志编纂委员会编:《宁波年鉴 2008》,北京:中华书局,2008
    年版。

[36]《宁波年鉴》编辑部编:《宁波年鉴 2009》,北京:中华书局,2009 年版。

[37]《宁波年鉴》编辑部编:《宁波年鉴 2011》,北京:中华书局,2011 年版。

[38]《宁波年鉴》编辑部编:《宁波年鉴 2012》,北京:中华书局,2012 年版。

[39] 宁波市地方志编纂委员会编：《宁波年鉴 2014》，北京：中华书局，2014
年版。

[40] 宁波市地方志编纂委员会编：《宁波年鉴 2015》，北京：中华书局，2015
年版。

[41] 宁波市人民政府地方志办公室编：《宁波年鉴 2016》，宁波：宁波出版
社，2016 年版。

[42] 宁波市人民政府地方志办公室编：《宁波年鉴 2017》，宁波：宁波出版
社，2017 年版。

[43]《浙江外事年鉴》编纂委员会编：《浙江外事年鉴》(2010)，杭州：浙江大
学出版社，2010 年版。

[44]《浙江外事年鉴》编纂委员会编：《浙江外事年鉴》(2014)，杭州：浙江大
学出版社，2014 年版。

[45]《浙江外事年鉴》编纂委员会编：《浙江外事年鉴》(2015)，杭州：浙江大
学出版社，2016 年版。

[46]《浙江外事侨务年鉴》编纂委员会编：《浙江外事侨务年鉴》(2016)，杭
州：浙江大学出版社，2017 年版。

[47]《浙江外事侨务年鉴》编纂委员会编：《浙江外事侨务年鉴》(2017)，杭
州：浙江大学出版社，2018 年版。

[48]《浙江外事侨务年鉴》编纂委员会编：《浙江外事侨务年鉴》(2018)，杭
州：浙江大学出版社，2018 年版。

三、报刊

[1]《望海观渔》，《申报》第一百廿六号，清同治壬申八月廿二日(1872 年 9
月 24 日)，第 2 页。

[2]《添建灯塔》，《申报》，1884 年 3 月 2 日，第 1 张第 2 版。

[3]《宁波港进口铁矿水铁中转优势凸现》,《宁波日报》,2003年2月23日第A1版。

[4]《首次突破500万吨：宁波港半年铁路货运量》,《宁波日报》,2003年7月4日第A2版。

[5]《宁波港牵手560多个港口：目前拥有80多条总航线、31条国际远洋航线,日均发出5个集装箱鸳鸯航班》,《宁波日报》,2003年7月11日第A1版。

[6]《宁波港新辟黑海航线》,《宁波日报》,2003年9月17日第A2版。

[7]《宁波港集装箱吞吐量突破200万标箱：两年时间实现箱量翻番》,《宁波日报》,2003年10月2日第A1版。

[8]吴俊琦、周波：《多式联运登陆宁波港：首批33个集装箱经联运发往欧洲》,《宁波日报》,2003年11月2日第A1版。

[9]《宁波港货物吞吐量超1.85亿吨：集装箱吞吐量增幅继续名列全国港口第一》,《宁波日报》,2004年1月1日第A2版。

[10]《乘风破浪驶向新航程：宁波港2003年集装箱运输发展综述》,《宁波日报》,2004年2月3日第A11版。

[11]达宫：《达飞首次向中国订造集装箱船》,《中国水运报》,2004年2月18日。

[12]《宁波港集装箱航线突破100条：远洋干线增至38条,平均每天4至5个干线班轮出港》,《宁波日报》,2004年3月2日第A1版。

[13]《甬沪宁管线首站投运：宁波港原油接卸能力大增》,《宁波日报》,2004年3月25日第A3版。

[14]《宁波港全速驶入快车道：仅仅5年,货物吞吐量翻一番,集装箱吞吐量增长6.85倍》,《宁波日报》,2004年5月4日第A1版。

[15] 吴俊琦:《"东方宁波号"命名仪式举行,世界最大集装箱船牵手中国最大深水港》,《宁波日报》,2004 年 5 月 15 日第 A1 版。

[16] 《宁波港区联动瞄准国家试点:国际港航产业与现代物流产业联动发展》,《宁波日报》,2004 年 6 月 7 日第 A1 版。

[17] 《"中海亚洲"首航宁波港:集装箱船新科状元》,《宁波日报》,2004 年 8 月 16 日第 A1 版。

[18] 《十年力争疏通工业动脉:北仑全力构筑高效临港集疏运网络》,《宁波日报》,2004 年 9 月 12 日第 A1 版。

[19] 《宁波港大力发展内贸集装箱运输:已有内贸集装箱航线 11 条,基本覆盖沿海主要港口》,《宁波日报》,2004 年 11 月 7 日第 A2 版。

[20] 《宁波港今年货物吞吐量已破 2 亿吨:位居大陆港口第二、世界第五》,《宁波日报》,2004 年 11 月 23 日第 A1 版。

[21] 《来自宁波港的三个喜人数据:液化品年吞吐量首次突破 300 万吨,北仑矿石码头年接卸铁矿突破 3000 万吨,铁路年到港货物首超 100 万吨》,《宁波日报》,2005 年 1 月 2 日第 A1 版。

[22] 《宁波有望建立国际邮轮母港》,《宁波日报》,2005 年 1 月 25 日第 A9 版。

[23] 左文辉、李源:《邮轮母港,一个美丽的目标——北仑成为建设邮轮母港的最佳地点之一》,《宁波日报》,2005 年 3 月 12 日。

[24] 《宁波临港工业不断优化升级:老企业提升生产技术增产减污,新项目发展新材料新能源新技术》,《宁波日报》,2005 年 3 月 31 日第 A1 版。

[25] 《保税物流园区通过封关验收:宁波区港联动谋建东方保税港》,《宁波日报》,2005 年 8 月 31 日第 A1 版。

[26] 李黎、郑功关宝:《迈出构建保税港的第一步》,《宁波日报》,2005 年 9

月6日。

[27]《宁波港连续4个月创佳绩:集装箱月航班突破600班,月吞吐量均超40万标准箱》,《宁波日报》,2005年9月17日第A2版。

[28]邓少华、包凌雁:《"宁波-舟山港"名称启用》,《宁波日报》,2005年11月26日。

[29]《宁波港举行港口设施保安演习:履行SOLAS公约》,《宁波日报》,2005年11月29日第A3版。

[30]万芳、陈建光、朱婧:《宁波舟山港,角逐世界大港》,《中国水运报》,2005年12月21日。

[31]包凌雁、李韬:《宁波生产"五谷"丰登》,《宁波日报》,2006年1月1日第A1版。

[32]黄侃、周盛:《宁波-舟山港出入境流量创新高》,《宁波日报》,2006年1月12日。

[33]王钧、范奕忠、王校美:《奉化打造东部沿海生态经济新区》,《宁波日报》,2006年2月1日第A1版。

[34]徐本梁、张洁:《海上"巨无霸"频频光临宁波港》,《宁波日报》,2006年2月1日。

[35]邓少华:《实现港口产业城市互动发展》,《宁波日报》,2006年2月16日。

[36]崔小明:《亟待加强海上污染应急能力》,《宁波日报》,2006年4月27日第A2版。

[37]吴俊琦:《邮轮母港离宁波越来越近》,《宁波日报》,2006年6月4日第A2版。

[38]卢磊:《宁波舟山港口一体化又有新举措》,《宁波日报》,2006年7月15日。

[39] 徐本梁、李韬:《我国确定五大港口群布局》,《宁波日报》,2006 年 9 月 28 日。

[40] 李磊明:《宁波,提升港口竞争力》,《宁波日报》,2007 年 1 月 22 日。

[41] 徐本梁、李韬:《宁波-舟山港将建成世界顶级货港——总体规划通过部省联合评审》,《宁波日报》,2008 年 7 月 22 日第 A1 版。

[42]《宁波港口名列世界第八——去年逆势增长 16％,排名上升三位》,《宁波日报》,2009 年 1 月 23 日第 A1 版。

[43] 徐本梁、周波:《宁波港与上海铁路局签署战略合作协议》,《宁波日报》,2009 年 2 月 20 日第 A5 版。

[44] 范萌、许杰明:《我省货源已有一半走宁波港——宁波口岸宣传推介活动启动》,《宁波日报》,2009 年 3 月 16 日第 A1 版。

[45] 张伟方、包凌雁:《宁波港集团:万众一心建强港》,《宁波日报》,2009 年 5 月 4 日第 A3 版。

[46] 包凌雁、周波:《宁波港口货物吞吐量上月创历史同期新高——集装箱吞吐量比 4 月份增长 10％》,《宁波日报》,2009 年 6 月 6 日第 A1 版。

[47] 秦羽、宋兵、张晓宇、施惠华:《内贸集装箱成宁波港口"新引擎"》,《宁波日报》,2009 年 8 月 17 日第 A3 版。

[48] 包凌雁、周波:《宁波港缘何能快速走出低谷》,《宁波日报》,2009 年 11 月 20 日第 A1 版。

[49] 何东、孙雷、李一:《首批大型桥吊运抵宁波梅山港——3 月中旬可具备营运能力,为保税港区首期封关运作创造必备条件》,《宁波日报》,2010 年 2 月 9 日第 B1 版。

[50]《宁波港迎来世界最大集装箱船——一次可装载 14000 多标箱》,《宁波日报》,2010 年 6 月 22 日第 A1 版。

［51］朱宇、周峰、朱菊芳：《自由贸易港：一个小岛的世界梦想——写在宁波梅山保税港区一期封关运作之际》，《宁波日报》，2010 年 6 月 30 日第 A5 版。

［52］《国际港与城市发展论坛举行》，《宁波日报》，2010 年 7 月 31 日第 A7 版。

［53］《加快建设具有国际竞争力的港城市》，《宁波日报》，2010 年 12 月 11 日第 A1 版。

［54］卢磊：《发挥优势加快打造国际强港，推动港口产业城市融合发展》，《宁波日报》，2010 年 12 月 18 日第 A1 版。

［55］邓少华、包凌雁：《东方大港新使命——"六个加快"战略系列报道·打造国际强港》，《宁波日报》，2010 年 12 月 20 日第 A1 版。

［56］俞永均：《高效通关助力"国际强港"战略——宁波海关加快改革提升岸竞争力纪实》，《宁波日报》，2010 年 12 月 31 日第 A1 版。

［57］《"钻石号"邮轮首航宁波港》，《宁波日报》，2011 年 1 月 31 日第 A3 版。

［58］包凌雁、周波：《宁波港 1 月份生产开门红——货物吞吐量、集装箱吞吐量创月度历史新高》，《宁波日报》，2011 年 2 月 4 日第 A1 版。

［59］朱宇：《宁波港面临转型压力》，《宁波日报》，2011 年 2 月 15 日第 A3 版。

［60］包凌雁：《挺进国际强港，转型正当时——代表委员热议"加快打造国际强港"》，《宁波日报》，2011 年 2 月 21 日第 A3 版。

［61］《核心区为宁波-舟山港海域及海岛及其依托城市》，《宁波日报》，2011 年 3 月 2 日第 A8 版。

［62］《宁波：国际强港扬帆起航》，《宁波日报》，2011 年 3 月 12 日第 A3 版。

［63］郑彭军：《宁波港集装箱码头：港泊四海万里船》，《宁波日报》，2011 年

4 月 8 日第 A1 版。

[64]《宁波-汉堡港口物流合作交流会举行》,《宁波日报》,2011 年 4 月 9 日第 A2 版。

[65]《北仑黄金海岸线添新埠——宁波港北仑山多用途码头通过竣工验收》,《宁波日报》,2011 年 6 月 28 日第 B1 版。

[66] 秦羽、陈杰跃、宋兵:《我市发布〈2010 年宁波港航发展报告〉》,《宁波日报》,2011 年 9 月 7 日第 A2 版。

[67] 孙耀楠、张春筑、俞永均:《宁波舟山港年箱量再超 3000 万标箱——比去年提前 33 天》,《宁波日报》,2011 年 11 月 17 日第 A10 版。

[68] 俞永均:《加快打造国际强港的里程碑——解析宁波口岸年进出口贸易总额首破两千亿美元》,《宁波日报》,2012 年 1 月 16 日第 A1 版。

[69]《加大扶持海铁联运力度,推进打造国际强港战略》,《宁波日报》,2012 年 2 月 16 日第 A1 版。

[70] 包凌雁、张洁:《前 9 个月完成 1197 万标箱——宁波港集装箱吞吐量同比增 8％》,《宁波日报》,2012 年 10 月 17 日第 A1 版。

[71]《国内最大港航执法艇建造》,《宁波日报》,2012 年 12 月 2 日第 A2 版。

[72] 蒋晓东、严龙、周磊:《宁波港迎来最大焦煤船》,《宁波日报》,2013 年 3 月 15 日第 A7 版。

[73] 包凌雁、胡泽波、诸葛煕荣:《宁波港成南方海铁联运第一大港——今年前 5 个月港口集装箱吞吐量同比增 12.1％,增幅列我国大陆主要港口首位》,《宁波日报》,2014 年 6 月 15 日第 A1 版。

[74] 包凌雁、胡泽波:《宁波港吞吐量增幅列国内五强首位》,《宁波日报》,2014 年 7 月 1 日第 A2 版。

[75] 包凌雁、胡泽波:《宁波港前三季度生产态势良好——货物吞吐量完成

3.96亿吨,同比增长6.9％,集装箱吞吐量1422.4万标准箱,同比增长11.25％》,《宁波日报》,2014年10月4日第A1版。

[76] 包凌雁、胡泽波:《宁波港十项便利举措服务企业》,《宁波日报》,2014年10月21日第A5版。

[77] 包凌雁、诸葛煦荣:《宁波港集装箱吞吐量前10月超1500万标箱》,《宁波日报》,2014年11月7日第A2版。

[78] 包凌雁、胡泽波:《"海上巨无霸"首航宁波港——载箱量1.91万标准箱为全球最大,为其服务船员仅23名》,《宁波日报》,2014年12月10日第A2版。

[79] 包凌雁、诸葛煦荣:《宁波港集团实现历史性"双突破"》,《宁波日报》,2014年12月13日第A1版。

[80] 包凌雁、王军、宋兵:《宁波-舟山港合并两港区新增一港区——总体上保持"一港、四核、十九区"的空间格局》,《宁波日报》,2015年2月12日第A1版。

[81] 张燕、包凌雁、宋兵:《宁波打造多式联运国际枢纽港——铁路港口海关无缝衔接、高效运作》,《宁波日报》,2015年4月8日第A1版。

[82] 吴明京:《宁波-舟山港定位邮轮始发港》,《宁波晚报》,2015年5月27日第A2版。

[83]《宁波:加快建设多式联运国际枢纽港》,中国路面机械网,2015年6月2日。

[84] 应建勇、朱宇、殷聪:《宁波舟山港集团正式成立》,《宁波日报》,2015年9月30日第A1版。

[85] 俞永均:《宁波舟山港去年减免外贸企业费用近2亿元》,《宁波日报》,2016年1月4日第A16版。

［86］包凌雁:《宁波舟山港集装箱吞吐量跻身全球四强——2015年吞吐2063标箱,首次超过香港港》,《宁波日报》,2016年1月17日第A1版。

［87］包凌雁:《宁波舟山港:"通江达海"新机遇》,《宁波日报》,2016年5月3日第A7版。

［88］包凌雁:《宁波舟山港:枢纽港正起航》,《宁波日报》,2016年5月10日第A1版。

［89］殷聪:《家门口建起国际邮轮港》,《宁波日报》,2016年5月16日第A1版。

［90］周昌林、金曙光、戴东生:《加快建设和发展宁波舟山港》,《宁波日报》,2016年5月26日第A9版。

［91］俞永均、诸葛煦荣:《宁波舟山港沿着海丝之路拓展"朋友圈"——第二届海丝港口国际合作论坛举行》,《宁波日报》,2016年7月13日第A5版。

［92］《宁波舟山港跻身国际航运中心行列》,《宁波日报》,2016年7月15日第A9版。

［93］俞永均:《宁波舟山港,追梦世界级航运中心》,《宁波日报》,2016年7月19日第A9版。

［94］俞永均、胡泽波:《宁波舟山港成全球首个9亿吨大港——连续八年保持全球第一大港位置,国际强港建设迈进一大步》,《宁波日报》,2016年12月20日第A1版。

［95］俞永均、胡泽波:《全球"八连冠"是如何摘得的?——揭秘宁波舟山港货物吞吐量破9亿吨大关的攻擂宝典》,《宁波日报》,2016年12月20日第A2版。

[96] 董娜:《宁波全港创卫成功 引起业界瞩目》,《宁波日报》,2016 年 12 月 30 日第 A2 版。

[97] 俞永均、孙耀楠、洪宇翔:《宁波舟山港大船可接驳高压岸电——每个泊位年节油 300 吨,减少污染物排放 30 吨》,《宁波日报》,2017 年 2 月 8 日第 A2 版。

[98] 王健、虞凌、诸葛煦荣:《宁波舟山港喜迎"开门红"》,《浙江日报》,2017 年 4 月 11 日第 A2 版。

[99] 俞永均、胡泽波、诸葛煦荣:《82 条航线拓展"一带一路"腹地——宁波舟山港与 13 个沿线港口建立友好港关系》,《宁波日报》,2017 年 5 月 12 日第 A2 版。

[100] 丛海彬、许继琴、杨丹萍:《建设"一带一路"综合实验区 应提升宁波港航物流的通达性》,《宁波日报》,2017 年 10 月 12 日第 B3 版。

[101] 俞永均:《宁波舟山港集装箱吞吐量超 2160 万标箱——已超去年全年,增幅居国内主要港口前列》,《宁波日报》,2017 年 11 月 21 日第 A2 版。

[102] 俞永均、郑少彧:《宁波舟山港新增 6 条轨道线——今年海铁联运箱量预计为 35 万标箱》,《宁波日报》,2017 年 11 月 29 日第 A5 版。

[103] 兰草:《货物吞吐量首破 10 亿吨,宁波舟山港建设国际强港的强大动力》,《宁波日报》,2017 年 12 月 29 日第 A6 版。

[104] 俞永均、诸葛煦荣、黄建锋:《宁波舟山港再迎开门红——1 月份货物、集装箱吞吐量两位数增长》,《宁波日报》,2018 年 2 月 10 日第 A1 版。

[105] 杨丹萍、许继琴:《抓紧谋划建设梅山自由贸易港》,《宁波日报》,2018 年 2 月 22 日第 B2 版。

[106] 俞永均、洪宇翔、李一:《宁波舟山港集装箱吞吐量两位数增长》,《宁

波日报》,2018 年 3 月 16 日第 B3 版。

[107] 俞永均、黄啸、李攀高:《宁波舟山港半年实现货物吞吐 5.5 亿吨》,《宁波日报》,2018 年 7 月 11 日第 A1 版。

[108] 俞永均、黄建锋:《宁波舟山港集装箱量超 2000 万标箱——"义乌—宁波舟山港"海铁联运班列单月业务量破万箱》,《宁波日报》,2018 年 9 月 29 日第 A1 版。

[109] 俞永均、洪宇翔:《宁波舟山港年集装箱吞吐量首次突破 2500 万标箱》,《宁波日报》,2018 年 12 月 11 日第 A1 版。

[110] 裘继强、张泽盛、张帆、王凯艺:《宁波舟山港国际联运首进德国》,《浙江日报》,2019 年 1 月 15 日第 3 版。

[111] 俞永均、黄建锋、李攀高:《宁波舟山港年集装箱量跃居全球前三——2018 年突破 2600 万标准箱,仅次于上海港和新加坡港 年货物吞吐量实现全球"十连冠"》,《宁波日报》,2019 年 1 月 16 日第 A1 版。

[112] 包凌雁、宋兵:《宁波舟山港,梅山港区 7 号集装箱泊位交工验收》,《宁波日报》,2019 年 5 月 4 日第 A2 版。

[113] 俞永均:《宁波舟山港上半年集装箱吞吐量达 1390 万箱——同比增长 4.7%》,《宁波日报》,2019 年 7 月 22 日第 A1 版。

[114] 俞永均:《宁波舟山港集装箱量稳居全球前三——前三季度完成 2126 万标箱,与上海港的差距较去年底缩小了四分之一》,《宁波日报》,2019 年 10 月 22 日第 A1 版。

[115] 董娜、王晨:《宁波舟山港核心港区,船舶交通组织将实现一体化》,《宁波日报》,2019 年 11 月 28 日第 A8 版。

[116] 俞永均、诸葛煦荣、夏文杰:《双"11"见证宁波舟山港历史性新突破》,《宁波日报》,2020 年 1 月 16 日第 A2 版。

[117] 俞永均、洪宇翔：《宁波舟山港拥抱世界"八面来风"》，《宁波日报》，2020年3月9日第A1版。

[118] 俞永均、洪宇翔：《宁波舟山港运输生产回升态势明显》，《宁波日报》，2020年5月22日第A1版。

[119] 龚哲明：《发挥宁波舟山港资源优势打造长三角现代化综合性深水外港》，《宁波日报》，2020年5月24日第A1版。

[120] 朱宇：《牢记嘱托　珍惜机遇　政企携手打造世界一流强港》，《宁波日报》，2020年5月26日第A1版。

[121] 董娜：《宁波舟山港梅西滚装码头业务量创新高》，《宁波日报》，2020年6月8日第A2版。

[122] 易鹤、赵朋：《全力推进宁波舟山港世界一流强港建设》，《宁波日报》，2020年7月15日第A1版。

[123] 苏铁：《助推世界一流强港建设》，《宁波日报》，2020年8月27日第A13版。

[124] 俞永均：《2132.3万标箱！——前三季度宁波舟山港集装箱吞吐量同比"翻红"》，《宁波日报》，2020年10月2日第A1版。

[125] 徐展新、夏文杰、景鹏飞：《宁波舟山港前三季度运输生产"双线飘红"——货物吞吐量和集装箱吞吐量同比分别增长4.9％、0.5％》，《宁波日报》，2020年10月22日第A1版。

[126] 俞永均：《景气指数上扬　港口回暖持续——前三季度宁波港航经济运行观察》，《宁波日报》，2020年11月6日第A8版。

[127] 俞永均、葛天立、汤健凯：《2872万标箱，同比增长4.3％——宁波舟山港2020年集装箱吞吐量继续位列全球第三》，《宁波日报》，2021年1月23日第A1版。

［128］俞永均：《宁波远洋东南亚集装箱班轮首航——宁波舟山港至东南亚航线增至 48 条》，《宁波日报》，2021 年 1 月 23 日第 A4 版。

［129］俞永均：《宁波将加快建设现代化港航服务体系——报网端今起推出"'大港小航'怎么破"系列报道》，《宁波日报》，2021 年 2 月 5 日第 A1 版。

［130］孙佳力、周力、戴泠：《支持宁波舟山港　打造世界一流强港》，《宁波日报》，2021 年 3 月 1 日第 A2 版。

［131］俞永均、柯薇、卢琛琛：《前两个月的宁波舟山港集装箱量同比增长 27.9％》，《宁波日报》，2021 年 3 月 27 日第 A2 版。

［132］俞永均：《宁波舟山港首条出口跨境电商海铁联运专列成功开行》，《宁波日报》，2021 年 7 月 9 日第 A2 版。

［133］俞永均、葛天立：《宁波舟山港半年报为何如此亮眼》，《宁波日报》，2021 年 7 月 15 日第 A5 版。

［134］张莉：《宁波、舟山两港是如何走到一起的》，《宁波日报》，2021 年 9 月 2 日第 A9 版。

［135］俞永均、王嘉彬、王岚、冯瑄：《宁波舟山港捧得港质量奖——系浙江省和中国港口界首次获此殊荣》，《宁波日报》，2021 年 9 月 17 日第 A1 版。

［136］张燕、余明霞、徐国飞：《100.6 万标准箱！——宁波舟山港集装箱海铁联运业务量已超去年全年》，《宁波日报》，2021 年 11 月 7 日第 A2 版。

［137］俞永均、葛天立：《宁波舟山港集装箱量已超去年全年——截至昨日 14 时 29 分，吞吐量为 2873 万标准箱》，《宁波日报》，2021 年 11 月 27 日第 A1 版。

［138］俞永均：《2025 年基本建成世界一流强港》，《宁波日报》，2021 年 12 月 10 日第 A1 版。

［139］厉晓杭、林旻、张凯凯：《宁波舟山港全力保障，国际产业链供应链稳定》，《宁波日报》，2022 年 1 月 6 日第 A2 版。

［140］张燕、周家慧、宋兵：《宁波港域铁矿石吞吐量再次打破单月纪录》，《宁波日报》，2022 年 2 月 20 日第 A2 版。

［141］孙耀楠、景鹏飞、俞永均：《宁波舟山港集装箱吞吐量半年成绩单亮眼》，《宁波日报》，2022 年 7 月 3 日第 A2 版。

［142］王凯艺、张帆、洪宇翔、卢小洲：《宁波舟山港航线量创新高——总数已达 300 条》，《浙江日报》，2022 年 7 月 7 日第 3 版。

［143］俞永均、洪宇翔：《宁波舟山港航线总数达 300 条——七年新增"一带一路"集装箱航线 40 余条》，《宁波日报》，2022 年 7 月 8 日第 A7 版。

［144］陈飞龙：《锻造港口硬核力量　打造世界一流强港》，《宁波日报》，2022 年 9 月 22 日第 A7 版。

［145］俞永均：《宁波舟山港前三季度集装箱吞吐量稳中有进》，《宁波日报》，2022 年 10 月 13 日第 A2 版。

［146］夏文杰、景鹏飞、俞永均：《前 10 个月宁波舟山港货物吞吐量超 10 亿吨——接靠 40 万吨矿船 54 艘次》，《宁波日报》，2022 年 11 月 12 日第 A2 版。

［147］孙耀楠、张春筑、俞永均：《宁波舟山港年箱量再超 3000 万标箱——比去年提前 33 天》，《宁波日报》，2022 年 11 月 17 日第 A10 版。

［148］余勤、刘乐平：《以更大力度更快速度更高标准更过硬措施推进世界一流强港建设》，《宁波日报》，2023 年 2 月 2 日第 A1 版。

［149］单玉紫枫、王嘉彬、柯薇、夏文杰、凌旻：《科技赋能，宁波舟山港提

"智"增效》,《宁波日报》,2023 年 12 月 14 日第 A1 版。

[150] 金鹭、宋兵:《宁波港航经济进阶向上》,《宁波日报》,2023 年 12 月 20 日第 A1 版。

[151] 徐能、蒋晓东、陈鹏:《新年首艘国际航行矿船抵港》,《宁波日报》,2024 年 1 月 2 日第 A4 版。

[152] 伍慧、宋笑天、吴先强:《打造全球领先的智能物联产业集群,推动宁波舟山港世界一流强港建设》,《宁波日报》,2024 年 1 月 6 日第 A1 版。

[153] 孙佳丽、夏文杰、朱晓文:《宁波舟山港有望继续领跑全球》,《宁波日报》,2024 年 1 月 12 日第 A1 版。

四、著作

[1] 李士豪:《中国海洋渔业现状及其建设》,上海:商务印书馆,1936 年版。

[2] 李士豪、屈若搴:《中国渔业史》,上海:商务印书馆,1937 年版。

[3] 田秋野、周维亮:《中华盐业史》,北京:商务印书馆,1979 年版。

[4] 曾仰丰:《中国盐政史》,北京:商务印书馆,1984 年版。

[5] 郑绍昌:《宁波港史》,北京:人民交通出版社,1989 年。

[6] 童隆福:《浙江航运史(古近代部分)》,北京:人民交通出版社,1993 年版。

[7] 陈炎:《海上丝绸之路与中外文化交流》,北京:北京大学出版社,1996 年版。

[8] 浙江省政协文史资料委员会:《浙江文史集粹》(经济卷上),杭州:浙江人民出版社,1996 年版。

[9] 乐承耀:《宁波近代史纲》,宁波:宁波出版社,1999 年版。

[10] 林士民、沈建国:《万里丝路——宁波与海上丝绸之路》,宁波:宁波出版社,2002 年版。

［11］王志邦：《浙江通史》（秦汉六朝卷），杭州：浙江人民出版社，2005 年版。

［12］王慕民等：《宁波与日本经济文化交流史》，北京：海洋出版社，2006年版。

［13］曹锦炎：《吴越历史与考古论丛》，北京：文物出版社，2007 年版。

［14］中共宁波市委宣传部：《东方大港：宁波》，北京：中国青年出版社，2008 年。

［15］傅璇琮、钱茂伟、毛阳光：《宁波通史》（元明卷），宁波：宁波出版社，2009 年版。

［16］乐承耀：《宁波经济史》，宁波：宁波出版社，2010 年版。

［17］侯强：《宁波盐业史研究》，杭州：浙江大学出版社，2011 年版。

［18］王冠倬：《中国古船图谱》，北京：生活・读书・新知三联书店，2011 年版。

［19］白斌等：《宁波海洋经济史》，杭州：浙江大学出版社，2018 年版。

［20］彭泽益：《中国近代手工业史资料（1840—1949） 第一卷》，北京：生活・读书・新知三联书店，1957 年版。

［21］中国第二历史档案馆：《中华民国史档案资料汇编 第五辑 第二编 财政经济》（二），南京：江苏古籍出版社，1997 年版。

［22］中华人民共和国杭州海关：《近代浙江通商口岸经济社会概况：浙海关、瓯海关、杭州关贸易报告集成》，杭州：浙江人民出版社，2002 年版。

［23］陈梅龙、景消波：《近代浙江对外贸易及社会变迁》，宁波：宁波出版社，2003 年版。

［24］海关总署《旧中国海关总税务司署通令选编》编译委员会：《旧中国海关总税务司署通令选编 （第 2 卷） （1911—1930 年）》，北京：中国海关出版社，2003 年版。

［25］民国浙江史研究中心、杭州师范大学：《民国浙江史料集刊（第二辑）》
第 41 册，北京：国家图书馆出版社，2009 年版。

［26］《宁波历代文选》编委会：《宁波历代文选：散文卷》，宁波：宁波出版社，
2010 年版。

［27］姚贤镐：《中国近代对外贸易史资料（1840—1895）》（第一册），载严中
平主编：《中国近代经济史参考资料丛刊》（第五种），北京：科学出版
社，2016 年版。

［28］〔日〕释周凤：《善邻国宝记》卷中，东京：东方学会，1928 年版。

［29］班思德著，李廷元译：《中国沿海灯塔志》，上海：海关总税务司公署统
计科，1933 年版。

［30］〔日〕策彦周良著，牧田谛亮校订：《策彦和尚初渡集》，牧田谛亮编《策
彦入明记の研究》（上），京都：法藏馆，1955 年版。

［31］〔日〕木宫泰彦著，胡锡年译：《日中文化交流史》，北京：商务印书馆，
1980 年版。

［32］〔美〕马士著，张汇文等译：《中华帝国对外关系史》（第一卷），上海：上
海书店出版社，2006 年版。

［33］〔日〕伊藤幸司：《入明記からみた東アジアの海域交流——航路、航海
技術、航海神信仰、船旅と死について》，东京：汲古書院，2013 年版。

当这本《东方大港：宁波舟山港》的书稿终于定稿时，我心中涌起的不仅仅是完成一项任务的轻松，更多的是深深的感慨和自豪。这本书不仅是我对宁波舟山港的一份致敬，更是我对自己个人生活与学习经历的一种回顾和反思。

我出生在一个与海为邻的城市，海边捡贝壳、滩涂挖泥螺、出海钓鱼和暑期台风天，构成了我童年最深刻的记忆。小时候，我常常站在海边，望着远方那无尽的海洋，心中充满了对未知世界的好奇与向往。长大后，我选择留在沿海城市求学，而宁波大学则成为我学术旅程的起点。我对宁波舟山港产生浓厚兴趣，是在我赴比利时鲁汶大学攻读教育学博士学位期间。在欧洲时，我有机会目睹欧洲沿海港口城市的繁荣景象。我曾在比利时的安特卫普港、荷兰的鹿特丹港、德国的汉堡港、法国的马赛港和瑞典的哥德堡港等地留下足迹，它们与宁波舟山港有着许多相似之处，都是连接世界的重要节点。这些经历让我更加坚信，宁波舟山港作为中国的重要港口，不仅承载着经济发展的重任，更代表着中国开放、包容的海洋文化。回到宁波大学从事教育研究工作后，我有机会将我的所学所得应用到实际工作中。我时刻关注宁波舟山港的发展动态，关注它如何影响着宁波乃至整个中国的经济发展，见证了宁波舟山港成为一个现代化国际大港的过程。这个过程中，我深深地感受到了中国人民的团结与奋斗精神，也看到了中国在全球经济中的崛起和影响力。

在撰写这本书的过程中，我时常回想自己的求学经历。这些经历让我坚信，知识是改变命运的关键，而教育则是传承知识和文化的重要途径。我希望这本书让更多的人了解宁波舟山港的重要性和价值。我希望读者能够感受到海洋的魅力和力量，能够认识到港口对一个城市、一个国家的重要性。同时，我也希望这本书能够引起更多人对海洋事业的关注，共同推动中国海洋事业的发展。

当然，这本书的完成离不开许多人的支持和帮助。首先，我要感谢我的家人、朋友和同事对我的鼓励和支持，感谢宁波大学教师教育学院、比利时鲁汶大学教育学院对我的培养和教诲。其次，我要感谢浙江省社会科学界联合会的课题立项，本书为 2024 年度浙江省社科联社科普及一般课题"东方大港：宁波舟山港"（24KPD09YB）的结题成果。再次，我要感谢浙江工商大学出版社提供的选题支持，使本书得以入选 2022 年度浙江文化艺术发展基金资助项目。最后，我要感谢所有为宁波舟山港的发展做出贡献的人，正是有了你们的无私奉献与辛勤劳动，我才能够有充足的内容素材，顺利地完成这本书的撰写工作。

在结束这篇后记之前，我想再次强调宁波舟山港的重要性和价

值。它不仅是中国的重要出海口和国际贸易枢纽，更是连接中国与
世界的桥梁。它见证了中国的开放与崛起，也见证了中国人民的勤
劳与智慧。我相信，在未来的日子里，宁波舟山港将会继续发挥重要
的作用，为中国的经济发展和国际地位的提升做出更大的贡献。让
我们共同期待宁波舟山港更加辉煌的明天！

罗　娜

2024 年 5 月 23 日于姚江之畔